Patricia Garfield
Frauen träumen anders

SERIE PIPER
Band 1384

Zu diesem Buch

Träume sind eine Quelle der Selbstreflexion und Selbsterkenntnis. Frauenträume haben die besondere Eigenschaft, eng mit der körperlichen Entwicklung verknüpft zu sein. Parallel zu den Phasen des weiblichen Lebenszyklus prägt sich eine weibliche Traumwelt aus. Frauen träumen anders als Männer. Anhand zahlreicher Traumbeispiele erklärt die Autorin ausführlich, welche Bedeutung Träume in den verschiedenen Lebensstadien haben und wie das Verstehen ihrer Träume Frauen helfen kann, sich in den Veränderungen ihres Körpers und ihrer Gefühle besser zu erkennen. Dabei werden Liebes- und Sexualträume, Menstruationsträume, Träume von Heirat, Schwangerschaft und Geburt, Elternträume, Träume der Menopause und des Alters interpretiert und auch in ihrer wiederkehrenden Symbolik gedeutet.

Patricia Garfield, eine international anerkannte Traumforscherin, hat seit ihrem 13. Lebensjahr fast 40 Jahre lang die eigenen Träume protokolliert und für dieses Buch fünfzig Frauen zwischen 20 und 90 Jahren über ihr Leben und ihre Träume befragt. Auf der Grundlage dieses Materials ist der vorliegende Ratgeber für Frauen entstanden – und für Männer, die mehr über Frauen und ihre Beziehung zu ihnen erfahren wollen.

Patricia Garfield, geboren 1935, promovierte an der University of Philadelphia, ist Klinische Psychologin und arbeitet in San Francisco. Sie ist Autorin des 1974 erschienenen Bestsellers »Kreativ träumen«.

Patricia Garfield

Frauen träumen anders

Die weibliche Traumwelt

Über die Wechselwirkung zwischen Körper und Traum

Aus dem Amerikanischen
von Elke vom Scheidt

Piper
München Zürich

Die Originalausgabe erschien 1988 unter dem Titel
»Women's Bodies, Women's Dreams«
bei BALLANTINE BOOKS, New York.

ISBN 3-492-11384-2
Mai 1992
R. Piper GmbH & Co. KG, München
Lizenzausgabe mit Genehmigung des Scherz Verlags,
Bern, München, Wien
Originalausgabe © Patricia Garfield, Ph. D. 1988
Deutsche Ausgabe © Scherz Verlag, Bern, München, Wien 1989
Umschlag: Federico Luci,
unter Verwendung eines Bildes von John Rush
Photo Umschlagrückseite: Jellybean, New York
Satz: May & Co., Darmstadt
Druck und Bindung: Clausen & Bosse, Leck
Printed in Germany

Für meine Patin Kathryn Lee.
Ihr kraftvolles Engagement und ihre
Hilfsbereitschaft für andere waren eine
lebenslange Inspiration.

Inhalt

Vorwort

Frauenträume haben besondere Eigenschaften: sie verändern sich, wenn sich der Körper der Frau verändert. Ich habe diese Veränderung anhand meiner eigenen Träume fast vierzig Jahre lang beobachtet.

Das Thema der Träume hat mich von Kindheit an fasziniert – einige meiner frühesten Erinnerungen sind Träume. Kurz nachdem ich mit dreizehn Jahren die Pubertät erreichte, begann ich in Tagebüchern die lebhaften Bilder meiner nächtlichen Abenteuer festzuhalten. Zu dieser Zeit las meine Mutter begierig die Werke von Sigmund Freud und C.G. Jung; am Eßtisch beschrieb sie deren Gedanken über Träume. Weil ich neugierig war, ob meine eigenen Träume Botschaften an mich selbst seien, begann ich sie aufzuschreiben und zu den in ihnen enthaltenen Bildern zu assoziieren. Ich stellte fest, daß ich aus jedem Traum etwas über meine emotionalen Reaktionen auf das Alltagsleben lernte.

Diese Praxis der Traumarbeit erwies sich als so lohnend, daß ich zeitlebens daran festgehalten habe. Vom Alter von etwa vierzehn Jahren an bis zu meinen gegenwärtigen dreiundfünfzig Jahren habe ich fortlaufend meine Träume aufgeschrieben und über die Symbolik ihrer Bilder nachgedacht. Zuerst waren die Eintragungen in mein Traumjournal sporadisch – nur wenn mir etwas als wichtig auffiel, erhielt es dauerhafte Form. Für 1948 habe ich nur eine Handvoll Träume; im Jahre 1949, als ich fünfzehn wurde, sind nahezu hundert Träume beschrieben und datiert. Fast vierzig Jahre lang war mein Traumjournal mein ständiger Gefährte. Als ich heiratete, Mutter wurde, mich scheiden ließ und wieder heiratete, stellte ich fest, daß meine Träume eine Quelle von Selbstreflexion und Verständnis waren. In schwierigen Zeiten waren sie mir eine Stütze.

Als mein berufliches Interesse an Träumen intensiver wurde, wuchsen auch meine Traumprotokolle. Meine Tagebücher nahmen einen Umfang an, der heute zwei breite Regale in meinem Bücherschrank füllt - mehr als sechsunddreißig einzelne Bände mit vielen hundert Träumen, die in Form roher Notizen protokolliert und noch nicht in die dauerhaften Ordner übertragen worden sind.

Da der reine Umfang des rohen Traummaterials überwältigend war, wollte ich die Muster besser verstehen, die sich aus dieser Masse herauskristallisierten. Deshalb begann ich, Bücher zu verfassen. Denn für mich heißt Schreiben Entdecken.

Das erste Buch, das ich schrieb, war *Creative Dreaming* (deutsch: *Kreativ träumen*).[1] 1974, als es erschien, war die Vorstellung verbreitet, daß Träume Erfahrungen sind, die während des Schlafes auftreten und erst nachträglich von Fachleuten analysiert und bearbeitet werden können. Träume lagen außerhalb der Reichweite des durchschnittlichen Träumers. Es hieß, sie seien vom Träumer nicht zu beeinflussen und ihr Stil verändere sich im Laufe eines Lebens kaum. Ich wußte, daß das nicht stimmte.

Daß ich seit meinen Teenagerjahren mit meinen eigenen Träumen gearbeitet hatte, hatte mich viel über mich selbst gelehrt. Ich war der Meinung, jeder Träumer und jede Träumerin könne davon profitieren, seine oder ihre eigenen Träume zu verstehen. Während ich verschiedene Lebensereignisse durchmachte, beobachtete ich eine Veränderung meiner Träume.

Diese verschiedenen Erfahrungen führten zu dem Buch *Kreativ träumen*. Ich gebe darin einen Überblick darüber, wie unterschiedliche Kulturen mit Träumen umgehen, und zeige, wie jeder Träumer seine Träume für das wache Leben nutzen kann. Damals waren solche Gedanken in der amerikanischen Kultur ziemlich neu. Die Tatsache, daß *Kreativ träumen* noch ein Dutzend Jahre später gedruckt und in acht Sprachen übersetzt wurde, darunter auch ins Japanische, weist darauf hin, daß andere Träumer diese Gedanken bereitwillig aufnahmen.

Einige Jahre später, 1979, erschien mein zweites Buch, *Pathway to Ecstasy: The Way of the Dream Mandala* (deutsch: Der Weg des Traum-Mandala).[2] Es war das Ergebnis der Erforschung der Bilderwelt in meinem umfangreichen Traumjournal und der Beziehung dieser Symbole zu bestimmten meditativen Techniken der Selbstentwicklung. Ich konnte im klarsichtigen oder bewußten Träumen ein Muster aufdecken. Fünfzig chinesische Pinselzeichnungen, die ich von meinen Traumbildern machte, dienten als Illustrationen. Dieses Buch fand einen kleineren, aber treuen Leserkreis.

Da ich die Ursprünge des Träumens verstehen wollte, verbrachte ich zwei Jahre damit, Kinder im Alter von fünf bis zwölf Jahren über ihre Träume zu befragen. Das Ergebnis war das Buch *Your Child's Dreams*, das 1984 erschien und die häufigsten Themen von Alpträumen und Glücksträumen zusammenfaßt, die ich fand, ihre mögliche Bedeutung aufzeigt und Anleitung zum Umgang mit Alpträumen von Kindern gibt.[3] Diese Arbeit wurde sowohl von Kindertherapeuten und Pädiatern als auch von Eltern und Lehrern umfassend genutzt.

Das vorliegende Buch hat sich aus den vorhergehenden Arbeiten entwickelt. Ich hatte schon lange das Gefühl, daß die Träume von Frauen deutlich anders sind. Aber wie? Das gegenwärtig zu diesem Thema verfügbare Material basiert im allgemeinen auf speziellen Populationen - Studentinnen, schwangere Frauen, geschiedene Frauen oder hospitalisierte Patientinnen. Ich wollte wissen, wie die Träume der durchschnittlichen, gesunden Frau aussehen. Wie träumt eine Frau, die ihre College-Jahre hinter sich hat? Welche Träume sind typisch für jedes Lebensstadium? Ein großer Teil der Literatur schien nur von begrenzter Reichweite und außerdem Nichtfachleuten unzugänglich zu sein. Den Arbeiten fehlten die Wärme, die Liebe zu den Träumen, das aufregende Erlebnis der Selbstentdeckung, die, wie ich wußte, ein Teil des Träumens waren. Sie bestanden aus Aufzählungen von Gegenständen, die in den Träumen spezieller Gruppen auftauchten, und schienen kaum relevant für die normale Frau, die ihre eigenen Träume verstehen möchte. Also ging ich daran, das weite Feld der Frauenträume selbst zu untersuchen.

Ich glaube, Frauen können zur Erforschung der Träume einen einzigartigen Beitrag leisten. Als Frau, die die Menarche erreicht hat, die geheiratet, eine Tochter geboren, ein Kind genährt und aufgezogen, eine Berufsausbildung absolviert, gearbeitet, eine Scheidung durchlebt, wieder geheiratet, die Menopause durchgestanden und erlebt hat, daß ihre eigene Tochter einen Sohn gebar, habe ich das Gefühl, daß ich über die Erfahrung mit Frauenträumen etwas zu sagen habe. Diese Dinge können von einem Mann nicht auf dieselbe Weise gesagt werden, einfach deshalb, weil er solche Erfahrungen nicht direkt erlebt hat.

Für das vorliegende Buch habe ich fünfzig Frauen eingehend über ihr persönliches Leben und ihre Träume befragt.[4] Insgesamt repräsentieren diese Frauen ein breites Altersspektrum von Anfang Zwanzig bis Anfang Neunzig; sie kommen aus einem weiten geographischen Bereich; sie hängen verschiedenen religiösen Überzeugungen an; sie sind nach Ausbildung und Beschäftigung vorwiegend Angehörige der oberen Mittelklasse; alle sind heterosexuell orientiert. Jede Frau unterzog sich einem Tiefeninterview über ihr Leben als Frau und wurde nach Einzelheiten aus mindestens drei Träumen gefragt: ihrem schlimmsten Alptraum, ihrem Lieblingstraum und ihrem neuesten Traum.

Über das in der formellen Studie so gesammelte Material hinaus erhielt ich unter zufälligen oder ungewöhnlichen Umständen zusätzliche Traumbeschreibungen von Frauen, die nicht an der Studie beteiligt waren. Inmitten der Menschenmenge auf einem Hochzeitsempfang erzählte mir eine Braut im weißen Brautkleid ihre Träume aus der vorhergehenden Nacht. Eine Mutter, die mit einem Kinderwagen mit sechs Monate alten Zwillingsjungen in einer Schlange anstand, erzählte ihre Schwangerschaftsträume. Umstände wie diese ließen keine formellen Interviews zu, lieferten aber einige denkwürdige Illustrationen für das Buch.

Ich hoffe, dieses Buch wird die normale Frau, die sich für ihre Träume interessiert, in die Lage versetzen, sie besser zu verstehen, aus ihren Traumbildern etwas über sich selbst zu lernen und die besonderen Elemente zu erkennen, die die Träume von Frauen charakterisieren. Eine Frau sollte sich bewußt sein, daß ihre Träume sich zusammen mit ihrem Körper verändern. Wie diese Veränderungen auftreten, was wir tun können, um sie zu erkennen, und was sie in unserem Leben bedeuten – das werden wir auf den folgenden Seiten untersuchen.

Obwohl ich nachfolgend gelegentlich die physiologischen Grundlagen von Frauenträumen betone, sind auch die psychologischen und spirituellen vertreten. Das Buch hebt den biologischen Aspekt des Träumens hervor, nicht, weil andere Aspekte unwichtig wären, sondern deshalb, weil die Körperbilder so lange übersehen wurden. Dieser Vernachlässigung wird hier abgeholfen. Wir sehen auch, wie die physischen Komponenten des Träumens, unsere psychologischen Bedürfnisse und unser spirituelles oder kreatives Selbst sich gegenseitig beeinflussen.

Wie man dieses Buch benutzt

Vielleicht möchten Sie das Buch zuerst einmal ganz lesen, um einen Überblick zu bekommen. Obwohl Sie sich vielleicht weniger für die Träume von älteren Frauen als beispielsweise für Hochzeitsträume interessieren, enthält jedes Kapitel Elemente der Traumarbeit, die wichtige Werkzeuge für das Verständnis Ihrer eigenen Träume sind.

Falls Sie das nicht bereits tun, wird Ihnen die bestmögliche Nutzung dieses Buches leichter fallen, wenn Sie während der Lektüre über Ihre eigenen Träume Buch führen. Legen Sie sich ein besonderes Journal nur für Ihre Traumaufzeichnungen an. Schreiben Sie jeden Abend eine kurze Notiz über das, was an diesem Tag passiert ist, vor allem über Ihre Gefühle bei den Geschehnissen. Legen Sie einen Notizblock auf Ihren Nachttisch, ehe Sie abends einschlafen. Wenn Sie während der Nacht oder morgens aufwachen, notieren Sie Schlüsselwörter oder -sätze aus sämtlichen Träumen. Falls Sie während des nächsten Tages oder abends vor dem Einschlafen Zeit haben, schreiben Sie eine Schilderung Ihrer Träume aus der vorhergehenden Nacht nieder. (Wenn Sie mehr über das Führen eines Traumtagebuches erfahren möchten, lesen Sie Kapitel 8 in meinem Buch *Kreativ träumen* oder die Einleitung zu *Dream Notebook* nach.[5]) Sie werden Material über Ihr innerstes Selbst sammeln. Dieses Buch wird Ihnen helfen, es besser zu verstehen.

Wenn Sie *Frauen träumen anders* einmal ganz gelesen haben, schlage ich vor, daß Sie zu Kapitel 2 zurückkehren und Ihre Traumprotokolle mit den dort angeführten Maßstäben vergleichen. Zum Schluß möchten Sie vielleicht die Kapitel des Buches erneut lesen, die sich am direktesten auf das jeweilige Lebensereignis oder das Stadium des Lebenszyklus beziehen, in dem Sie sich gegenwärtig befinden.

Indem Sie Ihre niedergeschriebenen Träume mit den Erfahrungen vergleichen, die im Text beschrieben sind, bekommen Sie eine gute Vorstellung davon, wie typisch Ihre Träume sind. Sie werden die

Bedeutungen häufiger Traumsymbole des jeweiligen Stadiums kennenlernen. Wenn Sie mit dem Buch fertig sind, sollten Sie eine klare Vorstellung davon haben, welche Art von Träumen für jede Lebensphase typisch ist, wie Ihre Träume im Vergleich dazu aussehen und welche Bedeutung solche Träume haben.

1. Die träumende Frau

Die Träume von Frauen spiegeln die Gezeiten wider, die ihre Körper-
flüssigkeiten bewegen. So, wie die Wasser der Erde anschwellen und
zurückweichen, verändern sich auch unsere Träume im Lauf der
Zeit. Sie zeigen uns ein bestimmtes Abbild unserer selbst vor dem
Eintreten der ersten Menstruation; sie vermitteln ein anderes Bild,
wenn wir zur fruchtbaren Frau werden; und wenn die roten Ströme
versiegen, spiegeln unsere Träume erneut eine andere Facette wider.
Wenn Männer und Frauen ins Rentenalter kommen, weisen sie noch
immer unterschiedliche Traummuster auf. Vielleicht sind wir uns erst
in unseren späten Jahren sehr ähnlich, wenn jeder Mensch mit der
Unausweichlichkeit des körperlichen Todes und dessen möglichen
Begleitumständen konfrontiert ist. Wir zeichnen hier den Lebenszyklus nach, wie er in Träumen erfahren wird.

Träume sind ein Echo des Lebenszyklus

Was ist ein Lebenszyklus? Man versteht darunter die Gesamtheit der
Veränderungen, die ein Mensch (oder ein anderer Organismus) vom
frühesten Stadium bis zu seinem Ende durchläuft. Wir werden den
Lebenszyklus der Frau von ihrer Geburt bis zu ihrem Tod betrachten.
   Theoretiker und Dichter haben versucht, psychologische Schritte
im menschlichen Leben zu umreißen, die parallel zur körperlichen
Entwicklung verlaufen. E.H. Erikson zum Beispiel hat «acht Stadien
des Menschen» postuliert; Shakespeare nimmt in seiner Komödie
Wie es euch gefällt an, daß es im Leben sieben Stadien gibt; das Werk
von D. Levinson, das G. Sheehy mit ihrem Buch *In der Mitte des
Lebens* populär gemacht hat, nimmt etwa fünf erwachsene Stadien

zwischen dem Alter von zwanzig und fünfzig Jahren an. C. Bühler und ihre Kollegen haben fünf biologische und fünf psychologische Phasen während der gesamten Lebensspanne beschrieben und versichern, daß die psychologischen Schritte mit kurzer Verzögerung auf die biologischen folgen, wie etwa bei dem jungen Menschen, der die ersten wichtigen Entscheidungen über sein Leben kurz nach dem Erreichen der Pubertät fällt.

Die normalen Lebensereignisse der Frau. Wenn wir als Frauen geboren werden, so reifen wir, falls wir nicht irgendeine Fehlfunktion haben, die das verhindert, zur Pubertät heran, menstruieren, finden gewöhnlich einen Partner; wir mögen heiraten oder nicht, ein Kind gebären oder nicht; vermutlich werden wir in irgendeinem Stadium unseres Lebens außer Haus arbeiten; wir erreichen die Menopause; vielleicht gehen wir in Pension; unsere Lieben werden krank oder verlassen uns; wir erleben Streit, Mißerfolge, Erfolge, Liebe, Haß, Sorgen; gewiß werden wir am Ende sterben. Einige dieser Erfahrungen teilen wir mit den Männern; andere sind allein unserer Weiblichkeit vorbehalten.

Die einzigartigen Muster der Frau. Die Stadien unseres Lebenszyklus unterscheiden sich nicht nur von den Stadien der Männer, sie unterscheiden sich auch untereinander.

Jedes Individuum geht unterschiedlich mit jedem Lebensereignis um. Paula, eine Frau in meiner Studie, die mit zehn Jahren ihre erste Menstruation hatte, machte nicht die gleiche psychologische Erfahrung wie Catherine, die die Menarche mit fünfzehn erreichte. Obwohl ihre biologischen Prozesse ähnlich waren, waren ihre emotionalen Reaktionen darauf sehr verschieden.

Maggie, die mit achtzehn heiratete, unterschied sich von Ann-Marie, die bis sechsunddreißig wartete, ehe sie sich band. Die meisten Probandinnen in meiner Studie heirateten in den Zwanzigern; einige heirateten überhaupt nicht. Jede hatte ihr eigenes Lebensmuster. Selbst wenn die äußeren Fakten des Alters identisch waren, reagierte jedes Individuum auf seine eigene, einzigartige Weise darauf. Über ihre erste von schließlich drei Heiraten sagte Hilda: «Ich war einundzwanzig, hatte aber die Reife einer Zwölfjährigen.»

Die Frau, die mit neunzehn ihr erstes Kind bekommt, wie Babs, ist in gewissen Hinsichten anders als die, die mit Dreiunddreißig zum ersten Mal gebärt, wie Maggie, selbst wenn der physiologische Prozeß ähnlich ist. Viele Frauen werden sogar in noch früherem oder späterem Alter als diese beiden zum ersten Mal Mutter. Andere Frauen können, so verzweifelt sie sich das vielleicht auch wünschen, gar nicht Mutter werden. Carla, jetzt Ende Dreißig, leidet sehr unter ihrer Kinderlosigkeit. «Ich bin ein fürsorglicher Mensch. Ich habe diesen zur Fortpflanzung fähigen Körper, und ich kann es nicht tun. Ich wünsche mir ein Kind!» Einige der schlimmsten Alpträume dieser reizenden Frau drehen sich um sterbende Babies. Unsere Erfahrung ist verschieden, je nachdem, ob wir «zu früh» oder «zu spät» anlangen oder, wie Carla, eine Phase ganz auslassen. Wachend oder schlafend, jedes Leben ist anders.

Weibliche Krisenmomente kommen früher

Die Stadien des biologischen Zyklus einer Frau unterscheiden sich meßbar von den Phasen der physischen Entwicklung eines Mannes. In einigen Dimensionen sind wir schneller: Frauen reifen früher, lernen früher sprechen, erreichen früher die Pubertät. In anderen Dimensionen hinken wir hinterher: der Mann erreicht den sexuellen Höhepunkt früher und häufiger als die durchschnittliche Frau.

Die meisten Frauen machen mit Mitte Dreißig eine Lebenskrise durch. Diese Krise kommt für die Frau gewöhnlich früher als die entsprechende Krise für den Mann. Mit etwa Fünfunddreißig ist einer Frau sehr deutlich bewußt, daß sie zwischen ihren Optionen wählen muß. Oft stellt die Karrierefrau fest, daß sie sich sehnlich eine Familie wünscht – ehe sie nicht mehr dazu in der Lage ist. Sie weiß sehr genau, falls sie kinderlos ist und sich ein Baby wünscht, daß sie jetzt empfangen muß; ihre Zeit ist beinahe abgelaufen. Nina, Ende Dreißig, entschied sich dafür, in ihrer beruflichen Laufbahn eine Pause einzulegen, einen Sohn zu gebären, solange sie das noch konnte, und drei Monate später ihren Beruf wieder aufzunehmen. Ihre Träume waren voll von dem Ringen um diese Entscheidung.

Die Hausfrau und Mutter stellt vielleicht fest, daß sie sich nach der Karriere sehnt, die sie nicht gemacht hat. Nachdem sie ihre ganze Energie in das Schaffen eines Heims, das Gebären von Kindern und die Fürsorge investiert hat, kommt sie oft zu dem Schluß, daß sie mehr vom Leben haben will. Die Frau Mitte Dreißig wird im allgemeinen aktiver und selbstbehauptender, als sie es in früheren Lebensjahren war.

Die sexuellen Gipfelpunkte der Frau entwickeln sich später

Die sexuellen Triebe der Frau erreichen ihren Gipfelpunkt später als die des Mannes, ein unglücklicher Umstand, wie manche Leute sagen. Während 92 Prozent der Männer in A. C. Kinseys historischer Studie[6] mit fünfzehn Jahren schon Orgasmen gehabt hatten, hatten nur 22 Prozent der nahezu achttausend Frauen im gleichen Alter Orgasmen erlebt. Der durchschnittliche Mann ist früher sexuell aktiv als die Frau, und er hat in jungen Jahren mehr Orgasmen erlebt als die durchschnittliche Frau. Bei Männern erfolgt ein plötzlicher Anstieg der sexuellen Aktivität ein oder zwei Jahre vor dem Erreichen der Adoleszenz (gemessen am Erscheinen der Schambehaarung), etwa im Alter von vierzehn Jahren. Ihre sexuelle Aktivität erreicht einen Höhepunkt im Alter von ungefähr sechzehn Jahren, ein oder zwei Jahre nach dem Erreichen der Adoleszenz. Dann beginnt ihre sexuelle Reaktionsfähigkeit und Aktivität nachzulassen und sinkt weiter ab bis zum Alter.

Im Vergleich dazu erreicht die durchschnittliche Frau die Adoleszenz früher (gemessen am Erscheinen der Schambehaarung), etwa mit zwölf Jahren und fünf Monaten. Dennoch gibt es bei den meisten Frauen ein langsames, stetiges Ansteigen der erotischen Gefühle und der Anzahl der Orgasmen bis zur und während der Adoleszenz. Frauen erreichen ihre maximale sexuelle Reaktionsfähigkeit erst mit Mitte Zwanzig oder Dreißig.

Die sexuellen Träume der Frauen entwickeln sich später

Dasselbe unterschiedliche Muster erscheint in männlichen und weiblichen Träumen. Von den fünfzehnjährigen Männern hatten fast 40 Prozent aus Kinseys Stichprobe bereits nächtliche Pollutionen erlebt (sogenannte feuchte Träume). Im Vergleich dazu hatten nur 2 Prozent der gleichaltrigen weiblichen Personen sexuelle Träume erlebt, die bis zum Orgasmus gingen. Außerdem erreichen die erotischen Träume von Männern, die zum Orgasmus führen, einen Gipfel am Ende der Teenagerjahre oder mit zwanzig; bei Frauen liegt der Gipfelpunkt der sexuellen Träume mit Orgasmus in den Vierzigern.

Im allgemeinen sind Männer also sexuell erfahrener und reagieren häufiger und in jüngerem Alter mit Orgasmus – wachend oder im Traum. Frauen sind in der Jugend sexuell weniger erfahren und werden sexuell aktiver und orgasmischer – im Wachzustand oder in Träumen –, wenn sie älter sind. Die Träume verlaufen parallel zum Leben.

Wir werden uns im folgenden nicht fortlaufend mit den Unterschieden zwischen Männern und Frauen befassen. Behalten Sie jedoch im Sinn, daß die Lebensmuster von Männern und Frauen sich unterscheiden und so zu einigen der Konflikte in der Entwicklung der Frau beitragen.

Der Ursprung der Träume

Biologische Aspekte

Der Traumzyklus. Unsere Träume sind Teil eines grundlegenden biologischen Rhythmus; zyklisch steigen sie während unserer Schlafstunden auf und verebben wieder. Die ganze Nacht über durchläuft unser zentrales Nervensystem etwa alle neunzig Minuten zunehmend längere aktive Phasen.

Zuerst, wenn wir einschlafen, verlangsamen sich unsere Gehirnwellen, unsere Atmung wird regelmäßiger, unser Herzschlag langsamer und stetig, unsere Temperatur sinkt, und unsere Muskeln entspannen sich. Diese Veränderungen setzen sich in vier Stadien zunehmend tieferen Schlafs fort. Nach einer Phase erholsamen Tiefschlafs durchlaufen wir allmählich Stadien zunehmend leichteren Schlafs, bis nach etwa neunzig Minuten unsere Gehirnwellen schneller werden, unser Atem unregelmäßig wird, unser Herzschlag sich beschleunigt und unsere Temperatur wieder ansteigt. Trotz kleiner Zuckungen der Lippen oder Finger verlieren unsere großen Muskeln ihren Tonus. Unsere Sexualorgane jedoch werden erregt: Männer entwickeln eine Erektion; die weiblichen Genitalien werden stärker durchblutet und feucht. Jetzt beginnen die schnellen Augenbewegungen (rapid eye movements, REM).

Im Stammhirn der schlafenden Person gibt es eine Gruppe von Nervenzellen – gigantozellulare Tegmental-Feld-Neuronen (GTF genannt) –, die periodisch feuern. Diese Zellen sind eine Art Schalter, der unsere Träume aktiviert. Gewöhnlich werden diese Zellen von einer anderen Gruppe von Neuronen im Stammhirn gehemmt – Locus Coeruleus genannt –, die als «Aus»-Schalter wirken. Wenn die GTF-Zellen erregt werden, stimulieren sie das tiefere Hirn – den Bereich, in dem die Emotionen entstehen – und die visuelle und sensorische Hirnrinde. Wenn diese spezialisierten Zellen einen Erregungsgipfel erreichen, kommt es zu einem Ausbruch von schnellen Augenbewegungen. Der Schläfer beginnt zu träumen. Dieses Muster setzt sich während der ganzen Nacht fort.

Einige Wissenschaftler meinen, diese periodische Aktivierung sei eine Art Selbst-Test, um sicherzustellen, daß alle Schaltkreise arbeiten. Was immer der Grund sein mag, unser autonomes Nervensystem kommt während des Schlafens periodisch «auf Touren». Diese aktiven Phasen – wegen der dabei auftretenden raschen Augenbewegungen REM-Phasen genannt – sind mit intensivem Träumen verbunden.

Zunächst dachten die Wissenschaftler, alle Träume träten während des REM-Schlafes auf. Heute wissen wir, daß viele Träume auch in der übrigen Zeit vorkommen. Die Schlafzeit außerhalb der REM-Phasen wird Non-REM genannt. Diese beiden Arten von Schlaf, REM und Non-REM, enthalten unterschiedliche Arten von Träumen. Traumberichte aus dem REM-Schlaf sind gewöhnlich dramatisch wie die Beschreibungen eines Horrorfilms oder einer Spionagegeschichte. Traumberichte aus dem Non-REM-Schlaf sind eher ruhig und bedächtig wie ein Dokumentarbericht über einen routinemäßigen Tag. Wir können uns das Gehirn als während des Schlafes ständig aktiv vorstellen, mit Traumtälern zwischen den Gipfeln von REM-Traumbergen.

Innere physische Empfindungen. Traumbilder, die von Krankheiten, Unfällen oder normalen körperlichen Prozessen herrühren, können vom Träumer ohne weiteres verstanden werden. S. Freud sagte, nachdem er am Vorabend salzige Speisen zu sich genommen hatte, er sei sicher, vom Wassertrinken zu träumen. Jemand, dessen Blase gefüllt ist, träumt wahrscheinlich, er gehe auf die Toilette.

Andere körperliche Vorgänge, die spezifische Traumbilder erzeugen, sind weniger bekannt. Bei Männern führen diese Empfindungen häufig zu nächtlichen Pollutionen oder feuchten Träumen. Das Ersteigen einer Treppe ist oft ein Symbol für Sexualverkehr, und zwar in Träumen von Männern und Frauen, weil das träumende Gehirn die rhythmischen Vorwärts- und Rückwärtsbewegungen des Koitus mit den Bewegungen des Steigens assoziiert.

Obwohl Männer von der Säuglingszeit an Erektionen erleben, kommt es erst von der Pubertät an zu Pollutionen während des Träumens. Kinsey stellte, wie oben erwähnt, fest, daß mehr Männer als Frauen von Orgasmen beim Träumen berichteten. Bei den Frauen, die orgasmische Träume hatten, betrug die Häufigkeit drei- bis viermal jährlich; Männer dagegen hatten mindestens fünf- bis zehnmal im Jahr orgasmische Träume, und während der Teenagerjahre waren es sogar noch mehr.

Wenn sie noch sehr jung sind, träumen Knaben in ihrer symbolischen Sprache von Erektionen. Jean Piaget, der Schweizer Entwicklungspsychologe, beschreibt ein Kind, das im Alter von sechs Jahren einige Monate lang wiederkehrende Träume von einer Bohne hatte, die so lang wurde, daß sie das Zimmer durchquerte[7]; ein anderes berichtete von einem Traum über einen Ballon, der so stark anschwoll, daß er beinahe platzte. Die meisten Wissenschaftler, die den Inhalt von Träumen erforscht haben, waren Männer; vielleicht erklärt das ihre Beobachtung von Erektions- und Ejakulationsbildern in Träumen.

Nur wenige Wissenschaftler haben sich mit der besonderen Bildwelt befaßt, die die Pubertät der Frau begleitet. Aus jüngeren Forschungen wissen wir, daß auch Frauen während des Träumens eine physiologische Erregung erleben, bei der die Vagina stärker durchblutet ist und die Vaginalwände schlüpfrig werden. Wir werden sehen, daß die Bilder ihrer körperlichen Veränderungen in scharfem Gegensatz zu denen der Männer stehen. Hier gibt es keine anschwellenden Ballons oder wachsenden Bohnen.

Statt dessen variiert die Bilderwelt der Frauenträume von der

Pubertät bis zur Menopause je nach dem Stadium des Menstruations-zyklus. Während der Ovulation treten beispielsweise häufig Träume von Babies auf, während der Menstruation hingegen sind Desinte-grationsträume häufiger. Wie wir sehen werden, haben alle prämen-struellen körperlichen Veränderungen – Wasseransammlung, ge-schwollene, empfindliche Brüste, Stimmungsumschwünge – ihre Korrelate in typischen Traumbildern.

Früher neigten Frauen dazu, in ihren romantischen Träumen ultra-konservativ zu sein, und erlebten nur manchmal sexuellen Verkehr mit einem vertrauten Partner an einem vertrauten Ort. Im Gegen-satz dazu sind die Träume von Männern durch eine Vielzahl von Partnerinnen charakterisiert, häufig Fremde in exotischen Um-gebungen und mit nur geringem Vorspiel vor dem eigentlichen Akt.

Vermutlich reagieren die Träume der amerikanischen Frau auf die größere sexuelle Freiheit, von der in den letzten Jahren Gebrauch gemacht wurde. Seit der epidemischen Ausbreitung von AIDS je-doch habe ich beobachtet, daß in den Träumen von Frauen die Furcht vor vielfältigen sexuellen Kontakten vorkommt. Die Monogamie war anscheinend noch nie so unwiderstehlich, weder im Wachen noch im Schlaf. Wahrscheinlich werden wir eine weitere Verschiebung in den sexuellen Traummustern der Frau erleben.

Schwangerschaft, die ausgeprägteste Erfahrung der Frau, erweckt Traumbilder, die sich in jedem Trimester verändern.

Psychologische Aspekte

Der psychologische Aspekt des Träumens ist wohlbekannt. Schon lange vor Sigmund Freud suchten die biblischen Völker, die alten Chinesen, die Ägypter, die Griechen und Römer in ihren Träumen nach Hinweisen, die ihnen Anleitung für ihr Alltagsleben geben sollten. Jede alte Kultur hatte ihre Traumbücher, die das einfache Volk benutzte, um die Zukunft zu deuten.

Kindheitserinnerungen und Erfahrungen aus unserer jüngsten Vergangenheit werden auf der Bühne unserer Träume ausagiert, vermischt mit gegenwärtigen Konflikten und Bedürfnissen. Der Sta-tus einer Frau an ihrem Arbeitsplatz, ihre gegenwärtige Beziehung zu ihrem Liebhaber, ihrer Mutter oder bedeutsamen anderen Personen – all das wird in den Aufbau ihres Traums einbezogen:

○ Die Frau, die sich mit ihrem Geliebten gestritten hat, träumt vielleicht von einem Erdbeben und drückt so ihre Besorgnis wegen des möglichen «Abbruchs» ihrer Beziehung aus.
○ Die Frau, die sich scheiden läßt, sieht vielleicht eine Stützwand zusammenbrechen, was die Zerstörung der Beziehung ausdrückt, die sie «gehalten» hatte.
○ Die Frau, die an einer Arbeitssituation verzweifelt, träumt vielleicht davon, ihren Kollegen auf einem fliegenden Teppich zu entkommen, was ihren Wunsch ausdrückt, sich über die streitende Menge zu erheben und ihr zu entfliehen.
○ Die Frau, die frisch verliebt ist, erlebt im Traum vielleicht, daß ihr ein köstliches Getränk angeboten wird von dem Mann, der sie «berauscht» hat, was ihren Wunsch ausdrückt, seine Liebe «zu trinken».

Unsere Träume sprechen zu uns, mehrere Male in einer Nacht, in einer metaphorischen Sprache, einem symbolischen Code, einer poetischen Zunge, die unsere Emotionen ausdrückt. Wir können lernen, diese Sprache fließend zu sprechen. Die Botschaften sind da, ob wir sie lesen oder nicht.

Spirituelle Aspekte

Auf noch einer anderen Ebene sind Träume geheimnisvoll. Dieser Ebene werden verschiedene Namen gegeben; manche Menschen bezeichnen sie als kreative Quelle, andere als universales Unbewußtes oder archetypische Ebene, wieder andere als extrasensorische Wahrnehmung oder schlicht als das Göttliche. Wie auch immer wir sie verstehen, diese Ebene des Träumens geht über das Alltägliche hinaus. Manchmal berühren wir in unseren Träumen einen kostbaren Kern, der mehr angenommen und geschätzt als gedeutet werden sollte.

Mindestens zwei und manchmal alle drei Ebenen – biologisch, psychologisch und spirituell – können in einem einzigen Traum am

Werk sein. Ein Traum umfaßt also mehrere Ebenen. Wie ein mehr-
stöckiges Haus hat er seine Fundamente, seine Hauptwohnräume
und seinen Speicher. Jeder Bereich trägt etwas zum Wert des Ganzen
bei. Würde einer dieser Bestandteile fehlen, wäre der Traum unvollständig.

Verschiedene Körper, verschiedene Träume

Als Frauen träumen wir anders als Männer. In erster Linie ist das
deshalb so, weil unsere Körper verschieden sind. Natürlich ist unsere
Fähigkeit, Eier hervorzubringen und Kinder zu gebären, einzigartig,
ebenso wie die Fähigkeit des Mannes, Sperma zu erzeugen. Die
moderne Wissenschaft sagt uns, daß wir uns vom Mann noch auf
verschiedene andere Arten unterscheiden. Genetiker stellen grundlegende Zellunterschiede fest; Biologen messen Unterschiede in Gehirn, Knochen und Organen; Soziologen weisen auf unsere verschiedenen Verhaltensmuster in der Gesellschaft hin; Psychologen beobachten Unterschiede in der Art unseres Funktionierens; Erzieher
stellen Unterschiede in der Behandlung in den Klassenzimmern fest;
Anthropologen tragen Unterschiede in unseren kulturellen Rollen
zusammen.

Einige dieser Unterschiede mögen sich vielleicht als angeboren
erweisen. Bei anderen wird sich vielleicht herausstellen, daß sie
ausschließlich die Folge von Erziehung oder Kultur sind. Wieder
andere werden von einer komplexen Interaktion zwischen Erbmasse
und Umgebung abhängen.

Noch immer streiten sich die Wissenschaftler darüber, ob Natur
oder Umwelt den stärkeren Einfluß hat; ob unsere Gene unsere
kulturelle Erfahrung überwiegen; ob unsere Erbmasse von unserer
Umgebung dominiert wird. Manchmal sieht es so aus, als spreche der
Augenschein einmal für das eine, dann für das andere. Wir haben
noch kein endgültiges Urteil. Auf jeden Fall aber wirken beide
zusammen.

Unsere Träume bestehen aus verschiedenen Elementen: unseren
biologisch ererbten Merkmalen, unseren psychologisch abgeleiteten
Erfahrungen und dem mysteriösen Unbekannten.

2. Frauenträume, Männerträume – der Unterschied

Wer ist dieser Träumer?

Der Träumer reckt sich, gähnt und wacht auf. Verschlafen greift die Person nach dem Notizblock und dem Stift auf dem Nachttisch und notiert das Wesentliche aus einem soeben beendeten Traum. Das Zimmer ist dämmrig, das Haar wirr, der Pyjama verrät nichts. Können Sie, wenn Sie der Person, die da schreibt, über die Schulter spähen, sagen, ob die folgenden Worte von einem Mann oder einer Frau stammen?

> Mutter kommt zu mir, gekleidet wie damals, als ich ein Kind war – jung, in einem langen Kleid mit tiefer Taille und mit einer Baskenmütze. Darüber trägt sie einen lockeren Pullover und einen blaßblauen, fast grauen Schal über der Schulter; sie hat weiße Sportschuhe mit Pünktchen an – sie war immer eine elegante Frau. Ihr Haar wird grau, und ihr Gesicht hat einen so lieben Ausdruck – während ihrer langen Krankheit hat sie den verloren. Ich kann ihr Bild lebhaft sehen und gleichzeitig ihre Aura spüren, das, was sie repräsentiert. Ich spüre einen wirklichen Kontakt, einen Kontakt, den ich seit ihrem Tod verloren hatte...

Kaum ein Leser wird zögern, den Schreiber dieses Traumberichts als Frau zu identifizieren. Warum? (Vielleicht wollen Sie jetzt nicht weiterlesen, sondern zuerst den kurzen Test am Ende dieses Kapitels machen, um festzustellen, wie gut Sie in der Lage sind, die Unterschiede zwischen Frauenträumen und Männerträumen zu erkennen.)

Der Autor dieser Traumbeschreibung ist in der Tat eine Frau – sie ist verheiratet, fünfundfünfzig Jahre alt, und wir wollen sie Louise nennen. Sie hatte diesen Traum einige Zeit nach dem langsamen Sterben ihrer Mutter an Krebs. Wie wir später sehen werden, sind Träume über verstorbene Eltern ein ziemlich häufiges Thema bei erwachsenen Frauen. Wir werden auch sehen, was Louise aus diesem Traum gelernt hat.

Zunächst einmal können Frauen sich fabelhaft an Träume erinnern. Frau Jedermann weiß sehr viel mehr über die flüchtige Bilderwelt ihrer Nächte als Herr Jedermann. Jahrhundertelang haben Frauen die «Geheimnisse» der Traumdeutung durch mündliche Tradition weitergegeben. In Griechenland gibt es noch heute alte Frauen, die in ihren ausgedehnten Familien und ihren Dörfern als Traumdeuterinnen bekannt sind. Auch in anderen nahöstlichen Kulturen, Iran und Türkei, sind die Erzähler von Traumwahrheiten häufig Frauen. Wer weiß, vielleicht sind sie die Nachfahren des Orakels von Delphi in Griechenland oder der Priesterinnen in den Tempeln des Äskulap in Pergamon in der Türkei oder im Tempel der Isis in Ägypten.

Obwohl sie nicht vollkommen übereinstimmen, berichten Forscher sehr häufig, daß schwangere Frauen – vor allem im zweiten Drittel der Schwangerschaft – sich besser an ihre Träume erinnern können als Frauen, die nicht schwanger sind. Diese Feststellung ist, wie ich glaube, ein wichtiger Hinweis auf die anscheinend bessere Traumerinnerung der Frauen.

Vielleicht besteht eine Beziehung zwischen dem Östrogenspiegel im Körper einer Frau und dem Grad ihres Träumens. Falls das so ist, würde das auch die Beobachtung erklären, daß die Häufigkeit der Träume von Frauen wie auch ihre Erinnerung an Träume mit dem Stadium ihres Menstruationszyklus variieren.

Zusammen mit anderen[8] lassen diese Befunde darauf schließen, daß weibliche Hormone eng damit zusammenhängen, daß Frauen mehr träumen und sich daher auch an mehr Träume erinnern. Was auch immer sich als Ursache der Träume erweisen mag, es ist nicht verwunderlich, daß Frauen sich besser an Träume erinnern können, wenn sie einfach mehr Träume haben.

Frauen können sich nicht nur gut erinnern, sondern es ist auch typisch für sie, daß sie ausführliche Traumberichte geben. Dem Forscher R. Van de Castle zufolge nehmen die Traumberichte mit fortschreitendem Alter bei beiden Geschlechtern an Länge zu, doch auf jeder Stufe liefern Mädchen ausgedehntere Beschreibungen als Jungen. C. Hall, der eine Sammlung von tausend Träumen benutzte, die zweihundert College-Studenten aufgezeichnet hatten, hundert männliche und hundert weibliche, berichtet, daß die Träume der Frauen im Durchschnitt um 8 Prozent länger waren als die der Männer.[9]

Daß Frauen längere Traumberichte geben, ist teilweise auf die Tatsache zurückzuführen, daß sie sich besser an ihre Träume erinnern; sie benutzen auch mehr Wörter. Adjektive und detaillierte Beschreibungen werden von Frauen beim Schreiben und beim Sprechen wesentlich häufiger benutzt. (Aus diesem Grund ist das Stichproben-Quiz am Ende des Kapitels dadurch schwieriger gemacht worden, daß Traumbeschreibungen von etwa gleicher Länge angeführt werden.)

Der Grund für die längeren Traumberichte von Frauen liegt wahrscheinlich in ihrer allgemein größeren Sprachfertigkeit. Im Durchschnitt erweisen sich Frauen bei Tests als verbal gewandter als Männer. Obwohl Männer und Frauen bei IQ-Tests im allgemeinen *gleich gut abschneiden*, unterscheiden sie sich in den Bereichen, in denen sie sich auszeichnen. Mädchen, die gebeten werden, Wörter zu definieren oder komplizierte Passagen zu lesen und zu zeigen, daß sie sie verstehen, erreichen gewöhnlich eine höhere Punktzahl als Jungen bei der gleichen Aufgabe. Jungen haben mit größerer Wahrscheinlichkeit Leseprobleme; die Wahrscheinlichkeit, daß sie stottern, ist achtmal höher; und in den untersten Wertungen von IQ-Tests sind mehr männliche Personen vertreten. Tatsächlich wurden die höchsten IQ-Wertungen, die in einem großen amerikanischen Testzentrum erhoben wurden, von Mädchen erreicht (ihre Punktzahl betrug 200 und 201, verglichen mit einer durchschnittlichen Punktzahl von 100).[10]

Im Gegensatz dazu tendieren Männer zu höheren Punktzahlen als Frauen bei Aufgaben, die die Fähigkeit testen, Objekte räumlich zu orten und zu manipulieren – das zeigt sich an ihrer Fähigkeit, Teile rasch zu einem Muster zu arrangieren oder sie sich in anderer Anordnung vorzustellen. Die männliche Überlegenheit bei visuell-räumlichen Aufgaben wird vom Alter von elf Jahren an deutlich. Von diesem Alter an sind Jungen auch besser in Mathematik, eine Tatsache, die teilweise durch das damit verbundene räumliche Denken erklärt wird, besonders in Geometrie.

Traumbeschreibungen von Frauen lassen sich manchmal teilweise an ihrer Wortbenutzung wie auch an der Länge des Berichts erkennen. Die Wortwahl ist oft typisch weiblich, wie Sie an dem Quiz am Ende dieses Kapitels sehen können.

Die Wissenschaftler sind sich noch immer nicht einig darüber, ob die beobachteten Unterschiede in den verbalen und visuell-räumlichen Fertigkeiten auf Unterschieden in der Gehirnstruktur der Geschlechter beruhen oder durch die Umwelt hervorgerufen werden.

In früheren Jahrhunderten wurde viel davon gesprochen, daß Frauen im Durchschnitt kleinere Gehirne haben als Männer. Daraus wurde geschlossen, daß Frauen weniger intelligent seien. Ich höre dieses falsche Argument auch heute noch gelegentlich. Tatsächlich ist die Gehirngröße proportional zur Körpergröße und hat absolut nichts mit dem Intelligenzniveau zu tun. Das größte Gehirn, das je verzeichnet wurde, war das Gehirn eines Idioten; das kleinste je gemessene Gehirn gehörte dem genialen Franzosen Anatole France. Soviel zu dieser Theorie.

Wie auch immer das letzte Wort über Ähnlichkeiten und Unterschiede in den Gehirnen von Männern und Frauen lauten mag, die Menschen verbinden mit jedem Geschlecht verschiedene Charakteristika. Diese Konzepte beeinflussen ihr eigenes Verhalten und ihre Erwartungen an das andere Geschlecht.

Als ich eine große Anzahl von Personen, die an einem Workshop teilnahmen, bat, ihre Gedanken über Weiblichkeit und Männlichkeit zu zeichnen, stellte ich in den Zeichnungen auffallende Gegensätze fest. Frauen und Männer stellten ihre Vorstellungen von den Geschlechtern unterschiedlich dar.

Ich wandte eine Methode an, die B. Edwards in ihrem Buch *Drawing on the Artist Within* (deutsch: *Der Künstler in dir;* eine Fortsetzung ihres populären *Drawing on the Right Side of the Brain*) als erste vorgeschlagen hat, und bat die Teilnehmer, ein Blatt Papier zu nehmen und in verschiedene Abschnitte zu falten. Dann wurden die Mitwirkenden aufgefordert, verschiedene abstrakte Eigenschaften zu zeichnen, etwa Freude, Wut, Weiblichkeit, Depression und friedliche Stimmung.[11] Diesen fügte ich die Eigenschaft der Männlichkeit hinzu.

Edwards hatte festgestellt, und meine Sammlung von Zeichnungen bestätigt das, daß die Menschen dazu neigen, für jede Eigenschaft eine ähnliche Art von Zeichnung anzufertigen. Freude beispielsweise wird mit einiger Wahrscheinlichkeit durch gerundete Linien und kreisförmige Motive dargestellt; Wut wird gewöhnlich durch scharfe, gezackte Linien beschrieben; Depression wird meist durch Linien bezeichnet, die sich unten im Zeichenbereich befinden; Weiblichkeit hat im allgemeinen gebogene oder gekreuzte Linien; friedliche Stimmung spiegelt sich in waagerechten Linien wider. Obwohl es individuelle Unterschiede gibt, tendieren die Zeichnungen dazu, erkennbare «Familien» zu bilden.

Die Zeichnungen, die ich sammelte, ergaben, daß Bilder von Weiblichkeit denen der Freude sehr ähnlich waren und gerundete Linien aufwiesen. Die Zeichnungen der Männlichkeit ähnelten eher den Zeichnungen der Wut mit scharfen, schroffen Linien. Ein ähnlicher Unterschied wiederholt sich in den Träumen der Menschen. Wir wollen sehen, was die Traumforscher in ihren Netzen gefangen haben.

Ergebnisse der Erforschung von Trauminhalten

Bitte denken Sie auch hier daran, daß die Unterschiede, über die wir bei den Körperstrukturen und -funktionen von Mann und Frau gesprochen haben, geringfügig sind. Das sind auch die Unterschiede, die wir zwischen ihren Träumen gemessen haben. Wir sprechen hier von Durchschnittswerten bei Gruppen von Männern und Frauen. Wenn man Frauen untereinander vergleicht, bestehen gewöhnlich größere Unterschiede zwischen den Frauen innerhalb der Gruppe als zwischen der durchschnittlichen Frau und dem durchschnittlichen Mann.

Trautes Heim: Schauplätze von Frauenträumen

Aus Untersuchungen geht hervor, daß Frauen dazu neigen, ihre Träume an vertrauten Orten anzusiedeln. Das Innere oder die Nähe eines Hauses ist die häufigste Umgebung, wie in diesem Beispiel, das mir die vierzigjährige Jennifer gab:

Ich bin in einem gläsernen Haus, zusammen mit Charlie. Er tanzt nackt. Er will, daß ich meine Kleider ausziehe und mit ihm tanze. Ich will nicht, weil es ein Glashaus ist und die Leute mich sehen würden. Es gefällt mir, ihn anzuschauen. Er ist so lebendig, nackt. Ich fühle mich so liebevoll. Als ich erwache, tut es mir leid, daß ich meine Kleider nicht ausgezogen habe.

Charlie ist eine imaginäre Traumgestalt. Jennifers Traum legt nahe, daß sie in Versuchung ist, sich so zu verhalten, daß sie zuviel von sich preisgeben würde, wie es auch bei Glaswänden der Fall wäre. Beachten Sie, daß Jennifer die Eigenschaftswörter *gläsern* und *nackt* und die Qualifikation *so* benutzt. Sie bezieht sich auch auf den Begriff «Haus» und auf den menschlichen Körper – all das ist typisch für weibliche Träumer. Obwohl die Umgebung nicht vertraut ist, spielt sich das Ganze im Inneren eines Hauses ab.

Im Gegensatz dazu sehen Männer sich im Traum mit geringerer Wahrscheinlichkeit in einer häuslichen Umgebung; sie erleben sich eher an fremden Orten oder im Freien, wie in dem Traum, den Len mir kürzlich erzählte:

Ich klettere auf einen Berg und sehe meinen Vater weit unten im Tal. Er ruft meinen Namen, und ich beachte ihn nicht. (Ich bearbeite im Augenblick gerade einige Probleme, die ich mit meinem Vater habe.)

In Lens Traumsprache scheint er zu versuchen, in der Welt nach oben zu kommen (der Berg); gleichzeitig ist er sich der Ansicht seines Vaters bewußt, die er zu vergessen sucht. Vielleicht hat er das Gefühl, daß der Vater-in-ihm-selbst ihn zurückhält. Beachten Sie, daß Len nur eine nähere Bestimmung benutzt – *weit unten*. Eine Frau würde den Rahmen normalerweise mehr ausarbeiten. Sie würde vermutlich auch äußern, was sie fühlte, als ihr Vater ihren Namen rief, und wie es für sie war, ihn zu ignorieren, genauso, wie Jennifer ihre Reaktion auf Charlie beschrieb.

Psychoanalytiker sprechen von einer Analogie zwischen den inneren Genitalien der Frau und ihrer Beschränkung auf innerhäusliche Aktivität; die erektilen und außen gelegenen Genitalien des Mannes werden mit seiner Konditionierung auf das Leben außer Haus verglichen.

Neuere Untersuchungen weisen darauf hin, daß Männer eine Tendenz haben, ihre Träume in Begriffen von Ausdehnung und Abgetrenntheit zu strukturieren, während Frauen dazu neigen, ihre Träume nach Intimitätsbegriffen zu strukturieren. Dieser Auffassung zufolge beschränken Frauen sich auf kleine Häuser; Männer durchmessen die weit geöffneten Traumbereiche.

Ist in den Träumen der Frau ihr Platz im Haus? Da die Frauen heute stärker in die Arbeitswelt hinausgehen, gibt es eine gewisse Verschiebung in dieser Tendenz, die Traumhandlung in ein Heim zu verlegen. Eine neuere Studie, durchgeführt von einem Forschungsteam in Kanada unter M. Lortie-Lussier, verglich die Träume von Hausfrauen, die Mütter waren, mit denen berufstätiger Frauen, die ebenfalls Mütter waren.[12]

Diese Forscher stellten fest, daß mit veränderten Rollen auch Veränderungen der Traumumgebung auftreten. Die Träume der berufstätigen Mütter spiegelten mehr berufliche Umgebungen wider als die der Hausfrauen – wahrscheinlich hatte die Träumerin so die Möglichkeit, Aktivitäten zu proben, die sie beschäftigten. Es scheint hauptsächlich die nicht berufstätige Frau im College-Alter zu sein, die dazu neigt, im Traum in ihrem Haus zu bleiben und sich bei ihren nächtlichen Abenteuern an wohlbekannte Orte zu halten.

Die Szenerien von Träumen haben nicht unbedingt etwas mit der Biologie zu tun; wie ich glaube, haben sie einen Zusammenhang mit unseren täglichen Aktivitäten. Die Schriftstellerinnen Jane Austen und Charlotte Brontë, die im neunzehnten Jahrhundert lebten, siedelten ihre Romane in Salons, Schulen, Heimen oder Badeorten an; sie schrieben aus ihrer täglichen Erfahrung. Kritiker haben die «Enge» ihrer Bücher angegriffen, ohne zu berücksichtigen, welchen Beschränkungen das Leben von Frauen zu der Zeit, als diese Autorinnen schrieben, unterworfen war.

Ein Mann wie Tolstoi hatte die Freiheit, ausgedehnte Reisen zu unternehmen, in den Krieg zu ziehen, sich mit Frauen aus allen sozialen Schichten zusammenzutun und den Gedankenaustausch mit Männern jedes Standes zu pflegen; er konnte aus dem breiteren Spektrum seiner eigenen Erfahrung heraus schreiben. Unser Traumleben ist eng oder weit, je nach unserer Interaktion mit dem Leben.

Welchen Sinn hat die Kontroverse über Traumschauplätze für die Frau von heute, und welche Bedeutung hat sie überhaupt für ihr

Leben? Frauen, die ihre Träume verstehen wollen, brauchen sich nicht mit der fortgesetzten Debatte unter den Forschern zu befassen, ob Traumelemente sich im Laufe der Jahre nun verändern oder nicht.

Durchschnittswerte bedeuten wenig für die einzelne Träumerin, die ihre persönlichen Träume begreifen möchte. Um so viele Informationen wie möglich aus Ihren Traumschauplätzen zu gewinnen, sollten Sie sie als Bühnenbild für Ihre inneren Dramen betrachten. Fragen Sie sich, warum Ihre träumende Psyche sich dafür entschied, die Szene an diesem bestimmten Ort spielen zu lassen. Jede Umgebung trägt eine Bedeutung in sich. Hier folgen einige der typischen Traumschauplätze und ihre allgemeine Symbolik (die genaue Bedeutung variiert von einem Träumer zum anderen):

Traumumgebung	Allgemeine Symbolik
Küche	Ort, an dem emotionale Nahrung verfügbar ist.
Schule	Ort, an dem man sich geprüft fühlt, oder Lernumgebung.
Üble kriminelle Gegend	Ort, an dem man sich gefährdet fühlt.
Felsige Gegend	Ort, an dem man sich «schwer» bewegen kann.
Geschäft	Ort, an dem Entscheidungen zu treffen sind.
Garten	Ort schöner Gefühle.

Auf den folgenden Seiten werden wir sehen, wie Traumumgebungen dazu beitragen, den Sinn von Träumen zu erhellen. Doch vorerst prüfen Sie die Charakteristika Ihrer Traumumgebungen. Sind sie vertraut oder fremd? Altmodisch oder neuartig? Eingeengt oder ausgedehnt? Angenehm oder unangenehm? Verfallen sie oder werden sie restauriert? Sind sie überfüllt oder geräumig? Jedes Element fügt der Symbolik einer Traumumgebung eine Dimension hinzu.

Wie bei den Traumumgebungen scheint das, was wir über die Personen in Frauenträumen wissen, davon abzuhängen, wann die Untersuchung durchgeführt und welche Stichprobe von Frauen befragt wurde. Die Daten einer Untersuchung mit College-Studentinnen ergaben, daß Frauen gern von Menschen träumen, die sie kennen: von ihren Eltern, ihren Geschwistern, ihren Ehemännern oder Partnern; ihren Babies und Kindern; ihren Freunden und Feinden. Obwohl Männer manchmal von den gleichen Personen träumen, vor allem von ihrer Familie, ist die Wahrscheinlichkeit, daß sie von bekannten Personen träumen, geringer. Die Erwähnung einer Mutter, wie in Louises Traum zu Beginn dieses Kapitels, deutet darauf hin, daß der Urheber des Traums weiblich ist.

Im Gegensatz dazu träumen Männer eher von nicht vertrauten Personen und auch eher von Gruppen als von einzelnen Individuen: diese sind häufiger durch ihren Beruf identifiziert, beispielsweise Bankier, Buchhalter oder Autoverkäufer, als durch ihre Beziehung zum Träumer.

Spätere Untersuchungen legen nahe, daß dann, wenn Frauen sich in Arbeitsumgebungen bewegen, bei denen sie aufgrund ihrer beruflichen Stellung mit mehr Fremden umgehen müssen, diese Personen auch in ihren Träumen erscheinen. Daß die Träume berufstätiger Frauen «Männerträumen ähnlicher werden», wie einige Theoretiker angenommen haben, ist hier aber nicht der Fall. Die Personen in Frauenträumen und in Männerträumen spiegeln die Lebensbereiche wider, mit denen sie jeweils im Wachzustand am meisten zu tun haben – entweder direkt oder in der Phantasie.

Frauen verteilen ihre Aufmerksamkeit in etwa gleichmäßig auf die weiblichen und männlichen Personen in ihren Träumen; Männer dagegen beschäftigen sich im Traum mehr mit anderen Männern: in Männerträumen kommen doppelt so viele Männer wie Frauen vor.

Geht man den Träumen auf den Grund, so stellt sich heraus, daß Frauen sich im allgemeinen mehr mit ihren emotionalen Beziehungen zu beiden Geschlechtern befassen, während Männer sich mehr mit ihrem Erfolg oder Mißerfolg im Vergleich zu anderen Männern beschäftigen. Insgesamt kommen in den Träumen von Frauen mehr Personen vor.

Für die Frau, die ihre eigenen Traumszenarios verstehen möchte, ist es von Nutzen, sorgfältig auf die Personen zu achten, die in ihren Träumen vorkommen. Neben dem Träumer oder der Träumerin selbst ist die Person, von der am häufigsten geträumt wird, gewöhnlich die, zu der die stärkste emotionale Bindung besteht.

Träumer können sich selbst fragen: Von welchen Leuten träume ich am häufigsten? Warum beschäftige ich mich mit ihnen? Stehen sie für sich selbst oder für ein Merkmal in mir, das mir vielleicht fehlt oder das ich an mir nicht mag? Welche Prominenten treten in meinen Träumen auf? Welche Eigenschaft repräsentieren sie in meinen Traumszenarios? Anschließend folgen einige kurze Beispiele für die häufige Symbolik von Personen in Frauenträumen (die genaue Bedeutung variiert je nach den persönlichen Assoziationen der Träumerin).

Traumperson	Allgemeine Symbolik
Baby	Eine «neugeborene» Qualität der Träumenden oder ein spezielles Projekt.
Ehemann oder Freund	Ein stützender, gleichgültiger oder destruktiver Aspekt, je nach der Art der Beziehung.
Gärtner	Jemand, der der Träumerin hilft, zu wachsen.

Im Laufe der folgenden Kapitel werden wir immer wieder sehen, wie die Personen in Frauenträumen dazu beitragen, daß die Träumerin selbst Aspekte ihrer eigenen Person und ihre Beziehungen zu anderen verstehen lernt. Louises Mutter beispielsweise, die im Traumbericht am Anfang dieses Kapitels vorkam, stellte für die Träumerin einen intuitiven, sensitiven Teil ihrer selbst dar, den sie «zum Leben bringen» möchte.

In einem Park in der Nähe Roms steht eine monumentale Brunnenfigur, die als Diana von Ephesus bekannt ist. Sie hat eine Vielzahl von Brüsten, aus denen Wasser strömt. Als ich sie an einem sonnigen Nachmittag sah, dachte ich daran, wie überwältigt die Alten, die sie verehrten, von dem Gedanken gewesen sein müssen, von dieser Göttin genährt zu werden. Ihre zahlreichen Flüssigkeit verströmenden Brüste betonten ihre Rolle als Nährmutter.

Die Träume von Mädchen und Frauen sind voll von Bildvorstellungen, die eine ähnliche Botschaft übermitteln. Säugetiere kommen selbst in den Träumen junger Mädchen überaus häufig vor – einige Theoretiker glauben, daß weibliche Personen auf einer tiefen Ebene intuitiv ihre Rolle als milchspendende Geschöpfe spüren.

Kleine Tiere – Kätzchen, junge Hunde, Kaninchen und dergleichen – sind sehr typisch für Frauenträume, vor allem während der Schwangerschaft vom zweiten Trimester an, wie wir sehen werden. Im Gegensatz dazu bevölkern Männer ihre Traumlandschaften eher mit wilderen, größeren Tieren und mit mehr Vögeln – die angeblich mit der Erektionsfähigkeit des Penis assoziiert sind – und anderen Nicht-Säugetieren.

In meiner Studie von 1984 über Kinderträume berichteten zweiundsechzig Mädchen von etwa doppelt so vielen Tieren wie achtundfünfzig Jungen. (Da die Träume der Mädchen länger waren, ist dieser Unterschied allerdings schwer zu bewerten.) Die einzige Kategorie, bei der die Jungen mehr Tiere nannten als die Mädchen, waren Drachen. Kein einziges Mädchen träumte von einem Drachen, während dies sechs Jungen taten.[13]

Kinder als Gruppe haben mehr Tiere in ihren Träumen als Erwachsene. Die Anzahl der Tiere nimmt ab, wenn das Kind älter wird; zahme Tiere beginnen die wilden zu ersetzen.

Wie bei den anderen Kategorien der Trauminhalte ist für die individuelle Träumerin das Verständnis ihrer eigenen Traumbilder wichtig.

Sonny beispielsweise, die Ende Zwanzig ist, war verwirrt von folgendem Traum:

Ich streichle eine freundliche Ratte mit goldenem, lockigem Fell, als sie mich plötzlich beißt. Alarmiert wache ich auf.

Als wir miteinander sprachen, stellte sich bald heraus, daß Sonnys Freund lockiges Haar hatte, das in der Sonne goldene Glanzlichter aufwies. Die beiden hatten glücklich zusammen gelebt, bis es zu einem Konflikt darüber kam, ob sie nun heiraten sollten oder nicht. In Sonnys Traumsprache war die «freundliche Ratte» plötzlich bösartig geworden. Zum Glück wurde das Dilemma gelöst, und Sonny heiratete. Sie hat in den letzten Jahren eine sehr enge und liebevolle Beziehung zu ihrem Mann entwickelt.

Die meisten Träumerinnen haben zwei oder drei Lieblingstiere, die in ihren Träumen immer wieder vorkommen.

Um die Symbolik Ihrer eigenen Traumtiere zu entziffern, ist es hilfreich, sich folgende Fragen zu stellen: Welche Merkmale weist dieses Tier auf? Wie unterscheidet sich dieses Tier von anderen Tieren, die ihm ähnlich sind? Ihre Antworten werden Hinweise auf das Vorkommen des Tieres in einem bestimmten Traum geben. Wir werden die Bedeutung von Tieren im Traum eingehender im Zusammenhang mit den spezifischen Träumen untersuchen, die in den folgenden Kapiteln beschrieben werden.

Die scharfe Zunge: Verbale Aggressionen in Frauenträumen

Im allgemeinen nehmen Frauen, wenn sie wütend sind, ihre Zuflucht eher zu verbaler als zu körperlicher Aggression. Das Verletzen mit Worten ist für eine Frau gewöhnlich wirksamer als die Benutzung körperlicher Kraft.

Der Ausdruck weiblicher Aggression in Träumen tendiert zu einer ähnlichen Form: ein rascher verbaler Stich oder sogar ein Schimpfwort. Männer erleben in ihren Träumen mit größerer Wahrscheinlichkeit andere Männer, die ein gewalttätiges Verhalten zeigen: Köpfe abschlagen, Körper zerschmettern, in der Dunkelheit Feinde erschlagen oder von diesen gemetzelt werden. Frauen greifen in ihren Träumen im allgemeinen nur dann an, wenn sie selbst attackiert werden, während männliche Träumer häufiger unprovozierte Aggression zeigen.

Individuelle Träumerinnen können viel über die Natur ihrer Beziehungen erfahren, wenn sie das Gewaltmuster in ihren Träumen beobachten. Die Träumerin kann sich fragen: Werde ich in meinen Träumen oft zum Opfer gemacht? Wer ist der Bösewicht? Sind Männer in meinen Träumen unfreundlicher zu mir? Hängt das von dem Mann ab? Sind Frauen in meinen Träumen unfreundlich? Welche Frauen? Sind sie Autoritätsfiguren oder Kolleginnen? Behandeln Personen mich unter verschiedenen Traumumständen unterschiedlich? Wie reagiere ich darauf? Verteidige ich mich? Löse ich Probleme, die im Traum auftreten?

In den folgenden Kapiteln werden wir die Bedeutungen untersuchen, die Aggression für die einzelne Frau im Kontext ihrer spezifischen Träume hat.

Party-Girl: Freundliche Interaktionen in Frauenträumen

Weibliche Träumer scheinen bei der Verteilung freundlicher Handlungen demokratischer vorzugehen als Männer: sowohl männliche als auch weibliche Traumgestalten werden freundlich behandelt. «Wir beide haben uns gestern nacht in meinem Traum amüsiert», sagte in meiner Studie ein Mädchen zu seiner Freundin:

Du trägst ein wundervolles irisches Tweedcape mit passender Kappe. Wir gehen auf dem Weg zu einer Vogelhandlung in ein besonderes Lokal.

Frauen haben recht häufig glückliche, freundschaftliche Träume über ihre Freunde beiderlei Geschlechts.

Das Motto eines Mannes, der im Traum mit einem anderen Mann spricht, könnte dagegen lauten: «Willst du Prügel?» Im Vergleich zu Frauen neigen Männer dazu, den männlichen Gestalten in ihren Träumen aggressiv zu begegnen, während sie mit weiblichen Gestalten eher freundlich umgehen.

Vielleicht bewirkt die Natur, daß Frauen Männern dann freundliche Gefühle entgegenbringen, ob im Wachzustand oder im Schlaf, wenn die Wahrscheinlichkeit einer Empfängnis größer ist.

Was auch immer der Grund sein mag, Frauen sollten vielleicht darauf achten, ob ihre freundlichen Handlungen im Traum sich im Laufe des Menstruationszyklus verändern. Beachtenswert ist auch, welche Beziehung zu Männern und Frauen im Traum für die Träumerin typisch ist. Sind Sie immer freundlich oder feindselig zu den Männern in Ihren Träumen? Hängt das von dem jeweiligen Mann ab? Reagieren Sie stets gleich auf die Frauen in Ihren Träumen? Ist es typisch für Ihre Träume, daß die darin vorkommenden Personen Sie behindern, frustrieren oder mit Ihnen zusammenarbeiten?

Die Antworten auf diese Fragen geben dem Träumer Material, anhand dessen er oder sie bewerten kann, wie er oder sie dem anderen Geschlecht gegenüber eingestellt ist – ob positiv oder negativ. Ambivalenz kommt, wie die meisten Träumer feststellen werden, in ihren Traumbeziehungen ebenso wie im wachen Leben vor.

Das Romantische Zwischenspiel: Sexuelle Interaktionen in Frauenträumen

Wenn Frauen im Traum Sex haben, dann häufiger als Männer mit jemandem, den sie gut kennen: einem Ehemann, einem Geliebten oder einem aufregenden Kollegen. Gelegentlich wählen sie auch einen Prominenten aus – Paul Newman ist besonders beliebt wegen der Symbolik seines Namens: «new man», «neuer Mann». Oder sie wählen im Traum eine Machtfigur wie den Präsidenten zu ihrem Liebhaber. Es kommt auch vor, daß Frauen goldene Engel oder griechische Götter heraufbeschwören, die sie zu himmlischen Traumekstasen bringen. Im allgemeinen jedoch ziehen sie für die Liebe im Traum vertraute Figuren vor.

Männer sind hier insofern anders, als sie anscheinend im Traum am meisten von der unbekannten Frau, der exotischen Fremden stimuliert werden. Ihre leidenschaftlichen Träume münden sehr bald in den schlichten Geschlechtsverkehr ohne viel verzögernde Vorspiele – einige werden sagen, daß auch in dieser Hinsicht die Träume dem wirklichen Leben ähneln.

Wir erwähnten schon, daß Frauen ebenso wie Männer während der Traumperioden sexuell erregt werden. Im Traum erigieren ihre Brustwarzen, ihre Vaginaltemperatur und ihre Pulsfrequenz steigen an, die Genitalien werden stärker durchblutet. Diese körperlichen

Veränderungen entsprechen den Erektionen des Penis, die bei Männern schon lange beobachtet wurden, vor allem beim Erwachen aus dem morgendlichen Traum. Selbst männliche Säuglinge haben beim Träumen einen erigierten Penis – ein Hinweis darauf, daß dieses Verhalten ein natürlicher und kein erlernter Vorgang ist.

Wie Männer haben auch Frauen im Traum Orgasmen, obwohl die Häufigkeit geringer ist. Die sexuelle Mobilisierung des Körpers tritt gewöhnlich unabhängig davon auf, ob der Trauminhalt sexuell ist oder nicht; sie gehört zum allgemeinen Erregungszustand des Nervensystems, den jeder von uns im Traum erlebt.

Im allgemeinen träumen Frauen weniger von Sex als Männer. In Kinseys klassischer Untersuchung von nahezu achttausend Frauen sagten etwa 70 Prozent, sie hätten irgendwann in ihrem Leben offen sexuelle Träume gehabt. Bei den Männern waren es fast 100 Prozent der Stichprobe von nahezu sechstausend Personen, die von erotischen Träumen berichteten.

Wir sahen auch, wie das Traumleben parallel zu der Diskrepanz im Muster des wachen Lebens zu verlaufen scheint. Junge Männer beginnen schon in frühem Alter, bei ihren sexuellen Träumen Pollutionen zu haben. Im Alter von fünfzehn Jahren kam es in den Träumen von etwa 40 Prozent der Jungen zu nächtlichen Pollutionen. Im Vergleich dazu hatten nur 2 Prozent der Mädchen im Alter von fünfzehn Jahren erotische Träume bis zum Orgasmus gehabt.

Wenn sie älter werden, haben mehr Frauen erotische Träume bis zum Orgasmus, obwohl diese bei Männern noch immer häufiger vorkommen. Bei Männern ist im Teenageralter und in den Zwanzigern die Frequenz von Träumen mit nächtlichen Pollutionen am höchsten; Frauen haben in den Vierzigern die meisten Träume mit Orgasmus. Sexträume scheinen teilweise ein Spiegel der tatsächlichen Erfahrungen zu sein, die eine Person gemacht hat.

Bei den Frauen, die orgasmische Träume haben, kommen diese seltener vor als bei Männern. Die jüngeren Männer berichteten von orgasmischen Träumen vier- bis elfmal im Jahr; die älteren Männer hatten sie drei- bis fünfmal jährlich. Einer der jüngeren Männer sagte, er habe jede *Woche* bis zu zwölf erotische Träume mit Orgasmus. Frauen aller Altersstufen berichteten durchschnittlich von drei bis vier orgasmischen Träumen pro Jahr.

Kinsey hat festgestellt, daß Frauen unter bestimmten Bedingungen häufiger Sexualträume hatten: wenn das normale sexuelle Ventil der Träumerin unzulänglich oder reduziert war oder ganz fehlte; wenn sie verwitwet war; wenn sie im Gefängnis war; wenn ihr Ehemann verreist war; wenn sie aufhörte, bestimmte Drogen zu nehmen.

Andererseits begannen sexuelle Träume normalerweise erst dann, wenn die Frau im Wachzustand Sexualität erlebt hatte. Orgasmische Träume setzten oft im gleichen Jahr ein, in dem eine oder mehrere Arten von sexueller Aktivität aufgenommen wurden, etwa Masturbation, Petting oder Geschlechtsverkehr. Es schien eine Korrelation zwischen einem hohen Niveau erotischer Reaktionsfähigkeit und der Anzahl der orgasmischen Träume zu bestehen. Einige Frauen, die im Alltagsleben häufig Orgasmen haben, haben auch häufig orgasmische Träume.

Inhalte sexueller Träume. Von den Frauen in Kinseys Stichprobe wurden am häufigsten heterosexuelle Träume berichtet; 85 bis 90 Prozent hatten solche Träume. Homosexuelle Träume wurden von 8 bis 10 Prozent berichtet; Träume von sexuellen Beziehungen zu Tieren wurden von etwa 1 Prozent der Frauen berichtet.

Kinsey stellte fest, daß die Frauen in seiner Gruppe häufiger fremde Sexualpartner erwähnten als Männer, die ihnen bekannt waren, was im Gegensatz zu Halls und Van de Castles Beobachtungen steht. Manchmal nahm die Träumerin selbst an dem Sexualakt teil; bei anderen Gelegenheiten beobachtete sie eine andere Traumperson. Kinsey stellte auch fest, daß Sexualträume gewöhnlich Erfahrungen widerspiegelten, die die Träumende im Wachzustand gemacht hatte. Träume von Geschlechtsverkehr waren häufiger bei denen, die ihn schon gehabt hatten; ebenso waren Träume von Petting, Vergewaltigung, homosexuellem Kontakt, Kontakt mit Tieren, sadomasochistische Träume und Träume von Schwangerschaft häufiger bei den Frauen, die diese Erlebnisse schon gehabt hatten.

Kinsey erwähnt die eigenartige Feststellung, daß eine Reihe junger Männer von Frauen mit männlichen Genitalien träumten – ein Phänomen, das er darauf zurückführt, daß Männer, die weibliche Genitalien noch nicht direkt gesehen haben, sie sich schwer vorstellen können. Ob Frauen eine ähnliche Art von Träumen über Männer berichteten, erwähnt er nicht.

Die individuelle Träumerin wird vielleicht Nutzen aus der Beobachtung des Liebesverhaltens in persönlichen Träumen ziehen. Sie kann sich fragen: Welchen Partner wähle ich für romantische Traumbegegnungen? Ist diese Person mir fremd oder bekannt? Repräsentiert sie eine echte Anziehung oder eine Eigenschaft, die mir fehlt? Welcher Art ist unser Kontakt – rauh oder zärtlich, dominierend oder kooperativ? Habe ich im Traum ungewöhnliche Arten von sexuellen Interaktionen?

Die Antwort auf solche Fragen kann der Träumerin helfen, ihre Gefühle über Beziehungen im Wachzustand besser zu verstehen. Sie stellt vielleicht fest, daß der Sexualverkehr in einem Traum eher die Integration eines fehlenden Elements symbolisiert als eine bestimmte Person – ein Bedürfnis nach Zärtlichkeit, nach neuem Kontakt mit künstlerischen Impulsen und dergleichen. Später werden wir die verschiedenen Bedeutungen von Sexualität im Kontext spezifischer Träume untersuchen.

Worauf Frauen sich in ihren Träumen konzentrieren

Unser Gehirn wählt im Traum ebenso wie im Wachzustand den Aktivitätsbereich aus, der unser Interesse am stärksten weckt.

Faszinierende Farbe. Eines der Elemente, das von Frauen häufig erwähnt wird und in den Träumen von Männern selten vorkommt, ist die Farbe. Über diese grundlegende Beobachtung hinaus wissen wir sehr wenig über Farbe in Träumen.

In einer der wenigen Studien über die Farbe in Träumen wurden die Träume von sechs Männern untersucht. Diese Versuchspersonen zeichneten fünf Monate lang ihre Träume auf; unmittelbar oder so bald wie möglich nach dem Erwachen ordneten sie alle Traumfarben, die sie gesehen hatten, den Mustern in einem Farbatlas zu.

Die Studie ergab, daß nur in der Hälfte der Träume überhaupt Farben vorkamen. Fünfzig Prozent der erwähnten Farben waren fast weiße oder Pastelltöne. Intensive Farben waren gewöhnlich rot oder orange getönt. Man schloß daraus, das Fehlen von Purpurrot, Blau oder Blaugrün in den Träumen dieser Studie könne anatomisch mit der geringen Anzahl blauer Einheiten in den Farbbereichen der Hirnrinde in Zusammenhang gebracht werden.

Würden weibliche Träume, auf dieselbe Weise untersucht, mehr Farben aufweisen? Ich denke schon. Frauen sind im wachen Leben sehr viel farbbewußter, und es ist auch beobachtet worden, daß sie in ihren Träumen mehr von Farben sprechen als Männer. Die Erwähnung von Farbe in Louises Traum zu Beginn dieses Kapitels ist ein Hinweis darauf, daß die Urheberin des Traumes eine Frau ist. Beachten Sie, daß zu den Farben, die in diesem Traum vorkommen, auch Blau gehört – eine Farbe, die bei männlichen Träumern äußerst selten festgestellt wurde.

Gewöhnlich wird die häufigere Erwähnung von Farben in weiblichen Träumen dem bekannten täglichen Interesse der Frauen an diesem Thema zugeschrieben. Mir scheint jedoch, daß die Empfänglichkeit für Farben auch auf biologischen Unterschieden zwischen Männern und Frauen beruhen könnte.

Tatsächlich ist die Farbwahrnehmung von Frauen besser als die von Männern. In den ersten acht Monaten des Lebens sehen sie schärfer als männliche Babies. Obwohl bei Jungen vom Alter von sechs Jahren an eine schärfere Sicht festgestellt wurde, ist die Farbwahrnehmung bei Frauen seltener beeinträchtigt als bei Männern. Farbenblindheit kommt nur bei einer von zweihundert Frauen vor, während einer von zwölf Männern diesen Mangel aufweist. Es ist also kein Wunder, daß Frauen häufiger Farben in ihren Träumen erwähnen, wenn sie deren Nuancen genauer wahrnehmen.

Ob die Farbbewußtheit nun auf genetische oder auf Umwelt-Faktoren zurückgeht oder auf eine Kombination aus beiden, die Träumerin kann mehr Informationen über sich selbst gewinnen, wenn sie die Farben in ihren Träumen beachtet. Besonders wichtig ist die Beobachtung, ob und unter welchen Umständen Farben wiederkehren. Scheinen Sie eher schwarzweiß als in Technicolor zu träumen? Sind die Farben in Ihren Träumen eher matt und trübe oder lebhaft und grell? Leuchtend oder ätherisch? Welche Gefühle und Erfahrungen verbinden Sie mit den Farben, die Ihre Träume erhellen?

Blumen in Frauenträumen. Frauen haben auch eine Neigung, von Blumen zu träumen. Dieses Bild gilt sowohl als Hinweis auf Sexualität wie auch als eine Sache der Schönheit – die Blüte ist das Sexualorgan der Pflanze und mit ihrem Duft und ihrer Form dazu bestimmt, das Geschöpf anzulocken, das sie befruchtet.

Die spezifischen Blumen, die in Träumen wachsen, haben eine Botschaft für die Träumerin. Wie in der viktorianischen «Blumensprache» hat jede Blüte ihre Bedeutung. Die Träumerin kann sich fragen: Warum diese bestimmte Blume zu diesem bestimmten Zeitpunkt? Was verbinde ich mit dieser Blume? Was habe ich im Zusammenhang mit ihr erlebt? Welche Eigenschaften unterscheiden sie von anderen Blumen? Wie wir sehen werden, sind Blumen in Frauenträumen oft mit Bildern von Romantik und Sexualität verknüpft.

Geschlossene Räume in Frauenträumen. Frauen neigen dazu, sich auf häusliche Bereiche zu beziehen, insbesondere auf Zimmer. Für eine große Anzahl von Frauen sind diese Bereiche und die darin enthaltenen Gegenstände ein größerer Teil ihrer täglichen Aktivität als für Männer. Auf diese Weise spiegeln die Träume das Leben wider.

Für berufstätige Frauen können Haushaltsgegenstände und -bereiche Symbole von Hindernissen oder Schranken für ihre Karriere sein. Verständlicherweise betrachten einige dieser Frauen Besen oder Stapel schmutziger Wäsche in ihren Träumen als extrem negative Symbole.

Wie wir schon sagten, nimmt man an, daß Räume auf etwas hinweisen, das über die alltägliche Erfahrung hinausgeht. Da der Körper der Frau einen Innenraum umschließt, den Schoß mit seinem Eingang durch die Vagina, haben Psychoanalytiker behauptet, dieser «innere Raum» werde durch die Räume und Häuser in den Träumen von Frauen repräsentiert. Wie auch immer die Erklärung dafür lauten mag, Forscher stellen häufig fest, daß in den Träumen von Frauen mehr Räume vorkommen als in denen von Männern. Wir werden dies im Zusammenhang mit spezifischen Schwangerschaftsträumen näher untersuchen.

Inzwischen ist es, wie wir schon bei den Traumumgebungen sagten, nützlich, wenn die Träumerin auf die Räume achtet, die in ihren Träumen erscheinen. Spielen Ihre Träume häufiger in einem bestimmten Zimmer als in einem anderen? Welche Erfahrungen und Eigenschaften assoziieren Sie mit diesem Zimmer? Was unterscheidet es von anderen Zimmern im Haus? Was spielt sich in diesen Bereichen ab? Wo erleben Sie mehr Schwierigkeiten und wo mehr Angenehmes?

Während Frauen von Räumen und Blumen träumen, beschäftigen

sich Männer mit dem inneren Auge mehr mit den Werkzeugen, Waffen, Autos und mit dem Geld, die ihre Träume ausfüllen. Von einigen Theoretikern werden diese Elemente als symbolische Bezüge zum Phallus und seiner Funktion angesehen.

Fühlen, Sprechen, Spüren, Urteilen – Aktivitäten in Frauenträumen

Frauen drücken sehr viel stärker ihre Gefühle während des Traums aus als Männer. Ebenso, wie sie im Alltagsleben offener über ihre Gefühle sprechen, sind Frauen auch im Traum voller Emotionen.

Und voller Worte. Frauen beschreiben in ihren Träumen häufiger Gespräche, und ihre Traumfiguren erzählen ihnen Dinge: neugeborene Babies verkünden Wahrheiten, Tiere äußern weise Sprüche, unbelebte Objekte geben Kommentare ab.

Phantastische Gemälde, verwahrloste Wohngebäude – die Schönheit oder Häßlichkeit einer Szene ist für den weiblichen Träumer von größerer Bedeutung. Moralische und ästhetische Urteile kommen ebenfalls eher in den Traumberichten von Frauen vor: «Es war unglaublich schön...»; «Der Fremde war böse...»

Während Frauen urteilen, Schönheit oder das Fehlen von Schönheit spüren, emotional und mitteilsam sind, sind Männer im Traum mit Erfolg und Mißerfolg beschäftigt – Themen, die ihre Seite des Traumbettes beanspruchen. Wir haben bereits erwähnt, daß sie in ihren Träumen in mehr sexuelle Abenteuer verwickelt sind als Frauen. Ein Mann und eine Frau, die dasselbe Bett teilen, können ganz unterschiedlich träumen. Dieses Konzept kommt treffend in dem chinesischen Sprichwort zum Ausdruck: «Gleiches Bett, verschiedene Träume.»

Außersinnliche Wahrnehmung: Die übersinnliche Seite von Frauenträumen

Traumforscher stellen fest, daß Frauen mehr übersinnliche Träume berichten als Männer. Eine Frau beispielsweise, die träumt, daß ein geliebter Angehöriger erkrankt oder stirbt, obwohl sie zu dieser Zeit in keinem physischen Kontakt mit der betreffenden Person steht oder andere Hinweise aus der Umgebung hat, erlebt vielleicht eine außersinnliche Wahrnehmung. Viele der Frauen, die ich für diese Untersuchung interviewte, beschrieben Träume, die übersinnliche Dimensionen zu enthalten schienen. Vielleicht sind Frauen aufgrund ihres Interesses an anderen Menschen mit größerer Sensibilität auf subtile Wahrnehmungen eingestimmt.

Wenn Sie im Traum außersinnliche Wahrnehmungen haben, stellen Sie vielleicht fest, daß das Aufzeichnen Ihrer Träume Ihnen hilft, den Unterschied zwischen gewöhnlichen Träumen und Vorhersageträumen zu identifizieren. Achten Sie vor allem auf wiederkehrende Elemente oder Themen.

Unsere Träume machen unser inneres Selbst sichtbar. Was verraten Ihre Träume über Sie? In einiger Hinsicht haben Sie gewiß Ähnlichkeit mit anderen Träumern Ihres Geschlechts. In anderer Hinsicht sind Sie einzigartig. Die folgenden Kapitel werden Ihnen einen Maßstab liefern, mit dem Sie Ihre eigenen Träume vergleichen können, und Ihnen Hinweise geben, damit Sie diese nächtlichen Abenteuer besser verstehen können.

Weiter unten finden Sie zwei Fragebögen. Der zweite ist ein Test, der Ihr Bewußtsein für die Unterschiede schärfen soll, die möglicherweise zwischen Männer- und Frauenträumen bestehen. Wenn Sie ihn bereits durchgeführt haben, dann lesen Sie jetzt die *Geschlechtsbezogene Checkliste für Traumberichte*. Sie faßt die Unterschiede zwischen den Geschlechtern zusammen, die in Träumen häufig beobachtet werden, ist allerdings keineswegs unfehlbar. Vielleicht möchten Sie sie auf individuelle Träume anwenden, um abzuschätzen, wie korrekt oder unkorrekt die gegenwärtigen Annahmen sind. Wenn Sie den *Traumtest* noch nicht gemacht haben, möchten Sie ihn vielleicht durchführen, ehe Sie die Checkliste prüfen.

Denken Sie, während Sie den Test machen, daran, daß einige Männer ähnliche Sprachmuster haben wie Frauen. Sehr redegewandte, literarische Männer – Dichter und Romanschriftsteller – teilen oft die Neigung von Frauen zu ausführlicher Beschreibung. Auch homosexuelle Männer übernehmen manchmal Sprachmuster, die im Stil eher weiblich sind.

Geschlechtsbezogene Checkliste für Traumberichte*

Merkmal	weiblich	männlich
1. Erinnerung	besser unterschiedlich je nach Zeitpunkt	schlechter
2. Länge	länger	kürzer
3. Wortwahl	mehr Adjektive	wenig Adjektive, knapp
	möglicher Bezug auf Ehemann, Heim oder Tränen	möglicher Bezug auf Ehefrau, Auto, Fahrzeuge, Reisen oder Kämpfe
4. Umgebung	vertraut innerhäuslich	fremd im Freien
5. Gestalten	gleiche Anzahl von Männern und Frauen	doppelt so oft Männer wie Frauen
	Einzelpersonen	Gruppen
	vertraute Personen	fremde Personen
	Personen, beschrieben durch Beziehung, z.B. Mutter, Baby, Bruder	Personen, beschrieben durch Arbeit, z.B. Bankier, Anwalt
6. Tiere	Säugetiere kleine Tiere zahme Tiere	Nicht-Säugetiere große Tiere wilde Tiere
7. Aggression	gleich oft vs. Männer u. Frauen	vor allem gegen Männer
	eher verbal	eher körperlich
8. Freundlichkeit	gleich vs. Männer und Frauen	eher gegen Frauen

* Basierend auf dem gegenwärtigen Stand der Forschung. Die Unterschiede zwischen männlichen und weiblichen Träumen sind gering. Spezielle Populationen können sich voneinander unterscheiden. Die zukünftige Forschung wird vielleicht Änderungen bringen oder heutige Befunde widerlegen.

9. Sex	☐ eher romantisch	☐ eher handfest
	☐ weniger Traum-orgasmen	☐ mehr Traum-orgasmen
10. Farbe	☐ oft erwähnt	☐ selten erwähnt
11. Brennpunkt	☐ Kleidung, Schmuck	☐ Autos, Fahrzeuge
	☐ Augen, Gesicht, Haar	☐ Geld
	☐ Blumen	☐ Größe, Intensität, Geschwindigkeit
12. Emotionen	☐ oft erwähnt	☐ selten erwähnt
13. Empfindungen	☐ häufig	☐ selten
14. Gespräche	☐ häufig	☐ selten
15. Urteile (moralisch, ästhetisch)	☐ häufig	☐ selten
16. Themen	☐ Beziehungen	☐ Erfolg, Mißerfolg

Traumtest

Geben Sie an, ob diese wörtlich wiedergegebenen Traumbeschreibungen von männlichen oder weiblichen Träumern stammen:

☐ 1. Ich träumte, ich läge auf einem Operationstisch. Ein Laken war über meinen Kopf gezogen, und ich wurde weggerollt. (Ich wußte, daß dies ein Omen für Niederlage war.)

☐ 2. Träumte, mein kleines Baby werde wieder lebendig: es habe nur gefroren, und wir hätten es vor dem Feuer abgerieben, und es hätte gelebt.

☐ 3. Ich träumte, ich blickte in den Spiegel, als eine schreckliche Fratze – die Fratze eines Tieres – plötzlich über meine Schulter sah.

☐ 4. Träumte, (ein Mann) komme in mein Zimmer, um dessen Hals ein Ring von Blut lief, und er sagte: «Ich traf (eine Frau), die aus (eines Mannes) Zimmer kam.»

☐ 5. Träumte, daß riesige Wasserfälle vom Himmel fielen. Der erste traf die Erde ungefähr vier Meilen von mir entfernt mit entsetzlicher Kraft.

□ 6. Träumte von einem Käfer, der biß wie ein Skorpion.

□ 7. Träumte, mein Vater sei wieder lebendig, und ich könnte ihm alle Dinge sagen, die ich ihm sagen wollte.

□ 8. Träumte, ich läge im Bett, als (ein Mann und seine Frau) ins Zimmer kamen. Sie waren böse zerschnitten, die Knochen ragten ihnen durch die Haut, und (der Ehemann) war schwächer und stützte sich auf (die Ehefrau). Sie baten mich aufzustehen und sagten, das Meer überflute das Haus, und es werde einstürzen. Ich tat das und sah durch das Terrassenfenster, das auf die See hinausging, die Fluten um das Haus branden. Dann dachte ich, ich erstickte (einen Mann).

□ 9. Ich träumte, ich sei in einem Haus, wahrscheinlich in meinem eigenen (es muß das Eßzimmer gewesen sein). Mehrere weiße Tauben flattern gegen das Fenster. Licht fällt von draußen herein. Ich achte darauf, nicht die Tür zu öffnen, damit die Tauben das Haus nicht verlassen. Ich fühle mich sehr glücklich.

□ 10. Träumte, ich sähe meine verstorbene Mutter. Im Traum weiß ich, daß sie tot ist, aber sie wirkt jung, schön, lachend. Wir sprechen miteinander, und ich fühle mich sehr glücklich.

Lösungen

1. Männlich. Winston Churchill nach dem Zweiten Weltkrieg in der Nacht vor seiner Wahlniederlage.

2. Weiblich. Mary Wollstonecraft Shelley, englische Autorin und Ehefrau des Dichters, zwei Wochen, nachdem sie am 6. März 1815 ihr Baby tot aufgefunden hatte.

3. Weiblich. Virginia Woolf, englische Romanautorin, zwei Jahre vor ihrem Selbstmord durch Ertränken am 28. März 1941. Der Traum hat vermutlich mit ihrer Angst vor wiederkehrendem Wahnsinn zu tun. Im Alter von drei Jahren wurde sie von ihrem Stiefbruder sexuell mißbraucht, während sie in einen Spiegel sah.

4. Männlich. Duncan Grant, ein Maler aus dem intellektuellen Zirkel von Bloomsbury. Er war der Liebhaber von Vanessa Bell, Virginia Woolfs Schwester. Die Figuren beziehen sich auf Quentin, Vanessas Sohn von ihrem Mann Clive Bell, Angelica, die Tochter von Vanessa und Grant, und seinen früheren homosexuellen Liebhaber Bunny,

der jetzt Angelica liebte. Der Traum beschreibt Grants Eifersucht auf Bunnys Zuwendung zu Angelica.

5. Männlich. Albrecht Dürer, deutscher Maler und Kupferstecher. Am Morgen nach diesem Traum malte er ein Bild davon und betete, eine solche Katastrophe möge verhütet werden.

6. Männlich. D.H. Lawrence, englischer Romanschriftsteller, über Männer aus seinem Kreis. Er bezeichnete sie als «ausschwärmende Selbsts».

7. Weiblich. Vanessa Bell, Künstlerin und Schwester von Virginia Woolf. Ihre Beziehung zu ihrem Vater, dem Gelehrten Leslie Stephen, war schwierig gewesen.

8. Männlich. Percy Bysshe Shelley, englischer Dichter, zwei Wochen bevor er am 8. Juli 1822 im Alter von dreißig Jahren bei einem Bootsunfall ertrank. Seine erste Frau hatte am 9. November 1816 Selbstmord durch Ertränken begangen. Das erwähnte Paar waren Hausgäste in seiner Sommervilla am Golf von Spezia in Italien.

9. Weiblich. Nanette, etwa achtzig Jahre alt.

10. Weiblich. Louise, damals Mitte Dreißig, über ihre Mutter, die an Krebs starb.

3. Träume von Heranwachsen und Menstruation

> Eine große rote Tasche hängt von einem Stab, den zwei Männer zwischen sich auf den Schultern tragen. Die Tasche ist so groß und schwer, daß beide Männer nötig sind, um sie zu tragen. Ich wache auf und weiß, daß heute meine Periode einsetzen wird...
>
> (Träumerin vor der Menstruation)

Frauen, die der Bildwelt in ihren Träumen aufgeschlossen gegenüberstehen, lernen, an den Bildern ihrer Träume zu erkennen, in welcher Phase ihres Menstruationszyklus sie sich befinden. Wenn Sie eine Frau in den Menstruationsjahren sind, ist es für Sie vielleicht von Nutzen, Ihre eigenen ganz speziellen Symbole für jedes Stadium des Menstruationszyklus kennenzulernen. Die Zeit Ihrer Ovulation und fruchtbaren Empfänglichkeit, die Fälligkeit Ihrer Periode und deren Ende, ebenso eine Störung – all das wird in Ihren Träumen dargestellt. Selbst wenn Sie sich nicht in den Menstruationsjahren befinden, können Sie das Verständnis Ihrer Träume erweitern, wenn Sie wissen, wie der träumende Verstand die weiblichen Genitalien repräsentiert.

Bestimmte Symbole – wie die Tasche in dem oben zitierten Traum – sind typische Hinweise auf den Schoß. Viele Gegenstände, die wie ein Behälter geformt sind und eine Öffnung haben, die Inhalte aufnehmen kann, können im Traum den Schoß darstellen. Andere Symbole – wie die beiden Männer, die nötig sind, um die Tasche zu tragen – beziehen sich auf die individuellen Verhältnisse der Träumerin. In dem zitierten Fall hatte die Träumerin zwei Liebhaber; ihre Weiblichkeit hing in der Schwebe zwischen den beiden Männern in ihrem Leben. Der Stab war wahrscheinlich das Symbol der Träumerin für den Phallus, wie es bei länglichen, gestreckten Gegenständen oft der

Fall ist. Die Schwere der Tasche im Traum bezog sich auf die Schwere in ihrem Schoß, der im Begriff war, das angesammelte Monatsblut zu vergießen.

Indem sie die üblichen Symbole für den Menstrualzyklus in Frauenträumen kennenlernt und sich ihrer eigenen, persönlichen Symbole bewußt wird, kann eine Frau ermessen, was in ihrem Inneren vor sich geht.

Der Beginn des Frauseins: die Menarche

Der größte rhythmische Zyklus im Leben einer Frau ist wahrscheinlich die Spanne ihrer Fruchtbarkeit, die einen Zeitraum von etwa dreißig bis vierzig Jahren umfaßt. Deren Beginn – Menarche genannt – wird gefühlsmäßig als sehr bedeutsam empfunden. Ihr Ende – Menopause genannt – ist vielleicht weniger definiert und geschätzt als der Anfang, aber dennoch ein dramatischer Wendepunkt.

Zwischen diesen beiden Meilensteinen liegt das Potential der Frau, ein Kind zu gebären. Wenn überhaupt, dann muß sie jetzt das vom Samen befruchtete Ei in ihrem Schoß reifen lassen und nähren und schließlich ein Kind zur Welt bringen. Ihre Fähigkeit, Mutter zu werden, wird von Menarche und Menopause begrenzt. Was sie aus dieser Zeit zu machen beschließt und ob sie sich ihrer Biologie bedient, hängt von einer Vielzahl von Faktoren ab.

Eine Frau werden: Veränderungen vor der Menarche

Der geordnete Ablauf von Veränderungen im Körper eines jungen Mädchens, wenn es zur Frau wird – die Pubertät –, ist heute besser bekannt als je zuvor. Wie man weiß, folgen die körperlichen Muster einem bestimmten Ablauf: irgendwann zwischen dem zwölften und sechzehnten Lebensjahr – in den Vereinigten Staaten liegt der durchschnittliche Beginn der Menarche zwischen zwölf und dreizehn Jahren – verändert sich der Körper des jungen Mädchens. Die Drüsen, aktiviert durch die Hypophyse an der Basis ihres Gehirns, geben in einer komplexen Interaktion Sexualhormone in den Blutkreislauf ab.

Das Mädchen reagiert darauf mit einem «Wachstumsschub». Bislang betrug das Körperwachstum seit dem zweiten Lebensjahr etwa 5 cm im Jahr; jetzt wächst das Mädchen bis zu 10 cm im Jahr. Das Wachstum verlangsamt sich erst nach der ersten Periode wieder.

Ein entscheidender Faktor für die Auslösung des Körpermechanismus, der die erste Periode hervorbringt, scheint die Gewichtszunahme zu sein. Einige Forscher siedeln das «kritische Gewicht», das die Menarche aktiviert, irgendwo zwischen 42,6 und 46,7 kg an. Bei diesem Gewicht sind im Körper genug Kalorien gespeichert, um Energie für das Austragen eines Fötus und einen Monat Stillzeit zu liefern, selbst wenn das Mädchen schlecht ernährt sein sollte.

Der «Babyspeck», der die Menarche hervorbringt, nimmt in zwei oder drei Jahren um 125 Prozent zu. Obwohl einige junge Mädchen es gar nicht gern haben, daß sie rundlicher werden, ist das ein natürlicher Teil der Entwicklung zur Frau.

Mädchen, die sich exzessiv sportlich betätigen oder ihre Nahrungsaufnahme allzu sehr einschränken, wie es bei manchen Ballettänzerinnen der Fall ist, schieben ihre sexuelle Entwicklung auf, da ihr Körper zu wenig Fett besitzt, um das Einsetzen der Menstruation zu stimulieren.

Die Gefühle, die eine Frau während der Pubertät ihrem sich verändernden Körper gegenüber hat, bleiben ihr lebenslänglich erhalten. Vielleicht blickt sie mitleidig auf die törichten Vorstellungen ihres jüngeren Selbst zurück, doch unter Streß treten die alten Unsicherheiten wieder an die Oberfläche, selbst wenn sie inzwischen weiß, daß sie unangebracht sind.

Die Veränderungen von Größe, Gewicht und Körperform beginnen im Körper eines jungen Mädchens etwa zwei Jahre vor der ersten Periode. Sie sind Teil der sogenannten sekundären Geschlechtsmerkmale, die Folge der Sexualhormone sind. Andere Veränderungen bereiten sich vor.

Gleichzeitig mit der Veränderung von Größe, Gewicht und Körperformen beginnt die Schambehaarung zu erscheinen. Die lockigen Haare, die in dem Bereich des weiblichen Körpers wachsen, an dem die Beine zusammentreffen, bedecken einen Fleischhügel, der *mons veneris* genannt wird (nach dem lateinischen Wort für «kleiner Berg» oder «Hügel» und Venus, der Göttin der Liebe). Dieser «Venushügel» oder «Liebeshügel» wird in Träumen manchmal als Wald oder Garten dargestellt.

Die Forschung unterteilt die Entwicklung der Schambehaarung heute in fünf Stadien. Von der Geburt bis etwa zwei Jahre vor der ersten Menstruation sind diese Haare wie die auf dem restlichen Körper – weich, daunenartig und hell (Stadium 1). Dann erscheinen einige dunkle, längere, lockigere Haare (Stadium 2). Nach und nach werden sie dicker (Stadium 3). Wenn sie den größten Teil des Venushügels und die Labia (die äußeren Schamlippen) bedecken, haben die meisten Mädchen ihre erste Menstruation (bei 63 Prozent setzt sie in Stadium 4 ein), obwohl sie bei einigen früher und bei anderen später beginnt. Mit dem Erwachsenenstadium (Stadium 5) nimmt die Schambehaarung die Form eines auf der Spitze stehenden Dreiecks an.

Bald beginnt das junge Mädchen auch Achselhaare zu entwickeln. Die weiche, dunkle Behaarung unter den Armen erscheint gewöhnlich erst, nachdem die Schambehaarung zu wachsen begonnen hat, manchmal auch erst nach der ersten Periode.

Etwa um die gleiche Zeit beginnt das junge Mädchen «Brustknospen» zu entwickeln; auch diese durchlaufen fünf Stadien. Von der Babyzeit an bis etwa ein Jahr vor der Menarche ist die Brust des Mädchens bis auf die Brustwarzen flach und der des Jungen ganz ähnlich (Stadium 1). Wenn sich kleine, knopfähnliche Hügel bilden, die Brustwarzen sich vergrößern und der dunkle Ring um sie herum – Areola oder Warzenhof genannt – breiter und dunkler wird, bezeichnet man sie als «Brustknospen» (Stadium 2). Die Brüste werden voller und runder (Stadium 3). Wenn Brustwarze und Warzenhof einen Hügel bilden, der aus der gerundeten Brust herausragt, haben die meisten Mädchen ihre erste Periode (62 % beginnen in Stadium 4 zu menstruieren). Im erwachsenen Stadium sind die Brüste rund und voll und haben dunkle Brustwarzen und Warzenhöfe (Stadium 5).

Einige Mädchen durchlaufen diese fünf Stadien der Brustentwicklung im Eiltempo von sechs Monaten; andere brauchen sechs Jahre – die durchschnittliche Zeit ist ein Jahr. Ob die Brustknospen früher oder später auftreten, entscheidet nicht über die endgültige Form der Brüste einer Frau. Manche Frauen erreichen ihre volle Entwicklung erst, nachdem sie ein Kind geboren und gestillt haben.

Unsere Kultur widmet der Größe einer Frauenbrust viel Aufmerksamkeit. Vielleicht macht deshalb keine andere körperliche Veränderung solchen Eindruck auf das heranwachsende Mädchen. Viele Frauen in meiner Studie fanden die Brustentwicklung – oder die Unterentwicklung der Brust – schwer erträglich.

Ob junge Frauen ihre Brüste zu groß oder zu klein finden, ob sie stolz darauf sind, sie zu verstecken suchen oder die Brustentwicklung, die Schambehaarung oder ihre gesamten Körperformen einfach ignorieren, sie drücken die körperlichen Empfindungen, die sie erleben, in ihren Träumen in symbolischer Form aus. Auch erwachsene Frauen, deren Hormonspiegel fluktuiert – weil sie sich in den Menstruationsjahren befinden oder sich einer Hormontherapie unterziehen –, berichten oft von Traumbildern, die mit prämenstruellen Veränderungen in Brüsten und Schoß assoziiert sind, wie wir später sehen werden.

Träume junger Frauen über ihren sich verändernden Körper

Wenn sie sich der Menarche nähern, ihre erste Periode haben und einen rhythmischen Zyklus entwickeln, spüren junge Frauen, daß ihr Blutkreislauf von Hormonen überflutet wird; sie erleben ein verstärktes sexuelles Bewußtsein. Während dieser Jahre träumt die junge Frau oft von ihrem sich verändernden Körper.

Zu den Beispielen aus meinem Traumjournal mit vierzehn Jahren, nachdem ich die Menarche mit dreizehn gehabt hatte, gehören die folgenden:

Ich sehe Blusen mit chinesischem Kragen an Ständern in einem Geschäft hängen. Ich halte mir eine wasserblaue vor. Sie hat Größe 2, und ich behaupte, ich könnte eine größere Größe tragen, Größe 4.

Da sind große Rasenflächen und Gärten. Wir jagen oder fliegen zwischen zahlreichen Menschen und Bäumen hindurch.

Der Wunsch nach einer größeren Bluse war damals teilweise der Wunsch nach größeren Brüsten; ähnliche Bilder treten auf, wenn der

Körper eines jungen Mädchens voller wird. Die Rasenflächen und Gärten beziehen sich vielleicht auf das Wachstum der Schamhaare, wie das bei Träumerinnen oft der Fall ist. Das Gefühl, zu eilen oder zu fliegen, tritt, wie ich inzwischen festgestellt habe, in meinen Träumen dann auf, wenn der Hormonspiegel hoch ist.

Hier Auszüge aus einigen anderen Träumen, die ich mit vierzehn hatte:

In einem Kaufhaus betrachte ich runde Broschen und bemerke, daß sie gewölbt sind, während meine eigene flach ist.

Auf dem Fußboden der Französischklasse sehe ich einen perlenbestickten ausgestopften Büstenhalter liegen.

Mir fällt auf, daß ein beliebtes Mädchen in der Schule einen ausgestopften Büstenhalter trägt.

Ein Mann hat eine Schachtel, die rote Juwelen enthält und Salz, das die Leute kosten, indem sie ihren Finger anfeuchten.

Die Mütter aller Mädchen stellen die Pullover ihrer Töchter in der Schule an aufrechtstehenden Ständern zur Schau.

Ich gehe mit meinem Vater Taschen in einem Schaufenster anschauen, damit er mir eine kaufen kann.

Ansteckbroschen – beliebte Schmuckstücke, die in meiner Mädchenzeit auf der Brust getragen wurden – waren für mich häufig das Symbol für Brüste. Offenbar beschäftigte ich mich mit der Brustgröße der anderen Mädchen in meiner Klasse und damit, ob sie echt oder «falsch» war. Anscheinend hatte ich das Gefühl, die Mütter der Mädchen würden unsere Figuren vergleichen – wie die phallusförmigen Ständer zeigen –, wie wir selbst uns untereinander verglichen. In dem Traum, in dem mein Vater mir eine Tasche kaufen sollte, schien er zu billigen, daß ich eine Frau wurde. Schachtel und Tasche sind natürlich häufige Symbole für die Vulva.

Mit vierzehn hatte ich meine ersten Verabredungen; daher waren die Träume dieses Jahres voll mit Jungen und Küssen. Es gab auch eine Traumsymbolik für männliche Körper, Geschlechtsverkehr und Gebären. Ein häufiges Traumbild im Alter von vierzehn, fünfzehn und sechzehn Jahren war das Feuer. Rückblickend denke ich, daß es wahrscheinlich meine eigene wachsende Leidenschaft repräsentierte.

Das große Ereignis: der Beginn der Menarche

Wissenschaftler nehmen an, daß mehrere Faktoren den Zeitpunkt der ersten Periode bestimmen. Wir erwähnten bereits das kritische Gewicht und den Anteil des Fettgewebes, die als Auslöser wirken. Diese wiederum werden vom allgemeinen Ernährungszustand des Mädchens beeinflußt; dieser ist unterschiedlich je nach Kultur und der wirtschaftlichen Fähigkeit der Eltern, für eine gute Ernährung zu sorgen. So haben soziale Klasse und städtische oder ländliche Umgebung einen Einfluß auf die Menarche, hauptsächlich deshalb, weil Mädchen aus wohlhabenderen Familien – die häufig in Städten leben – gut ernährt werden und ein leichteres Leben haben, während Mädchen aus armen Familien vielleicht minderwertige Nahrung mit geringem Fettgehalt bekommen und häufig überarbeitet sind.

Auch die Erbmasse des Mädchens spielt eindeutig eine Rolle; wenn die Mutter die Menarche früh erreichte, wird das Mädchen wahrscheinlich einem ähnlichen Muster folgen.

Die Stimmen der Menarche

Von den Frauen in meiner Studie standen nur sehr wenige ihrer ersten Periode ziemlich gleichgültig gegenüber.

Einige fanden sie etwas lästig:

Es war höchst beschwerlich – die ganze Ausstattung war unästhetisch. Manchmal konnte ich nicht an den Strand gehen.

Es war so ein Durcheinander. Ich wußte nicht, was ich tun sollte. Ich hatte Fragen, schämte mich aber, sie zu stellen – wie lange trägt man eine Binde? Nimmt man sie weg, wenn man badet?

Noch in jüngerer Zeit, als die Sexualerziehung schon weit verbreitet war, waren einige Frauen entsetzt oder angeekelt bei der ersten Blutung, die ihre Menarche kennzeichnete:

Ich fand Blut in meinem Slip. Ich dachte, ich hätte eine tödliche Krankheit. Ich wollte mich umbringen, mich im See ertränken. Auf dem Schulweg erzählte ich es meiner Schwester, und sie erklärte mir, was es war.

Niemand sagte mir etwas. Eines Morgens wachte ich in einer Blutlache auf. Ich dachte, ich würde sterben.

Wieder andere Frauen freuten sich:

Es war ein tolles Gefühl. Ich dachte: «Jetzt werde ich erwachsen. Das bedeutet, das ich ein Baby haben kann.» Meine Mutter hatte mich wirklich gut vorbereitet.

Ich war sehr stolz auf mich, weil ich jetzt eine Frau war. Ich erzählte es all meinen Freundinnen.

Manche Frauen hegten großen Groll gegen ihre Mütter wegen der Art und Weise, wie diese mit ihrer Menarche umgegangen waren:

Ich schämte mich schrecklich. Ich sagte meiner Mutter, sie solle meinem Vater nichts erzählen. Als er nach Hause kam, hörte ich, wie sie es ihm sagte und kicherte, als ich in den Flur kam.

Ich ließ sie versprechen, Daddy nichts zu sagen, und natürlich hatte sie trotzdem nichts Eiligeres zu tun.

Einige Frauen wurden gefeiert, als ihre Menarche eintrat. Zum Beispiel: «Meine Mutter war überwältigt. Sie machte ein großes Essen. Es war ein freudiges Ereignis. Danach übertrug sie mir mehr Verantwortung.» In einigen Gegenden Japans bereiten die Mütter noch heute ein festliches Gericht aus roten Bohnen und Reis, wenn ihre Töchter die erste Menstruation haben. Das darauffolgende Fest versichert der jungen Frau, daß die Veränderungen in ihrem Körper natürlich und gut sind.

Diejenigen Frauen aus meiner Studie, die irgendeine Art traditioneller Geste bei der Menarche erfahren hatten und diese verstanden, hatten ein gutes Gefühl dabei. Eine Frau beschrieb, wie ihre Mutter ihr den Backenstreich gab, der Teil der jüdischen Tradition ist. «Ich erinnere mich lebhaft daran. Es war ein Sonntagnachmittag, am Muttertag. Wir waren in einem Restaurant in Chinatown. Ich trug ein weißes Organzakleid und spürte, daß es einen Fleck hatte. Ich sagte es meiner Mutter, und sie sagte *Mazel Tov!* (Glückwunsch) und gab mir einen Klaps. Ich war glücklich. Es war wie eine richtige Initiation in das Dasein als Frau. Ich fühlte mich jetzt als großes Mädchen.» Diese Frau sagt, der traditionelle Klaps rühre wahrscheinlich von dem Mythos her, er bringe das Blut wieder ins Gesicht.

Eine Frau gestand, diese Art des Willkommenheißens vermißt zu haben: «Meine Mutter hatte keine Geduld mit jemandem, der Krämpfe hatte. Es gab keinerlei Fest oder Aufregung. Später las ich in einer Zeitschrift, wie die erste Periode eines Mädchens gefeiert wurde, und brach in Tränen aus.» Natürlich hatte diese Frau das Gefühl, etwas Wichtiges versäumt zu haben. Mütter können zum Wohlbefinden ihrer Töchter beitragen, indem sie die Menarche zu einem lobenswerten Geschehen machen.

Träume verändern sich während der Menarche

Es gibt nur wenige Forschungsarbeiten über Träume in der Menarche. Die meisten Untersuchungen der Menstruation konzentrieren sich auf die Vorgänge, nachdem sie bei der erwachsenen Frau fest etabliert ist – vielleicht, weil es schwierig ist, genau festzustellen, wann die Menarche beim heranwachsenden Mädchen eintreten wird.

Bei einer der wenigen Untersuchungen dieser Zeitspanne haben die Forscher festgestellt, daß die Mädchen «schönere» Träume hatten, ehe ihre Periode begann. Nach der Menarche wurde ihr Trauminhalt aggressiver und geselliger; die Figuren in ihren Träumen verhielten sich aggressiver und hatten auch mehr soziale Interaktionen. Da man weiß, daß die Hormone der Pubertät größere Aktivität im Wachzustand auslösen und daß Stimmungsschwankungen für Heranwachsende typisch sind, erscheint dieser Fund sinnvoll.[14]

Ein anderes Merkmal der Pubertät ist Schläfrigkeit. Bei einem

Sommerlager für Kinder, das die Stanford University durchführte, stellten die Forscher fest, daß die Kinder, die tagsüber die größte Müdigkeit zeigten, diejenigen waren, die am Rande der hormonellen Veränderungen der Pubertät standen. Eltern wundern sich manchmal über die Fähigkeit ihrer heranwachsenden Sprößlinge zu ungebrochenen Schlafmarathons. Mädchen im Teenageralter neigen unmittelbar vor und nach der Periode zu starker Müdigkeit. Während der Menstruation scheinen sie sogar noch mehr Zeit mit Tagträumen zu verbringen.

Träume vom Heranwachsen

Unabhängigkeitserklärung

Während die primären körperlichen Veränderungen ihren Lauf nehmen, nimmt die heranwachsende Frau eine wichtige Lebensaufgabe in Angriff: sie sucht ihre Identität. Natürlich müssen auch Jungen ihre eigene persönliche Identität herstellen. Für junge Männer gehört zur Unabhängigkeit oft die Konfrontation mit der Autorität ihrer Väter; bei jungen Frauen ist es häufiger die Mutter, die herausgefordert wird.

Das wichtigste Thema der Teenagerjahre – Unabhängigkeit – wird auch zum dramatischen Gegenstand des Trauminhaltes. Mehrere Frauen der Studie erinnerten sich an Träume, in denen es um ambivalente Gefühle ihren Müttern gegenüber ging.

Die Wolfsmutter. Die Mutter der jungen Frau wird im Traum häufig verkleidet; meine war es in die Gestalt der Puppe Mary. Gelegentlich aber wird die Verkleidung entfernt. Fiona, jetzt um die vierzig, erinnert sich, wie entsetzt sie als junges Mädchen über einen Traum mit zwei Wölfen war. Sie bedrohten sie, und sie war ihnen ausgeliefert. Dann geschah im Traum folgendes:

Die Geschöpfe nehmen ihre Masken ab. Ich bin entsetzt, als ich sehe, daß sich meine Mutter und meine Tante (die bei uns wohnt) dahinter verbargen. Das erschreckt mich wirklich.

Fionas Traum ließ sie hinter den Masken ihres Traumes die Autoritätsfiguren erblicken, die sie symbolisierten. Obwohl sie ihnen im Wachzustand liebevolle Gefühle entgegenbrachte, legt der Traum nahe, daß sie sie mit der träumenden Psyche als dominierend, angreifend und verletzend empfand. Sie erklärte: «Es war, als ob die Menschen, die ich liebte und denen ich vertraute, nicht wirklich wären. Sie existierten nicht, sie waren immer die Wölfe.»

Träume übertreiben. Sie nehmen eine emotionale Wahrheit und dramatisieren sie. In seiner Vergrößerung kann der Traum angsterregend sein; die Emotion, die er ausdrückt, ist real, aber gewöhnlich nicht so lebensbedrohend, wie sie sich im Traum anfühlt. In ihrer Traumsprache sagte Fiona sich: «Es ist, als wären meine Mutter und meine Tante Wölfe, die mich hetzen.» Das Traumbild ist eine Metapher.

Die Krakenmutter. Helen, Mitte Dreißig, drückte den alles verzehrenden, erstickenden Aspekt ihrer Mutter sowie ihre Wut darüber in einem Traum aus, den sie mit etwa elf oder zwölf Jahren hatte:

Ich stehe an der Tür unseres Hauses, und einige Jungen wollen, daß ich zum Spielen herauskomme – wahrscheinlich Baseball. (Ich war Werfer im Team der Jungen, bis ich zwölf war.) Meine Mutter erscheint hinter mir von einer Treppe her und verstellt mir den Weg.

Sie verwandelt sich in einen Kraken, der so groß ist wie sie, schwarz, mit einem Strich als Mund und acht Armen wie eine alles verschlingende Kali (die schwarze Göttin der Zerstörung in der indischen Mythologie). Ich wußte entweder, oder sie sagte: «Du kannst nicht hinausgehen und spielen!» Mit einem ihrer Arme schlug sie mich, so fest sie konnte, und ich fiel nach hinten und erwachte.

Helen meint, dieser Traum repräsentiere wahrscheinlich ihre aufkeimende Sexualität und den Wunsch ihrer Mutter, die sich entwickelnde Beziehung zu Jungen «abzublocken». Die alles verzehrende, erstickende Eigenschaft des Kraken im Traum erschwerte es Helen, im Wachzustand mit ihrer Mutter umzugehen.

Träume, in denen die Mutter des Mädchens in ein Tier verwandelt wird, oder solche, in denen ein Tier sich plötzlich als die Mutter erweist, stellen die Angst des jungen Mädchens vor dieser mächtigen Gestalt in ihrem Leben und das Gefühl potentieller Destruktivität dar.

Um sie selbst zu werden, muß die junge Frau im Teenageralter sich von ihren Eltern lösen. Sie muß aus eigener Initiative handeln und lernen, ihren Weg in der Welt zu gehen. Ihre Identität entsteht dadurch, daß sie sich den Weg freikämpft, wenn sie eine überwältigende, krakenarmige Mutter hat. Wenn sie diese Unabhängigkeit nicht erreicht, wird sie zu einer Erwachsenen, die immer noch darum ringt, sich selbst und ihren eigenen Standpunkt im Unterschied zu dem ihrer Mutter zu definieren. Sie betrachtet sich selbst und ihre Mutter irrtümlich als eine Einheit statt als zwei Personen, deren jede ihre eigenen Fehler und Fähigkeiten hat.

Nur, wenn das Entsetzen vor der Mutter oder der Haß auf sie extrem stark wird, handelt es sich nicht um einen notwendigen Entwicklungsschritt, sondern um einen pathologischen Vorgang. Manchmal beruht der Groll gegen die Mutter auf mehr als dem natürlichen Ringen um Unabhängigkeit.

Die gespaltene Mutter. Mädchen, deren Mütter tatsächlich brutal sind, neigen zu Träumen mit einer anderen Art von Bilderwelt. Coleen beispielsweise, deren Mutter sie als Kind prügelte, erinnerte sich an einen bemerkenswerten Traum, den sie mit nur fünf Jahren hatte:

> Die Jungfrau Maria kam auf die Erde und schwebte so niedrig in der Luft, daß sie meinen Arm fassen konnte. Sie wollte mich in den Himmel hinaufziehen... Maria zog mich ein Stück hoch. Unsere Nachbarin kam heraus und griff von unten nach mir, und streitend kämpften die beiden Frauen um mich.

Coleen erklärte, die Nachbarin sei selbst sehr streng, strafend und distanziert gewesen, wie ihre Mutter. Sie meint, der Traum stelle die beiden Aspekte ihrer eigenen Mutter dar, diejenige, die sich manchmal liebevoll um sie kümmerte, wie sie es von der Jungfrau Maria annahm, und diejenige, die plötzlich über sie herfiel und ihr weh tat.

Der Traumkampf zwischen der göttlichen und der sterblichen Frau wurde schließlich von der harten Nachbarin gewonnen. Im Traum kämpften gute und böse Kräfte um die Träumerin, und sie fühlte sich von diesem Kampf «zerrissen». Der Versuch der Jungfrau Maria, das Kind in den Himmel zu ziehen, legt nahe, daß es fürchtete, seine Mutter könne es tatsächlich umbringen. Glücklicherweise führen die meisten jungen Mädchen einen einfacheren Kampf, bei dem es darum geht, sich selbst als von den Eltern getrennte Wesen zu definieren.

Zum Erwachsenwerden gehört auch die Entdeckung, wie man mit dem anderen Geschlecht umgeht, wie man sich auf einen Beruf vorbereitet und eine Lebensphilosophie entwickelt. Jeder Schritt bietet Gelegenheit zu Konflikten, zum Steckenbleiben oder zum Voranschreiten. Zusammenstöße mit den Eltern sind unvermeidlich, doch um erwachsen zu werden, muß das Mädchen lernen, selbst mit dem Leben fertig zu werden und Entscheidungen zu treffen.

Die sterbende Mutter. Im Gegensatz zu Träumen, die die Angst oder Wut der Mutter gegenüber überhöhten, stellten einige Frauen fest, daß ihre Träume die Beziehung verbesserten. Leah beispielsweise hatte in den Teenagerjahren ständig Konflikte mit ihrer Mutter und empfand die Einschränkungen, die diese ihr bezüglich Verabredungen, Schlafenszeit und dergleichen auferlegte, als unerträglich. Ständig kämpfte sie gegen diese Grenzen. Dann, als sie dreizehn oder vierzehn war, hatte Leah eines Nachts diesen Traum:

Meine Mutter ist krank. Plötzlich stirbt sie. Ich habe schreckliche Angst.

Dieser Traum hat eine tiefe Wirkung auf Leah. Jetzt, mit Mitte Dreißig, erinnert sie ihn als ihren schlimmsten Alptraum, «sehr machtvoll». Monatelang danach war sie überaus nett zu ihrer Mutter. «Meine Mutter wußte nicht, was in mich gefahren war.»

Wenn wir träumen, daß ein geliebter Mensch stirbt – ein ziemlich häufiger Alptraum –, dann sind mehrere Erklärungen möglich. Der Traum kann sagen:

○ Ich wünschte, diese Person wäre aus meinem Weg.
○ Die Eigenschaft, die diese Person in mir symbolisiert, ist im Augenblick nicht angebracht.

o Ich habe das Gefühl, daß diese Person in ihren Gefühlen ernstlich verletzt ist.

Leahs Beschimpfungen hatten ihr wahrscheinlich Schuldgefühle ihrer Mutter gegenüber eingeflößt. In ihrer Traumsprache sagte sie: «Mutter ist (emotional) verletzt und könnte mich verlassen (sterben).» Da sie nicht nur einen Groll gegen ihre Mutter hegte, sondern sie auch wirklich liebte, war Leah von ihrem Tod im Traum erschüttert: «Es war, als wäre sie wirklich gestorben. Ich merkte, wie wichtig sie für mich war.» Danach veränderten sich Leahs Reaktionen.

Heute ist Leah ganz eigenständig, verheiratet und Mutter einer kleinen Tochter; sie betrachtet ihre Mutter als eine ihrer besten Freundinnen und ist gern mit ihr zusammen.

Erste Verabredungen mit Jungen

Ein Aspekt bei der Identitätsbildung des jungen Mädchens umfaßt die Fähigkeit, zum anderen Geschlecht in Beziehung zu treten. Tatsächlich ist das oft der Brennpunkt des Konflikts zwischen Mutter und Tochter. Junge Mädchen müssen den Umgang mit Jungen und soziale Verhaltensweisen erlernen.

Schon sehr früh drehen sich ihre Träume um diese Dinge. Ich habe Träume über Verliebtheit, Heirat und Scheidung schon von achtjährigen Mädchen gesammelt. In den Träumen der weiblichen Teenager geht es sehr häufig um männliche Freunde sowie um sexuelle Anziehung und Abstoßung.

Tanzen mit dem Märchenprinzen. Wir sagten schon, daß Frauen im allgemeinen romantischere Träume über Liebe und Sex haben. Das gilt ganz besonders für Heranwachsende. Während männliche Teenager in dieser Zeit ganz offen sexuelle Träume haben, sind die Träume der weiblichen Teenager eher voller Romantik. Zur gleichen Zeit, zu der beispielsweise Leah mit ihrer Mutter stritt, hatte sie einen ihrer liebsten Träume:

Ich bin in diesem sehr schönen Gebäude, das eine Halle mit einem Kronleuchter und glänzenden Böden hat. (Ich komme auf meinem

Heimweg von der Schule daran vorbei.) Ich bin dort mit meinem Liebsten. Es ist wie ein Ballsaal.

Wir sind ganz allein, sehr fein gekleidet, und tanzen. Schöne Musik erklingt, während wir über den schimmernden Boden gleiten.

«Als ich aufwachte, war ich im Himmel», sagte Leah. «Ich hatte einen Blick darauf erhascht, wie Liebe und Leben und eine Beziehung sein können.»

Romantische Träume wie der Leahs helfen dem jungen Mädchen, die Möglichkeit der Beziehung zu einem Mann als erwachsene Frau bildlich darzustellen. Sie enthalten ein Versprechen und ein Ideal für einen zukünftigen Partner – den «Mann ihrer Träume». Außerdem geben sie Hinweise auf ihre verborgenen Gefühle in Beziehungen.

Wandel emotionaler Bindungen. Als sechzehnjähriges Mädchen ging ich mit einem Jungen aus, dessen Nachname Green (Grün) lautete. Gleichzeitig traf ich mich mit einem sommersprossigen, lockenköpfigen Jungen mit dem Spitznamen Red (Rot). Ich wußte, daß meine Zuneigung sich herauskristallisiert hatte, als ich folgendes träumte:

Ich sehe aus unserem Wohnzimmerfenster und erkenne überrascht, daß die Blätter des Baumes, der da draußen steht, ihre rote Farbe in grün verwandeln!

Nach dem Erwachen wußte ich sofort, daß der Traum eine Verschiebung in meiner emotionalen Bindung an den Mann namens Red auf den Mann namens Green ausdrückte. Der Bereich, in dem ich lebte – unser Wohnzimmer –, diente als Umgebung, von der aus ich diese Veränderung beobachtete. Wenn man im Traum etwas durch ein Fenster sieht, deutet das oft auf den «Standpunkt» des Träumers hin. Für mich bedeuten Blätter Wachstum; sie sind die Organe, die der Baum zum Überleben benutzt. Gewöhnliche Blätter würden sich von Grün in Rot verfärben. In meinem Traum war ich überrascht, den entgegengesetzten Vorgang zu sehen. Die Gefühlsbeziehung – mein Überleben – hatte sich auf eine Weise verändert, die ich nicht erwartet hatte. Das Traumbild war eine Art Wortspiel mit den Namen meines angehenden Liebsten.

Mädchen im Teenageralter träumen nicht nur direkt vom Mann ihrer Träume, sondern setzen auch ihre emotionalen Beziehungen in Symbole um, wie ich das mit den sich verändernden Blättern tat. In anderen symbolischen Träumen meiner Jugendjahre protokollierte ich Bilder von Frauen, die herzförmige Hüte, Bündel von Herzen oder ein einziges großes Herz trugen wie eine Krone. Rückblickend ist leicht zu erkennen, daß diese Bilder verkürzte visuelle Darstellung dessen waren, daß mein eigener Kopf voll war mit Gedanken an Romanzen und dem Wunsch nach einem eigenen Auserwählten. Meine Gedanken wurden als herzförmiger Kopfschmuck dargestellt. Die Träumerin sollte immer darauf achten, was die Personen in ihrem Traum tragen, denn auch Kleidung und Hüte haben eine Bedeutung als Botschaften.

Sehr vieles muß geleistet werden, während der Körper des jungen Mädchens ein rasches Wachstum durchmacht. Diese pubertären Veränderungen sind im allgemeinen für Mädchen negativer als für Jungen. Sobald die Periode des Mädchens fest etabliert ist, wird sie sie etwa dreißig Jahre lang begleiten. Als nächstes betrachten wir den Vorgang der Menstruation bei der erwachsenen Frau und seinen Einfluß auf ihren Trauminhalt.

Eine Frau sein: Menstruation

Wenn die Periode eines Mädchens beginnt, dauert es eine Weile, bis sie einen regelmäßigen Rhythmus angenommen hat. Oft liegt vor der nächsten Menstruation ein Intervall von zwei oder drei Monaten. Gewöhnlich hat eine junge Frau im ersten Jahr nach der Menarche nur vier Perioden. Allmählich werden diese dann regelmäßiger in Auftreten und Dauer.

Eine Frau hat in ihren beiden Ovarien buchstäblich Hunderttausende von Eiern. Die ovalen Ovarien der Frau erzeugen das charakteristische weibliche Hormon Östrogen; sie liegen oberhalb des birnenförmigen Uterus. Nachdem die Periode regelmäßig geworden ist, reifen jeden Monat einige Eier in einem Ovarium. Eines davon – in der Fachsprache als Ovum bezeichnet – reift voll aus und wird freigesetzt. Gewöhnlich bringen die Ovarien abwechselnd reife Eier hervor. Im Laufe eines Lebens werden acht- bis neunhundert Ova reifen, wenn auch nicht alle freigesetzt werden.

Die frühen Perioden der jungen Frau sind nicht immer von der Freisetzung eines Eis aus den Ovarien begleitet. Solche Menstruationen (bei denen eine Blutung auftritt, aber kein Ei freigesetzt wird), bezeichnet man als anovulatorische Zyklen. Sie können jederzeit während der fruchtbaren Jahre der Frau auftreten, sind aber während der Menarche und der Menopause am häufigsten. Etwa ein oder zwei Jahre nach der Menarche hat die junge Frau ihre erste Ovulation – die Freisetzung des reifen Eis. Das ist die Zeit, zu der einige junge Frauen die ersten Menstruationsschmerzen spüren. Von den Frauen aus meiner Studie behaupteten einige wenige, sie könnten spüren, wann die Ovulation stattfinde und von welchem Ovarium das Ei käme.

Der voll etablierte Menstrualzyklus einer Frau hat ein wohlbekanntes Muster aus sieben Phasen (einige Experten sprechen auch von drei, vier oder fünf). Die exakte Länge jedes Stadiums wechselt je nach der Körperchemie der Frau, der Einnahme von empfängnisverhütenden Tabletten, dem Kontakt mit Männern, dem Licht und einer Fülle anderer Faktoren. Hier wird ein durchschnittlicher Verlauf dargestellt, zusammen mit kurzen Kommentaren über die für jede Phase charakteristische Bildwelt im Traum, wie verschiedene Forscher sie aufgezeichnet haben.

Weibliche Traumsymbole für den Menstruationszyklus

Körperlicher Vorgang	Typischer Trauminhalt
Phase 1: Tage eins bis vier Menstruation	
Östrogenspiegel ist niedrig, beginnt dann zu steigen. Progesteronspiegel bleibt niedrig. Wenn das Ei nicht durch ein Spermium befruchtet wurde, verläßt es	REM und Traumerinnerung gering. Zu den Bildvorstellungen können gehören: die Farbe Rot; überfließende Waschbecken oder andere Behälter; Themen wie Verlust, Verletzung, Tod

den Körper zusammen mit der weichen, schwammigen Auskleidung der Gebärmutter. Diese Materialien zersetzen sich und werden als Menstrualblut ausgeschieden. Der Geruchssinn der Frau ist während der Menstruation am schwächsten ausgeprägt.

oder Zerstörung; Hinweise auf Anatomie und auf geschlossene Räume.

Weibliche Figuren sind eher freundlich zur Träumerin, männliche eher weniger freundlich. Einige Forscher verzeichnen nun die meisten sexuellen und feindseligen Träume.

Frauen, die an Krämpfen leiden, können davon träumen, daß ihnen der Bauch aufgeschnitten wird, wie auch von Krankenhäusern und Operationen.

Ein Forscher fand heraus, daß die Wörter *allein* und *Gabe* in Menstrualträumen häufiger erwähnt wurden als in anderen Phasen des Zyklus.

Phase 2: Tage fünf bis acht
Postmenstrual

Östrogenspiegel erreicht ersten Höhepunkt. Die Hypophyse erzeugt follikelstimulierendes Hormon (FSH). Follikel bewegen sich an die Oberfläche des Ovariums. Die Zeit vom Ende der Blutung bis zur Ovulation heißt Follikularphase. Frauen, die die Pille nehmen, schlafen insgesamt mehr, besonders in dieser Phase vor der Ovulation. Die Ausklei-

Traumbilder umfassen oft außerhäusliche Aktivitäten und soziale Kontakte zu Männern.

dung des Uterus beginnt sich zu
verdicken. Die Frau fühlt sich
gewöhnlich wohl und energie-
geladen.

Phase 3: Tage neun bis zwölf
Präovulation (oder spät postmenstrual)

Östrogenspiegel fällt leicht
ab.

Traumbilder können weiterhin
soziale Aktivität mit Männern
zeigen.

Phase 4: Tage dreizehn bis sechzehn
Ovulation

Östrogenspiegel niedrig;
FHS und LH (luteogenes
Hormon) auf Höchststand.

Traumbilder können Babies
oder kleine Kinder beinhalten.

Einige Forscher berichten
Traumbilder von Eiern, Juwelen
und runden, zerbrechlichen,
kostbaren Dingen.

Unter den Tausenden von un-
reifen Eiern in den beiden
Ovarien der Frau entwickeln
sich einige wenige auf einer
Seite infolge eines LH-Stoßes
durch die Hypophyse. Ein Ei gewinnt das Rennen, die anderen
sterben ab. Dieses Ei wächst zu
einer kleinen Kugel oder Blase
heran, dem Graaf-Follikel.
Wenn sie voll entwickelt ist,
platzt sie auf und setzt das reife
Ei frei. Die Freisetzung des Eis
ist die Ovulation; sie tritt gewöhnlich etwa vierzehn Tage

nach dem ersten Tag der Periode ein. Bei kürzeren oder längeren Zyklen erfolgt die Ovulation etwa 14 Tage (plus oder minus 2 Tage) vor der nächsten Periode. Die Ovulation kann also schon an Tag 8 (bei einem Zyklus von 22 Tagen) oder erst an Tag 18 (bei einem Zyklus von 32 Tagen) auftreten. Die fransigen Enden des Eileiters ergreifen das reife Ei und ziehen es hinein. Die Eizelle beginnt ihre Reise durch den ca. 10 cm langen Eileiter in Richtung auf die Gebärmutter, bewegt von winzigen, haarähnlichen Auswüchsen, die Cilia heißen; die Reise dauert vier bis sieben Tage.

Phase 5: Tage siebzehn bis zwanzig
Postovulation

Der Östrogenspiegel steigt wieder an und auch der Progesteronspiegel erhöht sich. Das Östrogen wird von den Eierstöcken abgesondert.

Das Progesteron wird vom gelben Narbengewebe abgegeben, das übrigbleibt, wenn das blasenförmige Corpus luteum, oder Gelbkörper, geplatzt ist. Dieses Hormon bereitet die weiche, dickwandige Uterusausklei-

REM-Phasen und Traumerinnerung erreichen nun oder vor der Menstruation einen Höhepunkt. Traumbilder können immer noch Kleinkinder zum Inhalt haben und sind oft heiter-gelassen.

Einige Forschungsbefunde ergaben, daß Frauen nach der Ovulation in ihren Träumen eher passive Rollen übernehmen.

dung auf die Einnistung eines Embryos im Falle einer Empfängnis vor; wenn das Ei nicht befruchtet wurde, bewirkt es, daß die Uteruswand sich abbaut. Die Phase nach dem Eisprung bis zum Beginn der Blutung wird Gelbkörperphase genannt. Frauen, die die Pille nicht nehmen, schlafen mehr während dieser Phase und während der Menstruation.

Phase 6: Tage einundzwanzig bis vierundzwanzig
früh prämenstrual

Östrogen erreicht zweiten Gipfel, gleichzeitig mit dem einzigen Hochstand von Progesteron.

Bei Frauen, die dazu neigen, setzt prämenstruelle Spannung ein.

REM und Traumerinnerung verringern sich. Bilderwelt kann noch friedlich und zufrieden bleiben.

Phase 7: Tage fünfundzwanzig bis achtundzwanzig
prämenstrual

Östrogen- und Progesteronspiegel fallen rapide ab.

Prämenstruelle Körperveränderungen nehmen zu bei Frauen, die diesen unterworfen sind. Aus unbekannten Gründen wachsen in dieser Zeit Finger- und Fußnägel schneller.

REM gering. Traumbilder bei Frauen mit PMS (prämenstruellem Syndrom) können reife Früchte (oder andere Symbole für Brüste und Schoß) enthalten, die im Begriff sind zu platzen, und Wasser oder andere Flüssigkeiten (die die Wasserretention der Träumerin repräsentieren).

Eine Frau, die zwei Kinder hat, durchläuft diesen Menstruationszyklus während ihrer fruchtbaren Jahre ungefähr dreihundert Mal oder mehr; ohne Kinder hat sie etwa vierhundert Zyklen. Für einige Frauen ist diese Aussicht recht unangenehm; anderen ist sie lästig; wieder anderen macht sie nichts aus. Alle Frauen – ob sie sich dessen bewußt sind oder nicht – werden in stärkerem oder schwächerem Maße von ihrem Zyklus beeinflußt. Hier eine Schilderung dessen, was vor sich geht.

Man kann zwei Grundmuster von körperlichen Beschwerden unterscheiden: Krämpfe und prämenstruelle Spannung (PMS). Fachsprachlich bezeichnet man die Krämpfe als spasmodische Dysmenorrhöe, das heißt durch Krämpfe schmerzhafte Menstruation; das andere Muster bezeichnet man als kongestive Dysmenorrhöe; das bedeutet Menstruationsschmerzen durch Schwellungen, die durch Wasserretention verursacht sind – das PMS (prämenstruelles Syndrom). Später werden wir sehen, daß die Menstruation auch ihre positive Seite hat.

Frauen mit PMS haben gewöhnlich drei Hauptbeschwerden: Depression, Reizbarkeit und Müdigkeit. Wir werden sehen, daß diese von einem Mangel an Traumzeit herrühren können. Schlafmangel kann ebenfalls zu den dunklen Ringen unter den Augen beitragen, die für viele Frauen vor der Menstruation typisch sind.

Die Depressionen können von milden Gefühlen der Niedergeschlagenheit bis zu Selbstmordversuchen reichen. Ein Ärztehepaar hat nachgewiesen, daß Frauen während der Tage vor der Menstruation häufiger Selbstmord begehen als an anderen Tagen des Monats. Andere Studien bestätigen, daß die Hälfte aller Frauen, die einen Selbstmordversuch unternehmen, dies in den vier Tagen vor der Periode oder an den ersten vier Tagen der Periode tun.

Müdigkeit kann sich darin äußern, daß man sich langsam und begriffsstutzig fühlt oder benommen ist. Reizbarkeit, Ruhelosigkeit oder Agitation können für Familie, Freunde und Mitarbeiter ebenso schwer zu ertragen sein wie für die Frau selbst.

Weil Streß die Beschwerden von Frauen mit PMS stark erhöht, sollten diese unbedingt lernen, wie man sich entspannt und die Ruhe bewahrt. Wenn Sie an PMS leiden, sollten Sie es sich vielleicht zur Regel machen, keine wichtigen Entscheidungen zu treffen, bis Ihre Periode vorüber ist.

Eine Frau, die an PMS leidet, kann sich dadurch helfen, daß sie über ihren Zyklus Buch führt oder ihn im Kalender markiert. Sie sollte feststellen, wann die nächste Periode zu erwarten ist, und ihre Termine so einrichten, daß sie an den Tagen vor und während der Menstruation Streß vermeidet. Das wird ihr diese Zeit erleichtern. Wenn Filmstars und Fotomodelle eine Klausel in ihren Verträgen haben können, die Aufnahmen vor und während der Menstruation verbietet – weil sie aufgeschwemmt sind und geschwollene Augen haben –, dann kann auch die normale Frau gewiß ihren Terminkalender ein wenig abändern. Sie kann ihre Beschwerden vielleicht auch geduldiger aushalten, wenn sie mit Familie, Freundinnen und Kolleginnen darüber spricht.

Eine Frau mit PMS sollte während der Zeit vor der Menstruation auch niemals eine Diät beginnen; sie sollte ihre Mahlzeiten gleichmäßig über den Tag verteilen. Einige Experten raten dazu, nicht mehr als vier Tassen Flüssigkeit am Tag zu trinken, den Salzverbrauch einzuschränken und kaliumreiche Nahrungsmittel wie Bananen und Tomaten zu essen, wenn die Periode bevorsteht. Auch Nährmittel, die Vitamin B enthalten, werden empfohlen. Hilfreich sind auch zusätzliche Ruhepausen in der zweiten Hälfte des Zyklus und, wenn möglich, ein Mittagsschlaf.

Trauminhalte von Frauen mit PMS. Wie zu erwarten, haben Frauen mit PMS häufig Träume, in denen Wasser vorkommt. Ich glaube, dies ist darauf zurückzuführen, daß der träumende Verstand spürt, daß überschüssige Flüssigkeit in den Geweben vorhanden ist. Hier beispielsweise die ersten Szenen eines Traums, den ich mit fünfzehn Jahren in mein Journal eintrug, als ich bereits fast zwei Jahre meine Periode hatte:

Etwas über Boote und Wasser in der Nacht und darüber, daß ich ein fremdes Land nicht verlassen kann. Da sind ein Mädchen und ein Mann, die planen, die Erde zu zerstören. Ein Draht mit einem angehängten Korb wird über einen Fluß gespannt.

Eine Art Film läuft ab. Darin sehe ich die Welt (aus weiter Ferne). Etwas surrt um die Welt, und sie zerfällt in zwei Hälften. Alles beginnt, auseinanderzufallen, auszulaufen und zusammenzubrechen.

Eine Nahaufnahme zeigt Ströme von rotem Sand und Menschen auf einzelnen Erdschollen. Sie verwandeln sich in einen roten Fluß, und alles schwimmt. Alan Ladd ist mit seiner Freundin in einem Kanu.

Das Wasser, die Ströme von rotem Sand, die Erdschollen, der rote Fluß – solche Bilder sind typisch in den Träumen von Frauen, deren Körper Wasser in den Geweben zurückhält. Das Bild der Welt kann sogar ein Symbol sein für das Ei, das zerstört wird, das mit dem roten Menstrualfluß aus dem jungen Körper «auseinanderfällt, ausläuft und zusammenbricht». Als Mädchen verlor ich mit der Periode auch Blutklumpen; ich vermute, daß diese in den einzelnen «Erdschollen» dargestellt sind.

Die universelleren Traumbilder sind überlagert von persönlichen Symbolen. Alan Ladd beispielsweise hatte die Hauptrolle in einem romantischen Film gespielt, den ich gerade gesehen hatte, und wenn mir auch vom Erwachsenenstandpunkt aus mein Geschmack vielleicht beklagenswert vorkommt, als Teenager fand ich ihn anziehend. Er überlebt die Katastrophe.

Der Traum geht weiter:

Der Schauplatz ist plötzlich in eine Stadt verlegt, aber in dieser Szene gibt es nicht mehr so viel Wasser, nur einige Ströme. Die Studienberaterin sieht sehr angewidert aus. Sie droht dem Wasser mit dem Finger und sagt ihm, wohin es zu gehen habe. Das Wasser rinnt in kleinen Strömen in den Gully. Vor einer Tankstelle ist eine Dusche, die an- und abgestellt wird. Wir gehen die Straße entlang und sind sehr glücklich. Im Traum höre ich eine Toilettenspülung rauschen – ich wache auf und höre sie wirklich.

In diesem Teil des Traumes sagt mir die Studienberaterin aus der Schule ziemlich kritisch, wohin dieser Strom gehört – in den Gully. Das gesamte symbolische Thema scheint ein Wunsch zu sein, die Dinge in «meiner Welt» neu anzuordnen. Die Bilder sind spezifisch menstruell. Nach dem ganzen Aufruhr folgt friedliches Glück.

Frauen, die an PMS leiden, träumen mehr. Ein Forscher hat festgestellt, daß die Frauen mit den stärksten prämenstruellen Beschwerden das größte Bedürfnis hatten zu träumen.[15] Fachleute rätseln schon lange darüber, welche Ursachen die Wasser-retention und das Gefühl des Aufruhrs im Körper mancher Frauen haben.

Hauptursachen für Menstrualbeschwerden

Wir erwähnten bereits, daß Forscher annehmen, die beiden Arten von prämenstruellen Beschwerden würden durch zwei verschiedene hormonelle Probleme verursacht. Sie bringen die Krämpfe mit einem Östrogenmangel in Verbindung, während PMS auf einen Mangel an Progesteron zurückgeführt wird. Bei einigen Frauen hat sich eine Hormontherapie als wirksam erwiesen, um das Gleichgewicht wieder herzustellen.

Einige wenige Glückliche haben keinerlei Probleme, ihr Hormon-spiegel ist vermutlich ausgeglichen. Frauen dieser Kategorie machten in meiner Studie Aussagen wie:

Ich habe gern meine Periode. Ich fühle mich dann richtig anima-lisch. Alles arbeitet, wie beim Wechsel der Jahreszeiten.

Manche Leute leiden gern. Wenn ich leide, nehme ich an, daß ich selbst schuld bin, und sehe zu, daß es mir besser geht.

Solche Frauen können nur schwer verstehen, warum andere Schwie-rigkeiten mit ihrer Periode haben.

Eine andere Theorie über die Ursache von PMS ist kürzlich aufge-taucht, und wenn sie sich als richtig erweist, hat sie weitreichende Folgen. N. Brayshaw, Ärztin am Biopsychiatry Center in Watchung, New Jersey, glaubt eine Verbindung zwischen PMS und der Schild-drüse festgestellt zu haben.[16] Bei einem Versuch mit vierundfünfzig Frauen, die über PMS klagten, wurden sehr aufwendige Hormon-tests (nicht die Art, die der praktische Arzt durchführt) vorgenom-men. Bei gut 94 Prozent dieser Frauen gab es ein oder mehrere Anzeichen für eine abnorme Schilddrüsenfunktion.

Dann wurden vierunddreißig der Frauen mit Schilddrüsenhormo-nen behandelt. Nach vier Wochen gaben sämtliche Frauen an, ihre Beschwerden seien vollkommen beseitigt. Eine hundertprozentige

Besserung erzielt man selten, und das deutet darauf hin, daß es eine starke Verbindung zwischen PMS und Schilddrüse gibt. Weitere Untersuchungen mit Placebos müssen diese Verbindung erst noch bestätigen, doch falls sie es tun, eröffnet sich damit die Möglichkeit, Hunderttausenden von Frauen Erleichterung zu verschaffen. Dem Allgemeinpraktiker entgeht eine Fehlfunktion der Schilddrüse häufig. Achten Sie auf weitere Informationen über diese wichtige mögliche Beziehung.

Schlaf und Träume verändern sich während des Menstruationszyklus

Obwohl die Gesamtschlafzeit der Frau sich während des Menstruationszyklus unter Umständen kaum verändert, unterliegt die Traumzeit einer beträchtlichen Verschiebung.

In den ersten beiden Wochen ihres Zyklus ist die Traumzeit der Frau ziemlich gering. Dann, nach der Ovulation, manchmal während der beiden letzten Zykluswochen – gewöhnlich spät in dieser Phase – erreicht ihre Traumzeit einen Höhepunkt. Sie träumt also am meisten, wenn Östrogen- und Progesteronspiegel am höchsten sind. Unmittelbar vor und während der Periode, wenn die Hormonspiegel absinken, verringert sich die Traumrate wieder. Die Veränderungen bei Traum- und Schlafzeit hängen teilweise davon ab, wie der Körper der Frau die Menstruation bewältigt.

Oft stellen Frauen fest, daß ihre prämenstruellen Symptome schlimmer sind, wenn sie nicht genügend schlafen können; sie erklären, die Symptome seien schwächer, wenn sie die Möglichkeit haben, länger als gewöhnlich zu schlafen. In vieler Hinsicht ähnelt die prämenstruelle Spannung dem Traum- oder Schlafentzug.

Erkennen persönlicher Traumsymbole für die Menstruation

Wenn Sie eine Frau in den Jahren der Menstruation sind und die Traumsymbole für Ihren Zyklus verstehen möchten, finden Sie im folgenden eine Anleitung dazu.

Da zweifelsfrei feststeht, ob eine Frau blutet oder nicht, ist die Menses eine gute Zeit, um nach Menstruationssymbolen in Ihren Träumen Ausschau zu halten. Selbst wenn Sie weniger träumen als zu anderen Zeiten des Monates, gibt es noch immer Träume. Wenn Ihre Erinnerung daran zu verschwinden scheint, seien Sie geduldig; sie wird bald zurückkehren.

Halten Sie Ausschau nach geschlossenen Räumen und Behältern – den typischen Symbolen für den Schoß.
Häuser, Zimmer, Schachteln, Töpfe, Schalen, Waschbecken und andere Behältnisse mit Öffnungen symbolisieren häufig Ihren Uterus (ausführlicher im nächsten Kapitel beschrieben).
Eine Frau in meiner Studie träumte während der Menstruation:

Ich bin wieder im Werkraum der Schule (die ich vor mehr als einem Jahrzehnt verlassen habe). Ich bin beeindruckt, wie sauber die Wachstöpfe und Spachteln der Lehrerin (einer anspruchsvollen Person) sind. Sie sind makellos. Meine sind so schwer sauberzuhalten.

Ihr eigener Unterleib befand sich im Prozeß der Selbstreinigung.

Achten Sie auf den Zustand möglicher Behälter oder Gefäße – oft beschreibt der Ihre Gefühle bezüglich Ihrer Menstruation.
Einstürzende Häuser, überfließende Waschbecken oder Badewannen und andere Bilder von Zerstörung kommen häufig vor. Die Forscher T. Benedek und B. Rubinstein stellten fest, daß die unangenehmsten und feindseligsten Träume, die die von ihnen befragten Frauen berichteten, während der Menses auftraten.
Der Analytiker E. Gutheil schilderte den Traum einer menstruierenden Frau Ende Zwanzig; darin sah sie sich selbst in einer Badewanne, die statt mit Wasser plötzlich mit Blut gefüllt war. Dann lag sie im Bett, und Laken und Kissen waren blutgetränkt. Danach sah sie einen blutüberströmten kleinen Jungen. Als sie erwachte, stellte sie fest, daß ihre Periode eingesetzt hatte.[17]
Solche Bilder stehen vermutlich für das Gefühl der Träumerin, daß

sich die Auskleidung der Gebärmutter zersetzt. Positivere Bilder folgen bald.

Achten Sie darauf, was mit möglichen Flüssigkeiten geschieht – oft repräsentieren sie das Blut.
Wasser in Gefäßen, Strömen, Flüssen und andere fließende Substanzen schildern häufig, was mit Ihrem Menstrualblut geschieht. In dem oben beschriebenen Traum wird die Blutung durch heißes Wachs symbolisiert. In meinem ebenfalls oben beschriebenen Traum von dem roten Fluß bewegte sich das Symbol für das Blut in großen Strömen, eine richtige Flut.

Einmal, als ich infolge zu ausgedehnter Flugreisen eine Blutung hatte, träumte ich von einem überfließenden Waschbecken, dessen Wasserhahn sich nicht schließen ließ. Die Blutung dauerte trotz Bettruhe noch elf Tage an, ehe sie aufhörte. Zu anderen Zeiten kündigten Träume vom Abfließen schmutzigen Wasser die Menstruation an.

Achten Sie auf Hinweise auf die Farbe Rot oder auf Blut – auch diese können die Menstruation repräsentieren.
Früher trugen die Frauen in Japan traditionell rote Unterkleidung unter dem Kimono. Die Farbe Rot wurde in asiatischen Kulturen nicht nur als glückbringend angesehen und bei Feiern verwendet, sondern man glaubte auch, sie wehre Menstruationsschmerzen ab und gewährleiste das reibungslose Funktionieren der weiblichen Fortpflanzungsorgane. Diese Praxis und Überzeugung würde während der Menstruation noch mehr Träume von Rot erzeugen. Befolgen Sie irgendein Menstruationsritual? Falls ja, halten Sie Ausschau nach Hinweisen darauf in Ihren Menstruationsträumen.

Achten Sie darauf, was zwischen den Gestalten in Ihrem Traum geschieht – oft ist das ein Spiegelbild Ihrer Stimmung.
Sind die Männer in Ihren Menstrualträumen freundlich oder aggressiv? Sind die Frauengestalten nett zu Ihnen oder grausam? Wie verhalten Sie sich ihnen gegenüber? Tauchen in Ihren Menstruationsträumen Kinder oder Babies auf?

Van de Castle fand in den Träumen menstruierender Frauen Hinweise auf verlorene Kinder. Wir erwähnten bereits seine Feststellung, daß die Träumerin in ihren Menstrualträumen anderen Frauen gegenüber freundlicher war als zu jeder anderen Zeit. Vielleicht ist das auf ein Gefühl der Identifikation mit anderen Frauen während der Menstruation zurückzuführen.

Obwohl Van de Castle von mehr Träumen von Babies und kleinen Kindern während der Menses berichtet, fanden andere Forscher diese Bilder häufiger während der Ovulation. Vielleicht entdecken Sie Ihr eigenes charakteristisches Muster.

Bei einer kürzlich durchgeführten Untersuchung stellten Traumforscher fest, daß die am stärksten sexuell getönten Träume des ganzen Zyklus während der Menses auftraten. Obwohl die Frauen in dieser Studie sagten, sie hätten zu dieser Zeit nur geringes sexuelles Interesse, waren ihre Träume voll mit Sex. Andere Untersuchungen kamen zu dem Schluß, daß Sexualträume vor und während der Ovulation am häufigsten sind. Vielleicht paßt Ihr Muster zu einigen dieser Feststellungen, vielleicht ist es auch ganz anders.

Achten Sie auf mögliche visuelle Wortspiele, die Ihre Periode symbolisieren könnten.

Vom Dach fallen, einen kleinen Besucher bekommen, krank werden, einen Lappen tragen – das sind einige der auf Wortspielen beruhenden Bilder, die in Träumen während der Menses auftreten können.

Ihre Muttersprache oder Sprachen, die Sie kennen, entscheiden über die Wortspiele in Ihren Träumen. Anne Frank, die junge Jüdin, die in einem Konzentrationslager starb, erwähnte ihre ersten Perioden in ihrem Tagebuch und bezeichnete sie als ihr «süßes Geheimnis». Werbeleute in Japan, denen dieser Ausdruck gefiel, wählten den Namen Anne Co. für ihre Firma, die sanitäre Produkte herstellt. Japanische Frauen bezeichnen ihre Periode daher manchmal als «Annes Tag». Eine Träumerin, der das bekannt ist, träumt vielleicht vom Besuch einer Frau namens Anne, wenn ihre Periode fällig ist. Welche umgangssprachlichen Ausdrücke benutzen Sie für Ihre Periode? Suchen Sie in Ihren Träumen danach.

Achten Sie auf gesteigerte Kreativität.

Das positive Gefühl, das einige Frauen während ihrer Menses erleben, haben wir noch nicht erwähnt. Viele Frauen sagen, während der Blutungen hätten sie einen Kreativitätsschub. Eine Künstlerin beispielsweise berichtete, sie sei in ihrer Arbeit während der Periode wesentlich origineller. Vielleicht sind Frauen, da sie dazu neigen, zu dieser Zeit ihre Aufmerksamkeit mehr nach innen zu richten, sich ihrer Phantasien stärker bewußt.

Gewöhnlich denken wir an die Nachteile der prämenstruellen und menstruellen Zeit. Oft sagen Frauen, sie seien dann «benebelt» und hätten Schwierigkeiten, sich auf Details zu konzentrieren.[18] Die positive Seite dieses Zustands ist, daß er es erleichtert, frei zu assoziieren, vertraute Dinge auf unvertraute Weise neu zu kombinieren – und das macht die Kreativität aus. Vielleicht sind die Fähigkeiten von Frauen vor und während der Menstruation ein Aktivposten, eine anders geartete Kraft.

Tatsächlich werden bei einigen primitiven Völkerstämmen die Träume der ersten Menstruation als Anleitung für das ganze Leben der jungen Frau angesehen. Man hält sie nur dann für fähig, Schamanin oder Heilerin zu werden, wenn sie eine positive Beziehung zu den «Geistern» ihrer Menstruation entwickelt hat.

Es kann sein, daß die negativen prämenstruellen Veränderungen, die ein großer Teil der Frauen erlebt, verborgene Fähigkeiten sind, die auf positive Weise genutzt werden können. Wenn eine Frau auf konstruktive Weise mit ihren Traumbildern umgeht und die besondere Energie der Menstruationszeit kreativ nutzt, kann sie jede negative Erfahrung in eine positive verwandeln.

Der Psychologe B. Bettelheim sagt uns, das Märchen von Dornröschen sei in Wirklichkeit die Geschichte der jungen Frau, die die Pubertät erreicht.[19] Der Fluch der dreizehnten Fee, so meint er, sei der «Fluch» der Menstruation. Die dreizehn Feen repräsentieren die dreizehn Mondmonate, die Anzahl der jährlichen Menstruationsperioden der Frau. Als die Heldin sich in den Finger sticht, blutet und einschläft, wirkt das wie ein traumatisches Geschehen. Doch indem sie sich nach innen wendet, «einschläft», wenn die Adoleszenz herannaht, entwickelt sie sich und reift, bis sie bereit ist, vom Kuß ihres Liebhabers zu sexueller Reife «geweckt» zu werden. Der Fluch führt zum Segen. Vielleicht kann jede Menstruationsperiode dieselbe Chance bieten – sich nach innen zu wenden, über sich selbst nachzudenken, Erkenntnisse zu gewinnen –, um sich dann nach außen dem aktiven Leben zuzuwenden und wieder zu lieben.

Vielleicht stellt die heutige Frau fest, daß die diffusen Gefühle der Menstruation eine positive Seite haben, welche Richtung auch immer ihre eigene Kreativität einschlagen mag, ob sie Kinder bekommt oder originelle Ideen und Produkte hervorbringt. Achten Sie auf die Gelegenheit, während Ihrer Periode kreativ zu denken – oder zu träumen.

Postmenstruale Traumsymbole: Phase 2

Nach dem Aussetzen der Blutung beginnt der Trauminhalt sich zu verschieben:

Achten Sie auf Träume von sozialen Aktivitäten mit Männern.
Vielleicht ermutigt die Natur uns, einen Partner zu suchen.

Traumsymbole für Präovulation und Ovulation: Phasen 3 und 4

Wenn Sie zu den Frauen gehören, die in der Mitte des Zyklus bei der Ovulation Schmerzen haben, dann wissen Sie genau, wann diese erfolgt. Die meisten Frauen verlassen sich auf Veränderungen des Vaginalschleims von dünn zu dick oder auf die charakteristische Veränderung ihrer Temperatur bei der Ovulation oder auf das Zählen der Tage seit dem ersten Tag ihrer letzten Periode. Hier sind einige der typischen Traumhinweise:

Achten Sie auf runde, kostbare und zerbrechliche Gegenstände – oft symbolisieren sie das Ei, das freigesetzt wird und seine Reise durch den Unterleib antritt.
Eier, Juwelen, Perlen und andere derartige Gegenstände treten während der Ovulation oft in Frauenträumen auf.

Achten Sie auf das Verhalten Ihrer Traumgestalten – vielleicht fordern sie Sie auf, zum anderen Geschlecht in Beziehung zu treten.
Sind die Männer in Ihren Träumen während der Ovulation liebevoll und freundlich? Sind Sie in Ihrem Träumen jetzt unternehmungslustig und aktiv?

Aus biologischer Sicht wäre es sinnvoll, daß Frauen vor und während der Ovulation, wenn die Chance der Befruchtung am größten ist, besonders stark auf Männer reagieren.

Traumsymbole für die Postovulation: Phase 5

Achten Sie auf Träume von Schwangerschaft und Stillen – sie weisen vielleicht darauf hin, daß Sie schwanger geworden sind. Natürlich können sie auch Wunschträume sein.

Eine Frau in meiner Studie träumte, sie bekomme die Dinge, die sie brauchte, um eine Tasche zu packen, ins Krankenhaus zu fahren und ein Baby zu gebären, und zwar lange bevor sie entdeckte oder auch nur ahnte, daß sie tatsächlich schwanger war.

Traumbilder werden in diesem Stadium oft ruhiger, vielleicht, weil sie die Träumerin darauf vorbereiten, ein Kind zu nähren.

Traumsymbole für Prämenstruation: Phasen 6 und 7

Achten Sie auf eine Zunahme frenetischer Energie in Ihren Träumen – oft signalisiert diese das Einsetzen der prämenstruellen Spannung.

Zu dieser Zeit können verworrene, erschreckende Bilder auftreten.

Achten Sie auf Traumhinweise auf Wasserretention, wenn Sie unter diesem Problem leiden.

Eine Frau träumte, sie ginge durch einen Garten mit üppigen, reifen Birnen, die beinahe platzten; als sie erwachte, bemerkte sie das Spannungsgefühl in den Brüsten, das für ihre prämenstruelle Zeit typisch war. Früchte symbolisieren in Träumen oft die Brüste; manchmal stehen sie auch für den Uterus in seiner berstenden Reife.

Achten Sie auf alle Hinweise auf Reisen oder Ortsveränderungen – sie können die Veränderung anzeigen, die sich in Ihrem Unterleib anbahnt.

Studien, die die Menstrualträume untersuchen, kommen oft zu widersprüchlichen und verwirrenden Feststellungen. Möglicherweise sind einige dieser widersprüchlichen Aussagen darauf zurückzuführen, daß die Forscher nicht zwischen ovulatorischen und anovulatorischen Zyklen unterschieden haben. Außerdem benutzen verschiedene Wissenschaftler verschiedene Kriterien, um die Ovulation und die anderen Stadien des Menstrualzyklus zu identifizieren. Manche nehmen Vaginalabstriche, um das Stadium festzustellen; andere zählen einfach von der letzten bekannten Periode vorwärts oder rückwärts; wieder andere stützen sich auf das, was die Frauen selbst berichten. Außerdem verwenden die Forscher auch verschiedene Terminologien. Männliche Forscher berücksichtigen möglicherweise auch die Variationen zwischen den Menstrualsymptomen und -mustern individueller Frauen nicht. Lernen Sie aus Ihren eigenen.

Wenn Sie Ihren Zyklus und dessen Verschiebungen beobachten und festhalten, können Sie lernen zu erkennen, wann Ihre Periode oder Ovulation bevorsteht. Sie können beispielsweise an den Tagen, an denen Sie menstruieren, die Seiten Ihres Traumtagebuches mit einem roten Punkt oder Kreuz versehen. Bald werden Ihre Träume Sie vielleicht schon darauf aufmerksam machen, ehe Sie im Wachzustand charakteristische Anzeichen bemerken. Wenn Sie Ihre Traumbilder aufmerksam betrachten, können Sie den inneren Rhythmus Ihres Körpers kennenlernen.

Bedenken Sie, daß die Erforschung von Menstruationsträumen noch sehr begrenzt ist. Sie könnten die Befunde als rohe Skizze betrachten, die jemand anderer angefertigt hat. Ergänzen Sie sie zu Ihrer eigenen sorgfältigen Zeichnung vom gleichen Gegenstand.

Wenn Sie Ihre eigenen Traumsymbole für jedes Stadium Ihres Menstruationszyklus beobachten, werden Sie bald ein Muster erkennen, das Ihnen hilft, das Stadium zu identifizieren, das Sie gerade durchlaufen. Oft werden Sie anhand des Traums der vorangegangenen Nacht vorhersagen können, daß Ihre Periode am nächsten Tag beginnen wird. Es kann außerordentlich nützlich sein, durch Ihre Träume Ihren Körper kennenzulernen. Wenden wir uns jetzt dem Erkennen der Bilderwelt von Liebe und Sex zu.

4. Träume von Liebe und Sex

Ein Junge und ein Mädchen gehen Hand in Hand die Straße entlang. Plötzlich knallt eine Peitsche, und sie trennen sich. Zwischen ihnen steht ein großer, maskierter Fremder in einem langen schwarzen Umhang. Er beginnt, krachende Feuerwerkskörper zu werfen und Funken aus seiner Peitsche sprühen zu lassen.

(Traumtagebuch der Autorin im Alter von fünfzehn Jahren)

Träume vom Verlieben

In ihrer Sehnsucht nach Liebe reagieren junge Mädchen auf innere biologische Triebe und äußere kulturelle Ziele. Die Träume von Jungfrauen sind voll mit Bildern wie denen aus meinem oben erwähnten Jugendtraum – romantisch und geheimnisvoll. Da das junge Mädchen nicht genau weiß, wie sich die Liebe physisch äußert, ist sie von der Kraft der Sexualität sowohl angezogen als auch abgestoßen wie ich von dem Fremden, der mit der Peitsche knallt (symbolisch für das männliche Sexualorgan) und Funken sprüht (die meine erwachende Leidenschaft repräsentieren). Der maskierte Fremde ist die unbekannte sexuelle Begegnung.

Die Jungfrau betrachtet es häufig als vordringliches Ziel im Leben, geliebt zu werden. *Dann* wird sie sich geschützt fühlen, wird sich schön fühlen, wird sich angemessen geschätzt fühlen. Sie wird nicht mehr allein auf der Welt sein, die Arme ihres Geliebten werden sie in einen Mantel von Seligkeit hüllen. In der Tat gibt es wenige Freuden im Leben, die dem strahlenden Glück gleichkommen, verliebt zu sein.

Liebe ist das Thema des Strebens der Heldinnen, der Dramen der

Filmstars und der Lieder jeder Generation, und sie strahlt durch die Jugendzeit wie der Leuchtturm eines sicheren Hafens. Selbst bei einer jungen Frau, die als Kind mißhandelt wurde, besteht noch die Hoffnung, daß, wie im Märchen von Schneewittchen, «eines Tages ihr Prinz kommt» und sie wahrhaft geliebt werden wird. Schon in den ersten Schuljahren ist der schönste Traum für viele Frauen – im Wachen oder im Schlafen – der, glücklich verheiratet zu sein.

Viele Träume unerfahrener junger Frauen über Sexualität sind symbolisch, etwa der, sie werde von einem Fremden mit einem Messer angegriffen oder ihr Haus werde angezündet. Wir werden weiter unten in diesem Kapitel untersuchen, mit welchen Analogien die träumende Psyche arbeitet.

Wenn die Jungfrau direkt von einem Liebhaber träumt, dann gewöhnlich in romantischen Begriffen – der dunkle, geheimnisvolle, zigeunerhafte Fremde, der strahlende Prinz, der sie von den Füßen reißt. Ihr Traumliebhaber küßt, umarmt, streichelt oder heiratet sie sogar, ohne weiter zu gehen. In ihren Träumen bemerkt sie vielleicht «eine Ausbuchtung in der Hose der Männer», ohne deren Bedeutung ganz zu verstehen.

Im Gegensatz dazu neigt eine reife Frau, die eine klare Vorstellung vom geschlechtlichen Vollzug der Liebe hat, eher dazu, diesen in ihren Träumen deutlich darzustellen; sie kann von Verkehr und Orgasmus auf eine Art träumen, die Jungfrauen nicht bekannt ist. Auch sie erfindet Traumbilder, die ihre emotionale Reaktion auf potentielle Geschlechtspartner symbolisieren. Unter Umständen nimmt sie schon lange, ehe sie eine erwachende sexuelle Anziehung wahrnimmt, Signale aus ihren Träumen auf.

Alle Frauen, ob mit oder ohne Erfahrung, können ihre Einstellung zu Liebe und Sex besser verstehen, wenn sie ihre Traumszenarios beobachten. Unsere Träume enthüllen schlaglichtartig unsere Bedürfnisse. Schauen wir uns an, wie das geschieht.

Gejagt vom Grünen Mann. Eine Frau beschwört von der frühen Kindheit bis zum Alter Bilder vom «Mann ihrer Träume» herauf. Kathleen beispielsweise berichtete folgenden Traum aus ihrer Teenagerzeit:

Ich begann, immer wieder davon zu träumen, daß ich von einem Mann gejagt wurde, der vollkommen grün war. Der Traum war erschreckend, aber irgendwie dachte ich, er sei symbolisch.

Nicht lange nach dem Beginn dieser Träume lernte Kathleen einen Mann kennen, verliebte sich in ihn und heiratete ihn. Sein Name war Green (Grün). Kathleen, die inzwischen mehrere Jahrzehnte lang seine Frau und die Mutter seiner Kinder ist, meint, ihre Ehe sei durch ihren wiederkehrenden Traum vorhergesehen worden; dieser Traum hörte auf, als sie sich mit ihrem späteren Mann anfreundete. Ob ihr Traum wirklich prophetisch war oder ob Kathleen ihre Gefühle aus dem Traum auf den Mann heftete, der dazu zu passen schien, ist unmöglich zu entscheiden. In beiden Fällen war die Farbe Grün unzweifelhaft von Bedeutung für die aus Irland stammende Kathleen.

Die Tendenz junger Frauen, von zukünftigen Liebhabern zu träumen, ist in Volksbräuchen in aller Welt ritualisiert. In Frankreich singen die jungen Mädchen dem Frühlingsvollmond ein Lied. Wenn das Mädchen bereit ist, zu Bett zu gehen, legt es sich nieder, ohne die Augen vom Vollmond abzuwenden, damit es einschläft und von seinem Liebsten träumt. Ein volkstümlicher Spruch in Rumänien bringt denselben Gedanken zum Ausdruck: «Wenn der Mond voll ist, kannst du das Gesicht deines Liebsten sehen.» Vor allem, wenn das Mädchen heiraten möchte, soll es im Frühling um Mitternacht sein Haar lösen, den Vollmond anschauen und den Wunsch ausprechen, «denjenigen zu sehen, den ich für immer lieben werde». Wenn es zu Bett geht, soll es seinen eigenen Ring unter sein Kopfkissen legen, damit er ihm den Traum von seiner wahren Liebe bringt.

Merkwürdig ist, daß die volkstümlichen Bräuche die junge Frau zwar ermutigen, von ihrem zukünftigen Partner zu träumen, daß aber ein Traumliebhaber, der zu wichtig wird, als gefährlich angesehen wird. Traumliebhaber sind mit dem Teufel in Zusammenhang gebracht worden oder mit einem «Inkubus», das heißt, jemandem, der im Schlaf auf der Frau liegt und ihre Seele stiehlt.[20] Heute begreifen wir, daß sexuelle Erregung ein natürlicher Bestandteil des Träumens ist und daß Liebesträume dazu beitragen können, die jüngere Frau auf ihr zukünftiges Leben vorzubereiten, aber auch dazu, die romantischen und sexuellen Gefühle der erfahrenen Frau auszudrücken.

Traumliebhaber sind für verschiedene Träumerinnen von unterschiedlicher Bedeutung.

Träume über den Wunsch nach Partnerwechsel

Der Griechische Gott an der Tür. Frauen, die bereits einen Partner haben, sind vielleicht mit ihrer Wahl nicht ganz zufrieden und daher ruhelos. Als Edith in den Dreißigern war, hatte sie ernste Eheprobleme; sie begann, von romantischen Begegnungen zu träumen:

> In einem Traum bin ich immer zu Hause, und dann läutet die Türglocke. Ich gehe öffnen und sehe, daß ein griechischer Gott vor der Tür steht. Manchmal tanzt er mit mir Walzer, und ich trage ein Abendkleid und wirbele über den Boden wie im Film, ohne daß meine Füße die Erde berühren.

Offensichtlich hatte Edith das Gefühl, ihrem Leben fehle es an Romantik. Sie sehnte sich danach, in einer «göttlichen» Beziehung davongewirbelt zu werden. Ihr Alltagsleben war zu dieser Zeit ziemlich eintönig. Obwohl die Träume von ihrem himmlischen Liebhaber selten waren, beeindruckten sie sie tief:

> Einmal führte er mich zu einem Spaziergang in den Wald. Dort saßen wir glücklich beieinander, als ich ein seltsames Geräusch hörte. Ich dachte, es sei ein Bär, und als ich mich umsah, wachte ich auf und stellte fest, daß das Geräusch das Schnarchen meines Mannes war.

Der Gegensatz zwischen dem Liebhaber ihrer Träume und der Realität von Ediths problematischem Ehemann war eher untertrieben. In ihrer Traumsprache sagte Edith: «Mein Mann ist wie ein Bär» – für sie ein unangenehmes, Schwierigkeiten verursachendes Tier.

Gelegentlich träumte Edith von sexuellen Begegnungen mit Fremden. Dabei kam es gewöhnlich zu intensivem Petting mit Orgasmus, aber ohne eigentlichen Verkehr. In ihren Träumen reagierte Edith nicht nur auf ihren körperlichen Erregungszustand, sondern drückte auch den Wunsch nach einem Partner aus, der sie besser zu erfüllen und zu beglücken verstand. Die Liebhaber im Traum lassen gewöhnlich die Bedürfnisse der Träumerin erkennen.

Träume, in denen mehr von einer Beziehung gewünscht wird

Viele der Frauen aus meiner Studie berichteten Träume von einer Begegnung mit einem verlorenen Liebhaber und auch mit Fremden. Obwohl die Träumerin den leidenschaftlichen Traum selbst überaus lustvoll fand, war sie beim Erwachen manchmal bestürzt. Wenn sie eine starke Bindung hatte, konnte sie den Grund für einen derartigen Traum nicht verstehen.

In einigen Fällen repräsentieren Traumliebhaber den Wunsch nach einer befriedigenderen Beziehung. Moira beispielsweise, die um die Vierzig ist, beschreibt ihre etwa zwanzigjährige Ehe als «entsetzlich». Sie war bis zur Hochzeitsnacht Jungfrau und hatte nie einen anderen Liebhaber als ihren Mann. Obwohl sie sexuell gut auf ihn reagiert und auch Orgasmen hat, weint Moira nach dem Verkehr bitterlich, weil sie in der Ehe sonst so wenig Befriedigung findet. Das Alltagsleben des Paares ist voller Streit.

Kein Wunder, daß in Moiras Träumen gelegentlich Begegnungen mit Männern vorkommen, die sie nur flüchtig kennt. Ihrer Kinder wegen fühlt sie sich in der Ehe mit einem schwierigen Mann wirtschaftlich gefangen. Moira sehnt sich nach Freiheit; ihre sexuellen Träume zeigen die Möglichkeit einer anderen Art von Liebe auf.

Die zahlreichen Bedeutungen von Traumliebhabern

Ein Traumliebhaber ließ Beate keine Ruhe. Sie war eine Frau Mitte Dreißig, seit einigen Jahren verheiratet, und träumte gelegentlich, sich in wildem Entzücken mit ihrem ersten Liebhaber zu vergnügen, einem Schulfreund. Diese Traumorgien machten ihr Sorgen, und sie fragte mich ängstlich, was sie zu bedeuten hätten. Da sie sich keines Wunsches nach einem Partnerwechsel bewußt ist und auch nicht wirklich glaubt, ihr erster Liebhaber wäre ein guter Partner, sind ihre Träume vielleicht eine Kompensation für etwas, das sie gegenwärtig zu vermissen meint.

Ich habe festgestellt, daß ein Traumliebhaber mehrere mögliche Bedeutungen haben kann: Er kann den Wunsch nach einem idealen Mann ausdrücken; er kann den Wunsch nach einem bestimmten Mann ausdrücken, der der Träumerin bekannt ist; er kann ein Bedürfnis nach sexueller Befriedigung ausdrücken; oder er kann irgendeine Eigenschaft ausdrücken, die der gegenwärtigen Beziehung der Träumerin fehlt. Trotz Beates Anhänglichkeit an ihren früheren Liebhaber ist sie ganz sicher, daß er nicht der Richtige für sie war, und schließt die Möglichkeit aus, daß sie sich speziell nach ihm sehnen könnte. Als ich sie fragte, welche Art von Mensch dieser erste Liebhaber war, erwähnte sie in ihren Assoziationen seine Wärme und Zärtlichkeit – Eigenschaften, die in ihrer gegenwärtigen Beziehung zu fehlen scheinen. Wir konnten feststellen, daß sie nicht unbedingt aus ihrer Ehe ausbrechen wollte, sondern sich nach mehr Wärme und Zärtlichkeit von seiten ihres Partners sehnte.

Norma, unverheiratet und Mitte Dreißig, begann zu träumen, sie schlafe mit einem ehemaligen Freund namens Art, während sie mit einem anderen Freund zusammenlebte. Die Befragung ergab, daß Art weniger als Person, sondern mehr als Symbol anziehend auf sie wirkte. Ihr Traum von der Vereinigung mit Art war ein Wortspiel mit seinem Namen («art» = Kunst): Norma vermißte ihre künstlerischen Aktivitäten, denen sie vor ihrer gegenwärtigen Beziehung nachgegangen war. Solche Träume – wenn die Träumerin ihre Botschaft vernimmt – geben einen Anreiz, vernachlässigte Interessen, die früher erfüllend waren, wieder aufzunehmen.

Wenn Sie feststellen, daß Sie von früheren Liebhabern träumen, stellen Sie sich die folgenden Fragen:

o Welches sind die auffallendsten Merkmale Ihres Traumliebhabers?
o Repräsentieren diese Eigenschaften oder Merkmale, von denen Sie heute mehr haben wollen – entweder bei einem gegenwärtigen Partner oder bei sich selbst?
o Falls das der Fall ist, wie können Sie sie erhalten?
o Ähnelt der Traumliebhaber jemandem in Ihrer Umgebung, den Sie gegenwärtig anziehend finden?
o Gibt es ein Wortspiel bezüglich seines Namens?
o Ist sein Name der gleiche oder ähnlich wie der eines Mannes aus dem wachen Leben, der Sie anzieht oder abstößt?

Traumliebhaber können eine wirkliche Person repräsentieren, die Sie begehren, sie können Ihre Aufmerksamkeit aber auch auf einen bestehenden Mangel in Ihrer eigenen Person oder Ihrer Beziehung lenken. Wenn Sie das wissen, können Sie entscheiden, wie Sie mit diesem Bedürfnis umgehen.

Der Wunsch nach dem Ideal

Anhänger von C.G. Jung deuten den Traumliebhaber als Projektion der männlichen Komponente einer Frau – ihres Animus. Der Animus soll sowohl einen positiven als auch einen negativen Aspekt haben. In seinem zerstörerischen Aspekt ist er wie ein geisterhafter Liebhaber, der sein Opfer aus der Realität fortlockt, indem er ihm Seligkeit in einer anderen Welt verspricht. In seinem konstruktiven Aspekt wird er zu einem inneren Führer. Wenn eine Frau diesen Teil ihrer Psyche auf einen Fremden «projiziert», so sagen die Jungianer, dann erklärt das die leidenschaftliche Anhänglichkeit, die Frauen einem Mann gegenüber entwickeln, über den sie in Wirklichkeit wenig wissen.

Der Traumliebhaber kann jemand sein, den man nur flüchtig kennengelernt und einmal oder wenige Male gesehen hat, er kann aber auch ein Filmstar, ein Politiker oder ein anderer Prominenter sein. Eine Frau mittleren Alters, die an einem meiner Traumworkshops teilnahm, empfand eine solche Zuneigung für den Filmschauspieler Charlton Heston und träumte oft von ihm. Als ich sie fragte, welche Art von Person Charlton Heston sei, erklärte sie, er sei «sehr spirituell». Offenbar hatten seine Rollen in Bibelfilmen ihr diesen Eindruck vermittelt. Da Spiritualität etwas war, nach dem diese Frau in ihrem eigenen Leben hungerte, symbolisierte der Liebesakt mit diesem Schauspieler ihren Wunsch, mit einem spirituellen Element in Beziehung zu stehen.

Während der Adoleszenz ist es normal, daß eine junge Frau sich «verknallt» oder eine Phase der Heldenverehrung durchläuft. Das Idol, das sie sich auswählt – sei es ein Filmstar oder ein berühmter Sportler –, verkörpert die Eigenschaften, die sie sich bei ihrem idealen Partner am meisten wünscht. Gewöhnlich sind das genau die Eigenschaften, die sie an sich selbst vermißt.

Manchmal möchte das junge Mädchen einfach im Mittelpunkt hingebungsvoller Aufmerksamkeit stehen. Als meine Tochter Cheryl beispielsweise dreizehn war, schwärmte sie für den Sänger Rod Stewart. Seine Musik dröhnte aus ihrem Schlafzimmer. Riesige Poster von ihm hingen an den Wänden und schauten auf sie herab. Bald wurde ich mit seinem eigenwilligen Haarschnitt (vorn kurze Fransen, hinten wuchernde Locken) auf dem Kopf meiner Tochter konfrontiert. Mit gemischten Gefühlen beobachtete ich, wie sie ihre Zuneigung bald darauf auf verfügbare junge Männer verschob, die leichter zugänglich waren. Auch diese wurden in ihrer Vorstellung mit Kräften begabt, die weit über ihr Alter und ihre gegenwärtige Entwicklungsstufe hinausgingen.

Die Verschiebung von Idolen auf Männer des «wirklichen Lebens», mit denen eine junge Frau normale Beziehungen aufnimmt, ist wichtig. Wenn sie sich ein- oder zweimal verliebt und anfängt, zwischen unmöglicher Vollkommenheit und möglicher Realität zu unterscheiden, ist sie auf dem besten Wege, schließlich eine liebevolle Beziehung zu einem Mann mit all seinen Fehlern und Tugenden aufzunehmen.

Die Frau aber, die fortfährt, ihre inneren Bedürfnisse auf jeden anziehenden Mann zu übertragen, wird immer wieder enttäuscht, weil sich früher oder später herausstellt, daß dieser Mann ein Mensch ist und kein Gott. Indem sie einem unmöglichen Ideal nachjagt, verurteilt sie sich selbst so sicher zu unglücklichen Beziehungen, als ziehe sie tatsächlich ein Inkubus ins Grab.

Liebe zum Wirklichen

Eine Frau kann sich über die Männer in ihren Träumen Gedanken machen. Wenn Sie im Traum ein Rendezvous mit einem Traumliebhaber haben, dann fragen Sie sich, was an ihm so anziehend ist. Wenn Sie sich im Traum mit einem unangenehmen Mann streiten, dann versuchen Sie herauszufinden, was Sie an ihm so abstößt. Ihre Antworten werden Ihnen Hinweise auf Ihre gegenwärtigen Bedürfnisse liefern.

Wenn eine Frau in der Lage ist, zu einem Mann in Beziehung zu treten, wie er wirklich ist, nämlich eine einzigartige Mischung aus

Vorzügen und Nachteilen, die ihr am Herzen liegt, dann setzt sie eine innere Energie frei. Statt hoffnungslos innere Bilder von einem vollkommenen Traumliebhaber zu schaffen, kann sie von ihrem *inneren* Mann lernen, demjenigen, der in ihren Träumen erscheint. Er kann eine Art spiritueller Führer werden, ein Lehrer, ein Helfer im wirklichen Leben statt einer gefährlichen Ablenkung davon.

Eine Frau, die nur in ihrem Träumen gefühlsmäßig und sexuell befriedigt wird, hat vielleicht Probleme; dennoch ist dieses Ventil besser als gar keines. Mindestens können Traumliebhaber Ruhe und Geduld in ein waches Leben bringen, das stürmisch verläuft. Im besten Fall können sie auf vielen Ebenen Entzücken und Lernen bringen.

Sexuelle Träume

Damit sie ihre Liebes- und Sexträume besser versteht, muß eine Frau sich bewußt sein, (a) was während ihrer Träume mit ihren Genitalien vor sich geht, und (b) was die üblichen Traumsymbole der Frauen für Sex sind und welche Bilder dem männlichen und dem weiblichen Körper analog sind. Wir werden gleich sehen, wie diese Bilder in tatsächlichen Träumen zu Metaphern werden. Zunächst rufen wir uns nochmals ins Gedächtnis, welche physiologischen Vorgänge sich abspielen, während eine Frau träumt.

Wir haben bereits darauf hingewiesen, daß beide Geschlechter immer dann, wenn sie träumen, eine Erregung ihres zentralen Nervensystems erfahren. Ungefähr alle neunzig Minuten während der ganzen Nacht werden auch ihre Genitalien von Empfindungen überflutet.

Bei einer träumenden Frau kommt es zu einem Blutandrang in der Klitoris wie bei sexueller Erregung im wachen Zustand. Die Brustwarzen erigieren. Die Durchblutung der Vagina nimmt im Traumzustand zu, und die Feuchtigkeit der Genitalien ist meßbar größer. Dieses Anschwellen und Schlüpfrigwerden des Sexualorgans wird von der Träumerin manchmal wahrgenommen, wie sie ihre Verfassung im Wachzustand wahrnehmen würde.

Diese Daten bestätigen, daß Frauen während der REM-Phase einen Blutandrang in den Gefäßen erleben, der in etwa der männlichen Erektion entspricht, sich aber in geringfügigen Aspekten davon unterscheidet, da die Geschehnisse bei Frauen stärker variabel sind.

Als die Reaktionen auf sexuelle Erregung durch verschiedene Stimuli verglichen wurden, stellte man fest, daß unterschiedliche Bedingungen etwa den gleichen Grad an Reaktionen hervorriefen. Ob die Frau einen erotischen Film sah, masturbierte, träumte oder im Traum einen Orgasmus hatte, die Messungen sahen etwa gleich aus. Dies legt nahe, daß der Blutandrang in der Vagina auf ein bestimmtes Maximum begrenzt ist, ob die Reaktion nun in der wachen Phantasie oder im Traum erfolgt.

In einer Studie, die in New York über einen Zeitraum von fünfundzwanzig Nächten durchgeführt wurde, und zwar mit neun Versuchspersonen, wurden die vaginalen Veränderungen gemessen und Traumberichte dadurch eingeholt, daß man die Frauen zu verschiedenen Zeiten aufweckte. Die Protokolle zeigten, daß explizit sexueller Inhalt und symbolischer sexueller Inhalt stets auf den plötzlichen oder länger anhaltenden Anstieg der Vaginaldurchblutung folgte. Mit anderen Worten, die Traumberichte verliefen parallel zu den körperlichen Veränderungen.

Frauen, die in der Lage sind, im Traum «klarsichtig» zu sein, sich also während des Traums bewußt sind, daß sie träumen, berichten häufig von verstärkten sexuellen Gefühlen. Da sie fähig sind, in ihren Träumen ihre Aktivität nach Wunsch zu steuern, entscheiden sich bewußte Träumerinnen oft dafür, den Liebesakt bis zum Orgasmus zu vollziehen. Diese Orgasmen sind von solchen im wachen Leben nicht zu unterscheiden, wie Messungen ergaben, die von St. LaBerge und seinen Kollegen an der Stanford University durchgeführt wurden. Vielleicht ist es so, daß die Bilderwelt einer Frau, wenn sie sich bewußt wird, daß sie träumt, die ohnehin schon vorhandenen physischen Empfindungen steigert; Orgasmen in bewußten Träumen wurden von einigen Träumerinnen als «umwerfend» oder «überlebensgroß» beschrieben. Ob Frauen sich bewußt sind, daß sie träumen, oder nicht, ob der Inhalt ihrer Träume sexuell ist oder nicht, ihre Genitalien unterliegen während der ganzen Nacht einer zyklischen Aktivierung.

Die sexuelle Komponente des Träumens ist bei gesunden Männern und Frauen ein normaler Prozeß. Behalten wir also im Sinn, daß eine träumende Frau eine erregte Frau ist, und betrachten die sexuellen Symbole in ihren Träumen.

Weibliche Genitalien in Frauenträumen: Taschen, Türen, Ringe, Schachteln

Wenn Frauen von ihren Sexualorganen träumen, wählen sie normalerweise Gegenstände, die diesen in Form oder Funktion ähneln. Diese Bilder sind Metaphern für die weiblichen Organe, entweder, weil sie analoge Formen haben, oder, weil sie auf analoge Weise verwendet werden. Hier eine Übersicht über die typischen Traumsymbole für weibliche Genitalien:

Traumbild	Beispiel
Behälter mit einen Innenraum, der gefüllt werden kann.	Vase
Gegenstände mit einem Innenraum, der geöffnet oder geschlossen werden kann.	Raum mit Tür
Tiere oder Gegenstände, die traditionell weiblich sind.	Schiff
Weibliche Kleidungs- oder Schmuckstücke	Ring
Frucht mit Spalte	Pfirsich
Gegenstände mit Namen, die Wortspiele oder umgangssprachliche Ausdrücke sind.	«Muschi»

Anhand der obigen Aufstellung werden Sie leichter verstehen, warum die individuellen Traumsymbole für weibliche Genitalien auf der Bildfläche erscheinen. Sie werden feststellen, daß die meisten der Symbole die Fähigkeit des weiblichen Schoßes wiedergeben, Menstrualblut und den Fötus einzuschließen; die Fähigkeit der Vagina, einen Penis aufzunehmen; oder sie ähneln den Genitalien in der Form.[21] Die Objekte, die gewählt werden, um die Brüste zu symbolisieren, gleichen ihnen gewöhnlich in der Form (wie runde Früchte) oder in der Funktion (wie etwa Quellen), wo sie die Fähigkeit der Brüste widerspiegeln, Milch zu geben. Bilder erscheinen in Träumen, weil sie dem symbolisierten Objekt in Funktion oder Form ähneln.

Dasselbe symbolische Prinzip finden wir in Mythen, Poesie, Kunst, in den Schlagern und in der Vulgärsprache aller Kulturen. Als Shakespeare in seiner klassischen Tragödie *Antonius und Kleopatra* eine Figur zu einer anderen sagen ließ: «Sie ließ des großen Cäsars Schwert zu Bett gehn, er pflügte sie, sie erntete», verstand ihn sein Publikum. Es brauchte nicht erklärt zu werden, daß Cäsar mit Kleopatra Geschlechtsverkehr gehabt und sie danach ein Kind geboren hatte. Der Pflug wurde oft mit dem Penis verglichen wegen seiner Fähigkeit, in die Erde einzudringen und sie zur Aufnahme der «Saat» vorzubereiten. Und die Erde ist oft mit dem Schoß verglichen worden, der den Samen aufnimmt, nährt und daraus Pflanzen hervorbringt. Cäsars «Pflügen» führte zu Kleopatras «Ernten». Wir benutzen die gleiche Symbolik in unserer Kunst und Literatur, die wir auch in unseren Träumen verwenden. Die Symbolik ist ein Teil des Alltagslebens und auch ein Teil der allnächtlichen Träume.

Weibliche Traumsymbole für die weiblichen Genitalien*

Gefäße	*geschlossene Behältnisse*	*Tiere*
Vase, Topf, Urne	Raum mit Tür	Katze, Kätzchen
Krug, Becher,	Raum mit Fenster	(traditionell weibl.)
Schale, Flasche,	Gang	Reh, Hirschkuh
Tasse	Haus, Scheune,	Kuh
Loch, Graben	Gebäude	Maus
Grube, Höhle	Dose u. Deckel,	Nachtmahr, Inkubus
Nest	Gewölbe	Auster, Muschel
Käfig	Garderobe, Koffer	
Futteral	Truhe mit Deckel	
Schloß	Schreibtisch,	
Steckdose	Schublade	
	Herd, Ofen	

* Natürlich haben diese Bilder vielfältige Bedeutungen, sexuelle wie nichtsexuelle.

Frauenkleidung	*Frucht – Vulva/ Schoß*	*Frucht – Brüste*
Börse, Handtasche	Pfirsich (Spalte)	Äpfel, Orangen
Tasche, Muff	Kokosnuß (Spalte)	Tomaten
Ring	Birne	Melonen
Jackentasche	Feige	

Anzahl – Brüste

zwei, zusammen-
gehöriges Paar

Personen	*Pflanzen*	*Gebäudeteil – Brüste*
kleines Mädchen	Rose, Päonie	Balkon
junges Mädchen	andere Blumen	Vorplatz, Veranda
	Kohl	

Geometr. Formen	*Fahrzeuge*	*Flüssigkeiten – Brust Milch*
Kreise, Kugeln	Schiff, Boot	Springbrun., Fontäne
oval, Ei	Auto	Brunnen, Quelle
flaches Dreieck		Flüssigkeit in Krug
flaches Rechteck	*Körperteil*	
Quadrat	Mund, Nase	*Wasserbehälter*
Raute	Auge, Ohr	Tümpel, Teich, See
Zielscheibe	Wunde	Brunnen

Konkretes Bild eines Wortspiels oder Vulgärausdrucks

Landschaftsformen

Organ	Honigtopf	Berge (Brüste)
Muschi (Katze)	Biber	Feld
Küken, Vogel	Blasen (Brüste)	
Puppe, Schüssel		
Heuschober, Stroh-		
dach (Schamhaar)		

Männliche Genitalien in Frauenträumen

Frauen träumen vom männlichen Geschlechtsorgan oft in der Sprache sexueller Symbolik. Wenn Sie die folgende Aufzählung betrachten, sehen Sie, daß die Symbole für die männlichen Genitalien in Form oder Funktion gewöhnlich dem Penis ähneln:

Traumbild	*Beispiel*
Objekte von langer, schmaler Form	Messer
Objekte, die eindringen können.	Schlüssel
Objekte, die sich ausweiten, vergrößern oder aufrichten können.	aufrechte Pflanze
Objekte, die explodieren können wie der Penis bei der Ejakulation.	Kanone
Tiere mit Merkmalen, die der Form des Penis ähneln.	Schlange
Tiere, die traditionell als männlich angesehen werden.	Hund
Kleidungsstücke, die von Männern getragen werden.	Krawatte
penisförmige Früchte	Banane
vorstehender Körperteil	Nase
Objekte mit Namen, die ein Vulgärausdruck für die männlichen Genitalien sind.	«Hahn»

Weibliche Traumsymbole für die männlichen Genitalien*

Eindringende Waffen	*Explosive Waffen*	*Männliche Kleidungsstücke*
Messer, Dolch, Speer Schwert, Säbel, Bajonett	Kanone, Pistole, Gewehr Rakete	Krawatte, Gürtel Hut

* Diese Bilder haben natürlich vielfältige Bedeutungen, sexuelle wie nichtsexuelle. Die Liste ist nicht erschöpfend.

Schmale, läng- liche Objekte	Tiere mit langen Schwänzen	Personen
Schlüssel, Kerze, Schraubenzieher Füller, Stift, Pinsel Nadel, Spritze, Schlauch Pfeiler, Totem- pfahl, Mast, Stock Pfeife, Zigarre, Zigarette Golfschläger, Baseballschläger Seil, Elektrokabel und Stecker Grabstein, Monument	Maus, Ratte, Fisch Pferd, Stier, Wildtier Hund (traditionell männlich) Affe, Eichhörnchen Frosch (lange Zunge, knittrige Haut) Vogel (Fliegen = Erektion) Biene, Wespe (Sta- chel statt Schwanz) Elefant (Rüssel)	Zwerg Diener kleiner Mann

Längliches Nahrungsmittel	Längliche Pflanze	Objekte, die sich aufrichten
Banane, Gurke, Essiggurke Hot dog, Wiener Würstchen, Frank- furter Würstchen Karotte, Sellerie- stange Lutscher, Eclair, Hörnchen	Stengel, Stamm, große Pflanze, Baum, Schilf	Regenschirm Baukran

Musikinstrumente

Flöte, Piccoloflöte,
Geige

Vorstehende Körperteile	Zahlen	Gebäude
Zunge	eins (Phallus)	Wolkenkratzer
Finger, Arm	drei	Türme, Silos
Nase	Dreiergruppe	
Zahn, Schnurrbart	(Penis und zwei Testikel)	

Geometrische Formen	Konkrete Bilder von Wortspielen oder Vulgärausdrücken	
Zylinder	Bälle	Felsen
Konus, Pyramide	Nüsse	Familienschmuck
langes Dreieck	Hahn	oder -schatz
Rechteck	Organ	Objekte, die stechen
Quader	Sahne, Milch, Schlagsahne (Samen) häufiger Name: Peter, Paul, Johannes	

Eine Frau, die weiß, daß das Gehirn dazu neigt, Traumsymbole für den Phallus auszuwählen, kann ihren Trauminhalt besser verstehen. Symbole für männliche Genitalien sind Metaphern für die Fähigkeit des Penis zu Penetration und Ejakulation oder Vergleiche aufgrund der Form von Penis oder Hoden. Wieder bestimmen Form oder Funktion darüber, welches Bild als Symbol ausgewählt wird. Wenn die Traumsymbole für weibliche Genitalien und männliche Genitalien miteinander verbunden sind, handelt es sich um Symbole für den Geschlechtsverkehr.

Für den Geschlechtsverkehr gibt es in Frauenträumen ein breites Spektrum von Symbolen. Welches erscheint, hängt von einer Reihe von Faktoren ab: der früheren Erfahrung der Träumerin oder ihrer Unerfahrenheit; der tatsächlichen Natur ihrer sexuellen Kontakte; davon, was die Frau für einen bestimmten Liebhaber empfindet; ihren eigenen körperlichen Reaktionen auf ihren Liebhaber; der Qualität ihrer Beziehung; ihren Erwartungen an die Zukunft; ihren eigenen Ängsten oder Konflikten zwischen Hemmung und Orgasmus, zwischen Bedürfnis nach Nähe und Bedürfnis nach Distanz; von Wortspielen aus ihrer Ausdrucksweise im Wachzustand.

Frauenträume über Sex sind gewöhnlich stärker symbolisch als die von Männern, obwohl es, wie zuvor schon erwähnt, in Frauenträumen eine Tendenz zu offenerer Sexualität gibt.

Trotz vieler Variationen in der emotionalen Qualität ähneln die Symbole für den Geschlechtsverkehr in der Funktion dem Sexualakt.

Traumbild	*Beispiel*
Angriffshandlungen mit einer Waffe.	Fremder beschießt Träumerin mit Kanone.
Angriffshandlungen durch wildes Tier.	Schlange beißt Träumerin.
Handlungen, die eine Frau verletzen.	Träumerin wird von Auto überfahren.
Gewaltsames Eindringen in ein Gebäude.	Eindringling bricht in Schlafzimmer ein.
Zerstörung eines Gebäudes.	Haus wird angezündet.
Erbauen eines Gebäudes.	Aufrichten eines Wolkenkratzers (männliche Erregung).
Mechanische Handlungen	Benzin wird in Tank gepumpt.
Rhythmische Bewegungen	Träumerin ersteigt eine Treppe.
Einverleibungsakte	Träumerin ißt köstliches Bananensplit.
Vereinigung von Gegensätzen	Hochzeitszeremonie wird vollzogen.

Weibliche Traumsymbole für Geschlechtsverkehr*

Angriff mit Waffe

Mann sticht mit Messer
auf Träumerin ein.
Mann schießt auf Träumerin.
Mann verletzt mit anderer
Waffe (Pfeil, Nadel, Seil,
Zigarre etc.).

Angriff durch wildes Tier

Schlange beißt Träumerin.

Hund beißt Träumerin.
Tier verwundet Träumerin
(Löwe, Tiger, Stier, Ratte,
Wespe etc.).

Angriff durch Fremden

Exotischer Fremder verfolgt
Träumerin (Farbiger,
Orientale etc.).

Gewaltsames Eindringen in Gebäude

Eindringling im Schlafzimmer;
Einbrecher dringt in Haus ein.
Fremder bricht Tür auf.

Zerstörung von Gebäuden

Haus wird bombardiert oder
explodiert.
Haus wird von Feuer verzehrt.

Erbauen von Gebäuden

Wolkenkratzer wird errichtet
(männliche Erregung).
Silos oder Türme werden gebaut
(männliche Erregung).

Zerstörung der Person

Auto überfährt Person;
Auto hat Zusammenstoß (mit
Zug, Panzer, Bulldozer etc.).
Erdbeben

Penetration

Benzin wird in Tank gepumpt;
Post in Briefkasten gesteckt;
Schlüssel in Schloß.
Pflügen der Erde;
Pflanzen von Samen

---

* Alle Träume, in denen man angegriffen wird, deuten auf ein Gefühl der Bedrohung
hin. Die obigen Bilder können sich ebenso auf nichtsexuelle Bedrohungen oder
andere Gefühle wie auf sexuelle beziehen. Am häufigsten ist das Thema, gejagt oder
attackiert zu werden. Die Aufzählung ist nicht erschöpfend.

tropfende, überströmende oder
zerbrochene Rohre (funktionie-
render oder nicht funktionieren-
der Penis)

Defloration

Verwunden, Zerreißen,
Beschmutzen, Auslöschen
Zerbrechen, Verlieren,
Zerstören

*Aufnahme von Speise oder
Flüssigkeit*

Bananensplit, Eclair essen,
Lolli lutschen
durch Strohhalm Milchshake
trinken
Würstchen oder andere Speise
essen (Hörnchen mit Eis, Pilze
etc.)

Rhythmische Aktivität

Hin- und Herschaukeln,
Wippen
Reiten, Schwimmen, Radfahren
Tanzen, Schlittschuhlaufen
(Rutschen, Kreisen,
Schweben, Fliegen)
Treppensteigen etc., Laufen,
Glocken läuten

Vereinigung von Gegensätzen

Verbindung von Feuer u. Wasser
Verbindung von Silber u. Gold
Hochzeitszeremonie

*Konkrete Bilder – Wortspiele
und Vulgärsprache*

stoßender Gegenstand
bohrender Gegenstand
Ball werfen, Ballspiele

Wie Sie sehen, träumen Frauen davon, daß Männer auf Arten in sie eindringen, die verletzend, mechanisch oder lustvoll sind. Der Kontext, der den Traum umgibt, sowie die Gefühle der Träumerin während des Traumes zeigen, wie sie dem sexuellen Kontakt gegenübersteht. Hier folgt eine Schilderung, wie einige der Frauen aus meiner Studie ihre sexuellen Träume erlebten.

Symbolische Sexualträume von Frauen

Schlangen unter dem Bett. Seit ihrer legendären Verführung im Paradies wird Eva immer wieder von der Schlange gebissen. Wegen ihrer langen, schmalen Form und ihres Bisses, der Gift verströmt – entsprechend dem Penis und seiner Ejakulation –, träumen junge Frauen häufig von Schlangen, wenn sie Sex als gefährlich empfinden.

Schlangenträume können schon in frühem Alter beginnen. Die achtjährige Claudia beispielsweise berichtete mir folgendes:

> Ich träumte, daß Schlangen unter meinem Bett waren, und war entsetzt über meinen Traum.

Bei meiner Untersuchung von Kinderträumen im Jahre 1984 berichtete ein anderes Mädchen aus Claudias Altersgruppe einen Traum, in dem es von vielen Schlangen gejagt wurde; in den Träumen gleichaltriger Jungen kamen keine Schlangen vor.

Umgeben von Schlangen. Grace, Mitte Zwanzig, steuerte eine ausgefeilte Version des klassischen Schlangen-Alptraums bei:

> Ich träumte, daß ich in dem alten Haus auf dem Land bin, in dem ich früher wohnte. Ich bin in der Küche, schaue ins Eßzimmer und sehe, daß dort Schlangen auf dem Boden sind. Ich gehe ins Schlafzimmer und finde Schlangen auf dem unteren Etagenbett und eine, die zusammengerollt auf dem oberen Bett liegt.
>
> Dann bin ich wieder in der Küche. An der Decke sind dicke Balken. Daran kann ich mich festhalten, bis jemand kommt. Ich warte auf meinen Vater. Eine Schlange unter dem Tisch sagt:

«Jetzt hat sie wirklich Angst, ich werde sie kriegen.» Sie kommt heraus. Ich halte mich an einem Balken fest und versuche, auf den Kopf der Schlange zu treten. Sie beißt mich in den Fuß, während ich sie zu treten versuche.

Dann bin ich auf der Veranda. Ich schaue hoch und sehe überall auf dem Dach Schlangen. Wenn ich sie ansehe, sehen sie mich auch an. Jetzt bin ich umzingelt. Ich habe keinen Ausweg mehr.

Hier sehen wir die Träumerin, die Jungfrau ist, ein Gefühl für die sexuellen Gefahren ausdrücken, die sie umgeben; die Schlangen in ihrem Lebensbereich sind unvermeidbar; ihr Haus ist von ihnen eingenommen worden. Sie versucht, die sprechende Schlange abzuwehren, aber der Schlange gelingt es doch, sie zu beißen, was nahelegt, daß die Träumerin die Gefahr als drängend empfindet.

Beachten Sie, daß Graces Vater als potentieller Retter vor der Bedrohung gesehen wird, doch er kommt nicht rechtzeitig. Tatsächlich hatten sich Graces Eltern kurz vorher getrennt; sie lebte bei ihrer Mutter. Vermutlich fühlte sich die junge Frau in Abwesenheit ihres Vaters anfälliger für sexuelle Gefahren. Im Traum wurde sie überwältigt, hatte keinen Ausweg mehr. Die gesamte Bilderwelt ist typisch für eine junge Frau ohne Erfahrung, die Sex als extrem riskant betrachtet.

Dasselbe Thema können Frauen in ihren Träumen durch Angriffe von wilden Tieren ausdrücken, die Eigenschaften haben, welche der Form des Phallus ähneln – vor allem Tiere mit langen Schwänzen wie Mäuse, Ratten oder Eichhörnchen –, oder von Tieren, die für ihre Männlichkeit bekannt sind, wie Stiere oder Hengste. Bienen und Wespen werden gelegentlich wegen ihres penetrierenden Stachels gewählt, der Gift ausspritzt; auch hier haben wir wieder eine Analogie zu Phallus und Ejakulation.

Aufgrund der individuellen Assoziationen der Träumerin können dieselben Tiere auch in positiven Rollen auftreten. Bei Frauen, die beispielsweise mit der Rolle der Schlange in Heilungszeremonien im alten Griechenland vertraut sind, oder bei solchen, die gute persönliche Erfahrungen mit Schlangen haben, können andere Bedeutungen als die Angst vor Sex hinter dem Traum stehen.

Eine junge Frau griechischer Abstammung erzählte mir ganz

glücklich von ihrem Traum, in dem sie eine goldene Schlange gesehen hatte. «Das bedeutet, daß ich heiraten werde», sagte sie. Ihre Großmutter war eine der traditionellen Traumdeuterinnen in ihrem Dorf und hatte ihre amerikanische Enkelin die Bedeutung von Traumsymbolen gelehrt, die diese als wahr akzeptierte. Der Glaube, daß ein bestimmtes Traumbild eine spezielle Bedeutung hat, veranlaßt Menschen manchmal dazu, innerhalb dieses Rahmens zu träumen, da sie sich die Traumsprache ihrer Kultur zu eigen machen.

Ein Hund im Gras. Ein Angriff durch einen Hund, ein Tier, das traditionell als männlich angesehen wird, symbolisiert in den Träumen junger Frauen manchmal ebenfalls die Angst vor dem Geschlechtsverkehr. Zum ersten Mal sah ich das an einem eigenen Traum aus der Zeit, in der ich sechzehn war:

> Unser Hund Corky greift mich im Garten an. Ich liege im Gras. Seine Zähne bohren sich durch meine Strümpfe. Meine Kleidung gerät ganz durcheinander. Scheinbar träume ich das zweimal. Dann sage ich mir im Traum selbst: «Das ist ein Symbol für einen sexuellen Angriff oder Geschlechtsverkehr.» Der Traum setzt sich fort mit einem Jungen, den ich kenne, in einem Restaurant namens Tasty Inn.

Als ich diesen Traum hatte, war ich sexuell vollkommen unerfahren, obwohl ich schon Verabredungen hatte und sogar einige Jungen geküßt hatte. Tatsächlich war dieser Hund aggressiv und schwierig im Umgang; er war im Freien angekettet und geriet in starke sexuelle Erregung, wenn er von der Kette gelassen wurde. Ich hatte wirklich ziemliche Angst vor ihm.

Da ich damals schon einige Jahre lang mit meinen Träumen gearbeitet hatte, wurde ich mir im Traum halb bewußt, daß ich träumte, und gab selbst Kommentare zum Fortgang der Handlung. Nachdem ich die Quelle des Angstgefühls als Angst vor Sex erkannt hatte, verschob sich der Traum von dem wilden Hund auf einen anziehenden Jungen. Die Szene verschob sich von der angsterregenden Begegnung auf das Tasty Inn, einen Ort, an dem man Nahrung erhielt.

Natürlich können Träume von Hunden auch äußerst positiv sein.[22] Eine Frau, die gute Erfahrungen mit einem Hund gemacht hat, wird wahrscheinlich ein anderes Tier oder einen anderen Modus auswählen, um in ihren Träumen sexuelle Angst auszudrücken, und Hunde den angenehmen Träumen vorbehalten.

Die schönen Pflanzen. Manchmal benutzen Frauen längliche Teile von Pflanzen – Stengel, Stämme oder Wurzeln –, um im Traum den Phallus zu symbolisieren. Jo, eine Frau Mitte Dreißig, die vor kurzem geschieden wurde, freute sich auf die Aussicht auf Geschlechtsverkehr mit einem neuen Mann, wie in diesem Traum zum Ausdruck kommt:

> Ich bin im Garten des Vaters meiner Freundin. Sie hatten gerade Pflanzen gekauft, um den Garten damit zu füllen. Überall gab es wunderschöne Pflanzen, sieben, acht, neun, zehn Fuß hoch. Zwei waren purpurrot, und eine war von einem durchscheinenden Rosa und acht Fuß hoch. Sie waren von dünner Beschaffenheit, wie japanisches Reispapier, das im Wind wehte oder sich wie Seetang im Wasser bewegte.
>
> Zwischen den seetangähnlichen Teilen gab es Blüten wie die der Kapuzinerkresse, groß wie eine Männerhand und mit hochstehenden Staubgefäßen. Ich schaute auf die Preisschilder, die noch an den Pflanzen waren. Die Preise waren hoch, aber ich konnte sie mir leisten. Ich konnte dies oder jenes oder dies und jenes kaufen. Es war wie eine Litanei von Möglichkeiten für den Garten, die mich einhüllte.

Dieser Traum drückt wohl das Gefühl aus, das Jo gegenwärtig hat, nämlich aus einem Spektrum erregender neuer Möglichkeiten auswählen zu können. Die Pflanzen, die sie bewunderte, waren ungewöhnlich, anders als alle, die sie zuvor gesehen hatte, aber trotzdem bezahlbar. Teilweise haben diese Pflanzen vielleicht neue Erfahrungen repräsentiert, die Jo in ihrem beruflichen Leben machte. Zweifellos aber spielten sie ganz spezifisch auch auf Liebes- und sexuelle Alternativen an, wenn man das Bild der «hochstehenden Staubgefäße», die aufrechten, wie Seetang wehenden Pflanzen und die zylindrischen Formen anderer Traumpflanzen betrachtet, die sie für mich aufzeichnete. Die Farben und die Beschaffenheit – durchscheinendes

Rosa und Purpurrot, dünnes Papier – erinnern an die Haut der Genitalien.

Das Einkaufen im Traum steht oft für Entscheidungen, die im Leben zu treffen sind. Je nach der Qualität der «Ware» können die Wahlmöglichkeiten erfreulich oder unangenehm sein. Für diese Träumerin waren die Pflanzen schön, ungewöhnlich und verfügbar. Am Tag vor ihrem Traum hatte Jo sich mit einem neuen Mann zum Mittagessen getroffen, war mit einem alten Bewunderer zum Abendessen ausgegangen und hatte vor, den folgenden Tag mit noch einem anderen Verehrer zu verbringen – eine «Litanei von Möglichkeiten» in einem Garten voller Männer.

Das Bananensplit. Je nachdem, was Frauen bei der Erfahrung empfinden, visualisieren sie den Geschlechtsverkehr im Traum als den Verzehr von köstlichen – oder abstoßenden – Speisen. Das Einführen der Nahrung in den Mund ist analog zum Einführen des Penis in die Vagina. Essen im Traum kann eine Metapher für den Koitus oder für eine romantische Beziehung im allgemeinen sein.

Hier ein Traum, den ich mit sechzehn Jahren aufzeichnete:

Ginny (eine Freundin, die verliebt ist) hat eine schöne Banane. Ich schäle meine. Innen ist sie verfault und von einer braunen Röhre durchzogen, daher werfe ich sie weg. Eine Gruppe von Jugendlichen geht in einen Drugstore und bestellt Bananensplits mit Kirschsauce und Schlagsahne. Ich glaube nicht, daß ich eins bekomme.

Bananen sind wegen ihrer Form nicht selten Symbole für den Phallus. Der Vulgärausdruck *Kirsche,* der manchmal für das weibliche Hymen benutzt wird, wird im Traum mit weiblichen Genitalien assoziiert. Ähnlich verhält es sich mit *Sahne,* einem Vulgärausdruck für das Ejakulat, der hier ebenfalls als Traumsymbol auftritt. Ein Bananensplit ist ein Bild, das die Kombination der Genitalien wie beim Geschlechtsverkehr heraufbeschwört.

Zur Zeit dieses Traumes trafen sich meine Freundin und ich mit älteren Jungen. Sie schien sehr glücklich und zufrieden, während der Junge, mit dem ich Verabredungen hatte, sich als Lügner erwies. In meiner Traumsprache war er «verfault». Ich hatte mich von ihm abgewendet, wie der Traum zeigt, doch ich fühlte mich frustriert, weil ich keine erfreuliche Beziehung hatte – beschrieben als köstliches Bananensplit mit allen Garnituren. Obwohl ich damals keinen Geschlechtsverkehr hatte, erschien die Aussicht darauf appetitanregend.

Das Erdbeerfeld. Edith, die von dem griechischen Gott an ihrer Haustür träumte, hatte einen denkwürdigen Traum, in dem es um verbotene Früchte ging. Sie war Anfang Dreißig und noch immer in ihrer schwierigen Ehe, als sie ihren Lieblingstraum hatte:

Ich erwache an einem Ort mit schönen Frühlingsfarben überall – Grün mit Tautropfen. Alle Arbeit und Probleme sind überstanden. Es ist, als sei ich im Himmel. Ich gehe umher. Da gibt es ein Feld, ein kleines Waldstück, einen Fluß. Ich weiß, daß auf der anderen Seite des Flusses Wilderdbeeren sind.

Ich nehme einen Behälter und gehe den Hügel hinunter. Ich komme an einen elektrischen Zaun. Ich weiß, daß er mich töten könnte. Mein jüngster Sohn, damals um die zwei Jahre alt, spielt mit dem Ende des Drahtes. Ihm fehlt nichts. Ich erkenne, daß der Zaun keine Gefahr für mich ist. Ich gehe um ihn herum und hole die wilden Erdbeeren.

Edith erklärte, die wilden Erdbeeren repräsentierten für sie verbotene sexuelle Lust. (Ich weiß nicht, ob sie je Ingmar Bergmans klassischen Film *Wilde Erdbeeren* gesehen hat, der mit sexuellen Begegnungen durchsetzt ist.)

Die hell leuchtende, grüngelbe Farbe betrachtete sie als Farbe von Erneuerung und Wachstum, die nur etwa zwei Frühlingswochen lang anhält, wenn die Bäume gerade zu blühen beginnen. Diese besondere Farbe – sonnenbeschienenes Grasgrün – habe ich in vielen intensiven, positiven Frauenträumen beobachtet. Der Zaun war, wie Edith sagte, «etwas, das einen von einem bestimmten Gebiet fernhält; er schränkt ein; ein elektrischer Zaun ist insofern schlimmer, als man ihn nicht übersteigen kann; er kann töten». Der Junge, durch den sie erkannte, daß der Zaun nicht gefährlich war, ist ein Kind, das sie als furchtlos ansah. Daher sagte ihre Traumsprache: «Die köstliche Erfahrung (verbotene Frucht = köstliche Sexualität), die du dir wünschst, ist erreichbar; die Einschränkung, deren Existenz du annimmst, ist nicht tödlich; du kannst sie umgehen und das erlangen, was du willst.»

Edith erklärte: «Nachdem ich das geträumt hatte, erschien es wie etwas, das ich mir wünschte – ein ganz neues Gefühl. Immer behielt ich die Möglichkeit der Erfahrung im Sinn, an einem Ort zu sein, an dem das Leben mir keine Bürden auferlegte.» Später gestatteten die Lebensumstände Edith, etwas von den «verbotenen Früchten» der Sexualität zu erlangen. Wenn sie heute zurückblickt, meint sie jedoch, sie habe es übertrieben, und fügt hinzu: «Selbst mein Lieblingstraum veranlaßte mich zu Dingen, die ich bereue.»

In Ediths Traum war es nicht so sehr die Form der Früchte als vielmehr deren Üppigkeit, die sexuelle Aktivität repräsentierte. Bei anderen Frauen werden männliche Genitalien vielleicht durch längliche Nahrungsmittel symbolisiert, darunter Früchte wie Bananen und Gemüse wie Salatgurken, Essiggurken oder Maiskolben. Die Wiener oder Frankfurter Wurst kann ebenfalls für den Phallus stehen. Wenn die Einstellung der Frau zur Sexualität negativ ist, findet sie diese Nahrungsmittel in ihren Träumen vielleicht abstoßend; ist ihre Einstellung positiv, wird sie sie eher wohlschmeckend finden.

Köstliche Getränke oder ekelerregende Flüssigkeit. Neben ihren Erwartungen an die Sexualität bestimmt auch die Qualität der Liebeserfahrungen einer Frau darüber, ob die Speisen oder Getränke in ihren Träumen wohlschmeckend sind. Die Umstände ihrer tatsächlichen sexuellen Begegnungen sind entscheidend.

Ein unberührtes junges Mädchen, das zwangsweise eine Situation erlebte, in der ein junger Mann bis zum Orgasmus masturbierte, träumte in der folgenden Nacht, durch triefnasse Abwasserkanäle zu gehen, ein Bild, das den Ekel gegenüber dem Jungen und dem Vorfall ausdrückt. Die Abwässer waren eine Metapher für das unerwünschte Ejakulat.

Als dieselbe Person älter und erfahrener war, träumte sie von einem besonders charmanten Mann, der ihr ein köstliches Getränk anbot. In diesem Fall akzeptierte sie es, da sie das Traumgetränk und im Wachzustand den Mann überaus anziehend fand.

Beide erwähnten Traumreaktionen auf erregte Männer enthalten ein typisches Symbol für den männlichen Samen: Flüssigkeit. Im ersten Fall wurde die Flüssigkeit als Körperentleerung dargestellt, die krank machen konnte, im zweiten wurde sie als Rauschmittel beschrieben, das köstlich war. Die Einstellung zu dem jeweiligen Mann und die Lebenserfahrung der Frau bestimmten den Unterschied.

Bei Frauen, die sexuell mißbraucht wurden, spiegelt der Trauminhalt diese negative Erfahrung wider. Eine Frau Mitte Dreißig berichtete einen scheußlichen Alptraum, den sie mit elf Jahren in der Nacht nach dem Tage hatte, an dem sie von einer Bande betrunkener Soldaten vergewaltigt und zum Oralverkehr gezwungen worden war. Sie sah sich in weißem Leim ertrinken.

Die klebrige Substanz im Traum dieses Mädchens war offenkundig ein Symbol für den ihr aufgezwungenen Samen. Von dieser Zeit an entwickelte das unglückliche Kind ein schweres Asthma. Die physische Empfindung des Erstickens, die sie während des brutalen Angriffs gehabt hatte, kehrte in ihrem Traum von dem weißen Leim und in ihren körperlichen Symptomen im Wachzustand wieder. Bei Frauen, die mißbraucht wurden, habe ich oft Träume von Atemschwierigkeiten festgestellt, die Empfindungen während der Attacke wiederholen.

Die Flüssigkeiten, die wir in unseren Träumen zu uns nehmen, geben daher wichtige Hinweise auf unsere Erfahrungen und unsere damit zusammenhängenden Gefühle – schmackhaft oder bitter. In der Traumsprache können die verschiedenen Körperausscheidungen, die Flüssigkeitsinhalte, einander ersetzen – Blut, Urin, Eiter, Samen, Milch, Erbrochenes und dergleichen. Weißliche Flüssigkeiten wie Milch oder Sahne stellen in Frauenträumen oft den Samen dar. Die junge Frau in meiner Studie, die von Schwierigkeiten beim Ausdrücken von Rasiercreme aus einer Tube berichtete, beschrieb damit ein vorübergehendes Problem in ihrer sexuellen Beziehung. Träume über das Trinken göttlichen Nektars dagegen erzählen eine ganz andere Geschichte.

Bilder von Speisen und Getränken, die Sex symbolisieren, könnten eine biologische Grundlage habe. Ein Ethologe (Fachmann für Tierverhalten) hat kürzlich postuliert, mit dem Küssen bezwecke die Natur die Übertragung einer suchterregenden Substanz, die die Partner chemisch aneinander bindet. An der Hautoberfläche von Gesicht, Schädel, Hals, Brustwarzen, Sexualorganen und vor allem an der Innenseite der Lippen befinden sich Drüsen, die Talg produzieren; dieser enthält Wirkstoffe, die beim saugenden Akt des Küssens übertragen werden. Neuere Forschungen haben gezeigt, daß Adler und andere Vögel sich aufgrund solcher chemischer Anziehung verbinden, wenn sie bei der Paarung Nahrungsgeschenke austauschen. Vielleicht werden Menschen süchtig nach dem Geschmack ihres Partners. Auf jeden Fall verbindet der träumende Verstand Essen und Trinken mit dem Sexualakt.

Die erste sexuelle Erfahrung einer Frau ist von entscheidender Bedeutung dafür, wie sie dieses Verhalten in ihren Träumen darstellt. Wie ich festgestellt habe, gibt es ein Spektrum typischer Reaktionen und charakteristische Traumbilder, die dem sexuellen Verkehr folgen.

Die Stimmen erster sexueller Erfahrungen

Die erste Begegnung jeder Frau mit der Sexualität ist einzigartig. Für einige der Frauen aus meiner Studie war der erste Geschlechtsverkehr entschieden unangenehm:

> Ich hatte solche Angst, und ich wollte es nach der Hochzeit einen Monat lang nicht mehr tun. Es war trocken und schmerzhaft. Ich war ständig wund.

> Es gefiel mir nicht. Nach unserer Hochzeit schob ich es mehrere Tage lang auf. Es tat sehr weh.

> Ich hatte schreckliche Schmerzen. Am nächsten Tag konnte ich kaum gehen oder sitzen.

Einige Frauen fanden ihre erste Erfahrung mit der Sexualität demütigend. Eine Teilnehmerin an meiner Studie war besonders unangenehm berührt, weil ihr frischgebackener Ehemann darauf bestand, vor dem Sex mit ihr zusammen zu duschen; sie hatte romantische Kontakte im Dunklen erwartet.

Frauen, deren erster Geschlechtsverkehr erniedrigend, schmerzhaft oder traumatisch war, hatten mit größerer Wahrscheinlichkeit sexuelle Träume, in denen gewaltsame Angriffe und Verletzungen vorkamen, zumindest, bis weitere Erfahrungen sie eines Besseren belehrt hatten.

Die meisten Frauen in meiner Studie waren von ihrem ersten Geschlechtsverkehr enttäuscht. Typische Bemerkungen waren folgende:

Er war vollkommen rücksichtslos. Zack-bum. Ich dachte: «Na ja, viel Spaß macht das nicht.» Ich hätte ebensogut eine Wand sein können.

Irgendwie war es langweilig. Überhaupt nicht das, was ich erhofft oder erwartet hatte. Ich hatte masturbiert und wußte, wie es ist, wenn man einen Orgasmus hat. Ich hatte das Gefühl, daneben zu stehen und zuzusehen.

Es war nicht denkwürdig. «Ist das alles?» Es war für uns beide das erste Mal – es ging sehr schnell.

Es war enttäuschend. Warum machten die Leute solchen Wind darum?

Einige der Frauen betrachteten den ersten Geschlechtsverkehr als unangenehme Pflicht, die man erledigen muß:

Ich wollte es einfach hinter mich bringen.

Ich beschloß, es sei an der Zeit, meine Jungfräulichkeit zu verlieren. Es war in Ordnung.

Frauen dieser Kategorien träumten häufig von der sexuellen Erfahrung als von der Aktion mechanischer Geräte oder Vorrichtungen. Eine beispielsweise sah ihren Briefkasten mit zu viel Post vollgestopft. In ihrer Traumsprache war der Verkehr mit ihrem ersten Partner ein automatischer Ablieferungsvorgang.

Wieder andere Frauen empfanden ihre erste sexuelle Erfahrung als wunderbar:

Es war toll – ich war mehr als bereit. Zum ersten Mal hatte ich einen Orgasmus.

Es war schön, wundervoll. In einer Sommernacht auf einer Decke im Garten unter dem Sternenhimmel. Er war so lieb und zärtlich.

Ich hatte ihm nicht gesagt, daß ich Jungfrau war. Er war älter und sehr erfahren. Ich war hingerissen. Ich weiß noch, daß ich dachte, wie seltsam das war – ich hatte Orgasmus und alles –, es war überwältigend. Wir machten stundenlang weiter. So war das also! Am nächsten Tag konnte ich kaum gehen. Meine Knie waren weich. Ich war überzeugt, daß jeder, der mich ansah, wußte, was ich die ganze Nacht getan hatte.

Frauen dieser Kategorie hatten mit größerer Wahrscheinlichkeit erfreuliche Träume über Sex – Blumen und Gärten, köstliche Speisen und Getränke, Partys und Tänze in Ballsälen.

Schlüsselfaktoren für eine lustvolle erste Erfahrung bei der Frau scheinen das Bestehen liebevoller Gefühle gegenüber dem Partner sowie ein erfahrener und geschickter Mann zu sein, der bei seiner Annäherung zärtlich, lieb und geduldig ist. Er ist viril und kann die Aktivität lange genug aufrechterhalten, um sie zu befriedigen. Der ideale erste Partner versteht die weibliche Physiologie und ist genügend an seiner Partnerin interessiert, um sie bis zur angemessenen Bereitschaft zu stimulieren und ihren orgasmischen Bedürfnissen zu genügen. Frauen, die in dieser Form mit dem Sex bekannt gemacht werden, haben Glück.

Viele der Frauen, die unangenehme erste Erfahrungen hatten, gewannen mit der Zeit Freude am Geschlechtsverkehr. Wie bei einer erworbenen Vorliebe fühlten sie sich frustriert, wenn sie darauf verzichten mußten. Als diese Frauen begannen, Sex zu genießen, spiegelten ihre Träume die Veränderung wider.

«Oh, meine Liebe ist eine rote, rote Rose...» Die Dichter haben schon immer eine Verbindung zwischen Blumen und romantischer oder sexueller Liebe hergestellt. In der viktorianischen Zeit sagten die Frauen, jede Art von Blume enthalte eine besondere Botschaft für den Geliebten. Sie verstanden die Blumen als Sprache der Liebe. Auch in Frauenträumen repräsentieren Blumen gewöhnlich die Liebe.

Manchmal nehmen Blumen besonderen Bezug auf die weiblichen Genitalien. Romanschriftsteller, Mythendichter und Volkserzähler haben die weiblichen Sexualorgane mit einer geöffneten Blume verglichen. Biologisch ist die Blüte das Sexualorgan der Pflanze; außerdem besitzt sie Schönheit und Duft, um die Insekten anzuziehen, damit sie sie befruchten. Olga, deren Träume in einem späteren Kapitel beschrieben werden, beschreibt ihren Orgasmus als Blume, die sich Blütenblatt um Blütenblatt öffnet. Wenn die Pflanzen in unseren Träumen also blühen und gedeihen, sprechen sie von gesunder Liebe; wenn sie welken und sterben, dann vergeht unsere Liebe – für den Moment.

Als Anna sich in ihren zukünftigen Mann verliebte, träumte sie:

Ich gehe in den Bergen spazieren, die Arme voll mit Blumen, die er mir gegeben hat.

Die glücklich verliebte Frau hat häufig blumengefüllte Träume.

Frauen symbolisieren Sex in ihren Träumen auch durch konkrete Bilder, die Wortspiele sind. Als Sheila, Mitte Dreißig, sich in einen Mann namens Jack verliebte, träumte sie:

Ich spiele und gewinne plötzlich den Jackpot. Die Geldstücke strömen nur so aus dem Automaten.

Für Sheila brachten die Risiken, die sie im Spiel der Liebe auf sich genommen hatte, reichen Gewinn – sie gewann einen «Jackpot», ihren kostbaren Jack. Vielleicht enthält der Traum auch ein doppeltes Wortspiel mit dem Wort *eJAKulieren*. Die Betonung aber liegt auf der Seltenheit des Ereignisses und der enormen Belohnung. Sie nutzte eine Chance und hatte «Glück».

Häufig übersehen Träumerinnen Wortspiele mit Objekten und Personen in ihren Träumen. Vulgärausdrücke für Genitalien und Geschlechtsverkehr werden oft nicht bemerkt. Das Wort *Orgel* (engl. *organ,* wortgleich für Organ und Orgel, A.d.Ü.) wird manchmal als große Kirchenorgel oder Handorgel beschrieben. Schöne Musik kann auf beiden «gespielt» werden.

In den Träumen amerikanischer Frauen können die weiblichen Genitalien als «Mieze» oder «Küken» dargestellt werden. Ihre britischen Kusinen träumen eher von «Vögeln«, da *«birds»* in England der Slangausdruck für Mädchen ist. Worte wie «Biber» oder «Honigtopf» können im Traum konkrete Form annehmen, je nach der Sprache der Träumerin und ihrer Bekanntschaft mit den Ausdrücken.

Vulgärausdrücke für männliche Genitalien im Traum. Frauen bilden männliche Genitalien je nach den Vulgärausdrücken oder Wortspielen der Sprache ab, die sie sprechen. *«Balls»* (Bälle), *«nuts»* (Nüsse), *«rocks»* (Felsen), *«jewels»* (Juwelen), *«family treasure»* (Familienschatz – das sind einige der Bezeichnungen für die Hoden, die in den Träumen amerikanischer Frauen vorkommen. Der Penis kann als etwas erscheinen, das die Träumerin «sticht» (*prick;* im Englischen heißt *prick* «stechen», ist aber auch der Vulgärausdruck für den Penis, A.d.Ü.), als «Knochen» oder als einer der geläufigen männlichen Vornamen wie «Peter», «Dick» oder «John». Eine Frau in einem Workshop, die mir ihren Traum von einem riesigen Hahn erzählte, der sie verfolgte und kratzte, äußerte ihre Furcht vor einem *«cock»* (engl. für Hahn, aber auch Vulgärausdruck für Penis, A.d.Ü.), der überwältigend war wie die Größe des Hahns. Die Frau, die davon träumt, kostbare Juwelen in ihre Schmuckschatulle zu legen, hat eine glücklichere Einstellung.

Der Sexualverkehr wird auch durch die Verwendung von Ausdrucksweisen der Vulgärsprache dramatisiert. Die Briten sprechen davon, «ihren Heustadel anzuzünden» (*«setting fire to her haystack»*), wenn sie den Geschlechtsverkehr meinen; amerikanische Frauen träumen eher von *«balling»* («ballspielen»), *«banging»* («bumsen») oder *«screwing»* (wörtl.: «schrauben»). Diese Bilder können im Traum wörtlich genommen werden, etwa als ausgelassenes Ballspiel.

Brennende Gebäude. Viele Frauen kleiden ihre Träume von sexueller Anziehung in Bilder, in denen ihr Haus oder ein anderes Bauwerk in Flammen steht. In solchen Fällen ist das Gebäude eine Metapher für den Körper der Frau; das Feuer, das es verzehrt, symbolisiert das Empfinden sexueller Erregung (wie bei dem Vulgärausdruck «heiß sein»). Das Feuer repräsentiert sexuelle Hitze, wie es bei Rose im folgenden Traum der Fall ist:

Ich schaue aus dem Fenster und sehe das übernächste Haus hinter uns heftig brennen. Ich sage meiner jüngsten Tochter, sie solle ihre Hausratte einfangen. Ich hole mein älteres Kind und meine Geldbörse und plane, das Haus zu verlassen, falls das Feuer uns erreicht. Ich versuche jedoch mitzuhelfen, unseren Garten naß zu machen, indem ich den Schlauch ins Haus hole und Wasser aus dem Fenster im ersten Stock spritze. Das Feuer kommt allmählich unter Kontrolle, weil einer der Feuerwehrleute zu mir sagt, ich bräuchte das nicht zu tun.

In ihrem Traum geht Rose dann nach draußen und sieht Häuser, die vom Feuer zerstört wurden, sowie eine Person, die gerade dem Verbrennen entronnen ist. Dann befindet sie sich in einem anderen Haus und geht die Treppe hinauf:

… und da ist der Mann, der mich anzieht. Er ist weiß gekleidet – ich bin übrigens auch in Weiß, und alles ringsum ist ebenfalls weiß. Ohne zu zögern lege ich meine Arme um seine Taille – das fühlt sich so gut und warm an. Er reagiert mit warmen Geräuschen und dreht sich um und küßt mich. Wir gehen sehr warm und liebevoll miteinander um – bewegen uns langsam –, und er lacht und geht sehr auf mich ein. Es ist so unglaublich schön, daß ich so absolut liebevoll und gebend sein kann. Nach und nach wird mein Körper sexuell erregt, und wir halten einander eng umschlungen, als ich aufwache.

Roses Traum war vom Symbolischen zum Spezifischen übergegangen. Als verheiratete Frau betrachtete sie ihr Hingezogensein zu einem anderen Mann als «gefährlich», was durch die zerstörerischen Aspekte des Feuers in ihrem Traum und ihre Versuche beschrieben wird, es unter Kontrolle zu bringen. Beachten Sie, daß die Feuergefahr in der Nähe ihres Hauses ist, es aber noch nicht erreicht hat. Sie scheint die Risiken zu schildern, wenn sie ihren Gefühlen nachgibt. Es gibt noch andere sexuelle Symbole – die Geldbörse, den Schlauch –, aber wir können uns hier nur mit den auffallendsten beschäftigen.

Am Ende der Traumszene spielte Rose ihre Erwartungen der Lust aus, die sich daraus ergeben würde, wenn sie sie zuließe. Es ist, als ob ihr Traum sagte: «Vielleicht wäre es sehr gefährlich, aber andererseits...» Die weiße Farbe stand für diese Träumerin für Spiritualität, ein wichtiges Element in Roses Hingezogensein zu diesem bestimmten Mann. Sie gestattete sich die Erfahrung, ihn zu lieben – wenigstens im Traum.

Wenn zärtliche, liebevolle Gefühle zu sexueller Erregung hinzukommen, kann die Bilderwelt des Traumes einen warmen, farbigen Glanz annehmen.

Eine Witwe holt Erlaubnis ein. Frauen, deren Männer verstorben sind, haben oft das Bedürfnis, sich eine neue Verbindung «gestatten» zu lassen. Minerva, Anfang Sechzig, hatte nach dem tragischen Tod ihres Mannes nicht erwartet, daß sie sich noch einmal verlieben würde. Zu ihrer großen Überraschung lernte sie im ersten Jahr ihrer Witwenschaft einen neuen Mann kennen, traf sich mit ihm und verliebte sich in ihn. In der Nacht, nachdem sie zum ersten Mal mit ihm geschlafen hatte, träumte sie:

In meinem Haus wird von einer Freundin für mich eine Party gegeben. Ich sitze in einem Sessel unter dem Kaminsims, auf dem das Bild meines Mannes steht. Alle Farben sind so schön – Bernstein und Pfirsich. Die ganze Atmosphäre ist voller Wärme. Es ist zauberhaft. Mein neuer Freund ist oben im Arbeitszimmer und schaut sich Bücher an, als mein Mann erscheint. Ich blicke auf und frage ihn: «Ist es gut?» Er antwortet: «Es ist gut.» Ich wache auf.

Minerva, die sich sonst kaum an ihre Träume erinnert, war von diesem tief beeindruckt. «Ich fühlte mich, als habe mein Mann seine Zustimmung gegeben. Ich gab ihm Ruhe und mir selbst auch», sagte sie. Hier sehen wir, wie die Träumerin die neue Liebesbeziehung akzeptiert, die sich für sie in einer Party, in Wärme, in schönen Farben äußert. All das spiegelt ihr emotionales Glück und die wieder entdeckte körperliche Lust wider. Vielleicht zögerte ein Teil ihres Herzens vor diesem Traum noch. Nach dem Traum bewahrte sie die Erinnerung an ihren Mann – wie das Bild auf dem Kaminsims –, aber sie empfand Zustimmung und Erlaubnis, die es ihr gestatteten, von ganzem Herzen an der neuen Beziehung teilzuhaben. Sie war selig.

Bei gesunden, liebevollen Beziehungen sind Wärme, Farbigkeit und Schönheit typische Qualitäten von Träumen.

Das schwingende Tor. «Wenn ich ein Tor wäre, würde ich schwingen. Wenn ich eine Glocke wäre, würde ich läuten», heißt es in dem bekannten Lied. Rhythmische Aktivitäten im Traum stellen oft den genußreichen sexuellen Verkehr dar. Gleiten, Schlittschuhlaufen, Schaukeln, Kreisen, Tanzen, Schweben, Fliegen – diese sinnlich angenehmen Aktivitäten stehen für die stetigen Vorwärts- und Rückwärtsbewegungen des Geschlechtsverkehrs. Sie können auch das Gefühl der Benommenheit schildern, das ihn begleitet. Rhythmisches Gehen, Laufen und Treppensteigen treten auch oft als Symbole für den Verkehr auf.

Das Tanzen selbst ist nicht nur rhythmisch in der Bewegung, sondern hat auch romantische Obertöne wie in Ediths Traum, in dem sie mit dem griechischen Gott tanzt, und in Leahs Traum, mit ihrem Liebsten über das glänzende Parkett eines Ballsaales zu gleiten.

Orgasmen in bewußten Träumen. Einige der Frauen in meiner Studie sagten, sie hätten erst Jahre nach der Aufnahme des Geschlechtsverkehrs gelernt, einen Orgasmus zu haben. Frauen, die eine restriktive Sexualerziehung hatten, entwickeln oft einen Konflikt zwischen gehemmter Sexualreaktion und dem Zulassen des vollen Orgasmus.

Gefühlsmäßig wird der Orgasmus wahrgenommen als Verlust des Bewußtseins, als Nachgeben, als «Dammbruch», Explosion, «Zerspringen», «Verrücktwerden» oder sogar Sterben. Die Franzosen bezeichnen den Orgasmus als «kleinen Tod» (*la petite mort*). Einige Frauen beschreiben ein Gefühl des «Dahinschmelzens» oder «nach unten Ziehens» unmittelbar vor dem Orgasmus. Andere vergleichen die Empfindung mit dem Gefühl, ihr Körper werde «von Licht überflutet» oder «von einer warmen Welle überspült»; wieder andere sprechen von Schwindelgefühlen, «Kreisen» oder «Fliegen».

Für eine Frau, die sich unsicher fühlt, scheint die totale Aufgabe der Kontrolle in einem starken Orgasmus gefährlich. Sie fühlt sich verwundbar und schutzlos, wenn sie sich gestattet, sich so überwältigenden Empfindungen zu überlassen. Wenn sie bei dieser Erfahrung die Kontrolle verliert, kann ihr das vielleicht auch bei anderen Gelegenheiten passieren. Dies ist die Angst, die hinter vielen Orgasmushemmungen steht. Man schätzt, daß etwa zehn Prozent der Frauen noch nie einen Orgasmus erlebt haben.[23] Die Hemmung führt dazu, daß der Orgasmus als Vernichtung geträumt wird – als Zusammenstoß, als Sturz oder als Überfahren- und Zerschmettertwerden. Bei ängstlichen Frauen wird der Orgasmus oft auch dadurch dargestellt, daß sie durch eine Explosion in die Luft fliegen.

Am entgegengesetzten Ende des Spektrums, bei den Frauen, die ihre Sexualität vollkommen akzeptieren und sich ungehemmt dem Orgasmus überlassen, kann es vorkommen, daß sie einen ungeeigneten Partner haben. Eine Frau beschrieb, wie schwer es ihr fiel, sich den Orgasmus zu versagen und sich zurückzuhalten, bis der Mann ebenfalls zum Orgasmus bereit war. Wenn sie sich den Orgasmus vorher gestattete, fühlte sie sich gelangweilt und gereizt von der andauernden Aktivität des Mannes. Ihre Bedürfnisse sind nicht leicht zu erfüllen.

Wenn diese Frauen – extrem gehemmt oder extrem reaktionsfähig – eine befriedigende Beziehung zu einem Partner finden, dann spiegeln ihre Träume diese Veränderung wider. Die Freuden ihrer wachen Stunden hallen in ihren Träumen nach. A. C. Kinsey berichtete, daß nur 37 Prozent der Frauen bis zum Alter von fünfundvierzig Jahren in ihren Träumen Orgasmen erleben (verglichen mit 83 Prozent der Männer gleichen Alters).

Vielleicht steigt die Zahl der Frauen an, die im Traum Orgasmen haben. Die gegenwärtige Generation ist nicht nur sexuell aktiver, sondern die Frauen entdecken auch, daß sie sich im Traum Lust gestatten können. Frauen, die lernen, sich im Traum bewußt zu werden, daß sie träumen, beschreiben unglaubliche Verzückungen, wie es Karen in einem ihrer bewußten Träume erging:

Ich gestatte mir, mich ganz der Leidenschaft hinzugeben. Ich habe das Gefühl, zwischen der Spitze des Penis und dem Eingang der Vagina zu existieren. Ich lasse zu, daß ich mit den Stoßbewegungen verschmelze. Die Lust wird immer größer...

Weil sie im Traum weiß, daß sie träumt, fühlt die bewußte Frau den erregten Zustand ihres Körpers. Die Empfindungen verbinden sich mit den Bildern ihres Traums. Sie kann wählen, was sie tun will, und oft wählt sie den Orgasmus.

Sexuelle Bilder als Metaphern für andere Gefühle

Träume, die die sexuelle Aktivität direkt abbilden, können auch eine symbolische Bedeutung haben. Natürlich drücken die Sexualträume einer Frau manchmal die Sehnsucht nach Geschlechtsverkehr aus, vor allem in Zeiten der Entbehrung oder starker Stimulierung. Manchmal wiederholen sie Genüsse, die bereits erlebt wurden. Oft jedoch übersehen Frauen die Bedeutungsschicht, die jenseits des offenkundigen Inhalts der Sexualträume liegt. Im allgemeinen ist die symbolische Bedeutung von Geschlechtsverkehr im Traum eine Verbindung, eine Vereinigung mit dem Element, das der Traumliebhaber repräsentiert. Dieses Element kann negativ oder positiv sein.

Überwältigungsgefühle

Eine Frau, die kritisch über ihren Freund denkt, kann ihre Gefühle in sexuelle Bilder kleiden. Amelia, Mitte Dreißig, beschreibt einen solchen Traum:

Ich habe leidenschaftlichen Verkehr mit dem Freund meiner Freundin. Es fühlt sich wunderbar an, komplett mit Orgasmus. Später untersuche ich seinen Körper und stelle fest, daß sein Penis riesig und behaart ist, etwa von der Größe eines Brotlaibes. Er ist ziemlich überwältigend.

Amelia erklärte dann, in der Nacht vor ihrem Traum habe sie mit ihrer Freundin lange über diesen Mann gesprochen. Da er in Wirklichkeit nicht anziehend auf sie wirkt, muß seine Anwesenheit in ihrem Traum symbolisch sein.

Der Traum trat zu einer Zeit auf, zu der Amelia mit einem anderen Mann als dem Traummann in Beziehung stand. Das Bild von dem «riesigen und haarigen Penis», der überwältigend war, legt nahe, daß sie sich von etwas in ihrer gegenwärtigen Beziehung «überwältigt» fühlte, wenn sie auch teilweise «wunderbar» war. Ein paar Monate später trennte sich das Paar. Amelia träumte nicht von einem wirklichen Penis, der zu groß und ziemlich abstoßend war; sie träumte vielmehr von einem Mann, der schwierig im Umgang war und einige Eigenschaften hatte, die sie nicht mochte. Träume übertreiben immer.

Manchmal träumen Frauen von einem «Ersatzmann» für ihren Liebhaber. Da sie davor zurückscheuen, den Mann, den sie lieben wollen, zu beurteilen oder kritisch zu sehen, träumen sie ihre Gefühle anhand einer Ersatzperson. Eine Frau in meiner Studie träumte, wenn sie auf ihren Freund böse war, von dessen Bruder, den sie nicht mochte. In ihren Träumen war es der Bruder, der sich schlecht benahm, nicht ihr Freund.

Wenn Sie einen direkten sexuellen Traum haben, achten Sie nicht nur auf den offensichtlichen Inhalt, sondern auch auf mögliche symbolische Inhalte.

«Zerrissenheits»gefühle

Eine Frau, die sich gefühlsmäßig mißbraucht fühlt, kann dies in Traumbildern von sexuellem Mißbrauch ausdrücken. Brenda, Mitte Dreißig, berichtete beispielsweise diesen Alptraum:

Ich bin in einem Parkhaus in einer Stadt, die ich beruflich oft aufsuche. Ich verlasse das Büro und gehe in den dritten Stock des mehrgeschossigen Parkhauses. Mir ist nicht klar, daß das gefährlich sein wird.

Am Aufzug steht ein Dienstmann. Die Tür öffnet sich, und da ist ein schwarzer Polizist. Ich bin erleichtert. «Können Sie mich herausbringen?» frage ich. «Klar», sagt er. Als ich in den Aufzug steige, macht er Witze. Plötzlich denke ich, daß er mich vergewaltigen wird. Ich packe seinen Revolver. Dann denke ich, daß ich mich irre, komme mir dumm vor und gebe ihn ihm zurück. Als er den Revolver wieder hat, vergewaltigt er mich tatsächlich. Jetzt ist er weiß. Die Aufzugtür öffnet sich, und wir steigen aus.

Ich sehe eine Mutter mit Kind und schreie: «Hilfe!» Sie laufen, um Hilfe zu holen. Aber jetzt denke ich, der Polizist könnte mich töten. Die Mutter muß stehenbleiben, um auf das Kind zu warten, und sie laufen gebückt in einen Raum. Ich habe das Gefühl, als hätte ich sie erbost.

Der Polizist sagt zu mir, ich solle nach rechts gehen. Wir biegen um die Ecke, und ich sehe mit Entsetzen, daß da zwölf Männer sind, in Handtücher gewickelt, die auf mich warten, um mich zu vergewaltigen. Sie alle sind ebenfalls Polizeibeamte. «Tschüs!» sagt der Mann.

Brenda war sehr erschüttert über diesen Alptraum. Sie hatte sich vor kurzem von ihrem Ehemann getrennt und inzwischen eine enttäuschende intime Begegnung mit einem anderen Mann erlebt. Nachdem er sie mehrmals belogen und einen Teil ihres Schmucks behalten hatte, wurde sein wahrer Charakter erkennbar. Brenda erkannte schließlich, daß sie einen großen Fehler gemacht hatte, als sie ihm vertraute.

Wichtig für das Verständnis dieses Traumes ist, daß seine Bilderwelt erfunden war. Brenda war niemals vergewaltigt oder auf diese Weise brutal behandelt worden. Wir wissen, daß der Sexualverkehr als Angriff durch einen fremden oder exotischen Mann dargestellt werden kann. Je nachdem, welche Männer für die Träumerin diese Eigenschaft darstellen, kann sie einen feurigen Italiener, einen spanischen Stierkämpfer, einen Orientalen, einen Weißen oder – wie Brenda – einen Schwarzen wählen. Die Entscheidung hängt davon ab, was die Frau als dunkel, geheimnisvoll und verboten empfindet. Nach der Vergewaltigung im Traum werden die «echten Farben» des

Mannes sichtbar. Der Verkehr mit diesem Traumliebhaber schilderte Brendas Gefühl, sie habe sich auf etwas Gefährliches und nicht Vertrauenswürdiges eingelassen.

Das Bild des Revolvers – eine Metapher für den Penis – unterstreicht die sexuelle Bedeutung. Die Bewegung des Aufzugs kann für Brenda wie für manche anderen Träumerinnen das Empfinden sexueller Erregung nachahmen. Die sich öffnenden Türen könnten ihre anfängliche Aufnahmebereitschaft – sexuell und emotional – für den Mann repräsentieren. Die Mutter mit dem Kind symbolisiert, wie Brenda erklärte, ihre Gefühle von Verwundbarkeit.

Hinter der expliziten und symbolischen Sexualität in diesem Traum liegt das Grundgefühl, von dem gegenwärtigen Partner «zerrissen», «vergewaltigt», «benutzt» zu werden. Als Brenda erkannte, wie sie mißbraucht worden war, empfand sie Angst, Verletzung und Wut. Die zwölf Männer, die darauf warteten, über sie herzufallen, symbolisierten ihre Angst vor der Zukunft und davor, mit dem Alleinsein fertig zu werden. Vielleicht waren sie auch, wie die zwölf Mitglieder einer Jury, bereit, sie zu verurteilen und zu bestrafen. Brenda beschloß, eine Therapie zu machen. Heute ist sie glücklich in einer neuen Beziehung.

Wenn Sie eine Frau sind, die solche sexuellen Alpträume hat, dann sollten Sie vielleicht in Erwägung ziehen, professionelle Hilfe aufzusuchen, damit Sie neue Wege entwickeln können, um die Probleme des Lebens zu lösen.

Gefühle spiritueller Verbundenheit

Manchmal können Sexualträume auf überaus positive Art symbolisch sein. In diesem Falle erfolgt die «Vereinigung» mit einem wohltätigen Element.

Der engelhafte Liebhaber. Anna, um die Dreißig, träumte:

Ich schlafe mit einem Mann, der aus goldenem Licht besteht. Die Empfindungen bei unseren Bewegungen sind unbeschreiblich. Der Orgasmus ist kosmisch.

Der Orgasmus dieser Träumerin war buchstäblich «göttlich». Träume dieser Qualität repräsentieren manchmal eine Vereinigung mit einem «höheren» oder spirituellen Wert, können aber auch die Liebe auf menschlicher Ebene darstellen.

Auch Sheila berichtete, im Traum mit einem Mann geschlafen zu haben, dessen Penis aus strahlendem Licht bestand; als er ejakulierte, war es ein Funkenregen. Solche Bilder deuten auf positive Assoziationen zum Liebesakt und dem beteiligten Mann hin. Sie implizieren auch die Verbindung zu etwas «Erleuchtendem».

Wenn Sie im Traum direkt mit jemandem schlafen, dann beobachten Sie Ihren Partner und auch die Aktivitäten, die Ihrer Vereinigung vorangehen, sorgfältig. Das wird Ihnen helfen, die symbolischen Aspekte Ihres Traums zu verstehen. Bei einigen Frauen verstärkt es die Empfindungen, wenn sie während des tatsächlichen Geschlechtsverkehrs Phantasien über ihre angenehmen Traumbegegnungen haben.

Frauen stellen ihre Gefühle bezüglich ihrer Verliebtheit und ihrer sexuellen Probleme oder Freuden in den symbolischen Bildern ihrer Träume dar. Sie träumen auch direkt von Liebe und Sex – manchmal als Metapher für Gefühle, die sie im Hinblick auf jene Aspekte ihres Lebens haben, die über Liebe und Sex hinausgehen.

Wenn liebevolle Gefühle und sexuelles Verstehen – oder die Hoffnung darauf – zusammentreffen, ist eine Frau im allgemeinen bereit zu einer festen Bindung. Für die Frau, die meint, den Mann ihrer Träume gefunden zu haben, ist der nächste Schritt vielleicht die Hochzeit, wenn der Mann einverstanden ist. Die heutige Form des Zusammenlebens hat auch etwas vom Charakter einer Ehe. Als nächstes wenden wir uns Träumen zu, die sich um eine feste Bindung und um Heiratszeremonien drehen.

5. Hochzeitsträume

Ich sitze mit meinem Verlobten in einem Garten. Plötzlich erscheint eine Schlange. Zuerst kriecht sie langsam, dann in rasendem Tempo. Sie richtet sich vor meinem Verlobten auf und bläht sich auf wie eine Kobra. Ich kann mich nicht schnell genug bewegen. Die Schlange berührt meinen Freund, und er fällt tot um. Ich schreie und wache aufrecht im Bett sitzend auf.

Eine Woche vor ihrem Hochzeitstermin wurde Helena von diesem Traum erschreckt. Was konnte er bedeuten? Ganz gewiß wollte sie nicht den Tod ihres Verlobten. Waren es nur ihre Nerven? Hatte sie Angst, sie würde ihn verlieren? Oder dramatisierte sie ihre Angst, sicher werde irgendein Unheil hereinbrechen? Helenas Alptraum versetzte ihre ohnehin angespannten Gefühle in fast unerträgliche Spannung. Wir werden später auf das zurückkommen, was die Bilder dieses Traumes beinhalten.

Hochzeitsalpträume

Bräute sind sprichwörtlich nervös. Wenn Sie beschlossen haben zu heiraten, dann wissen Sie trotz Ihres Glücks, daß Sie mit neuen Dingen konfrontiert sind. Alpträume über die Heirat, wie der von Helena, sind häufig und erschreckend. Das ist kein Wunder. Die verlobte Frau geht eine Verpflichtung von großer Bedeutung ein – hoffentlich lebenslänglich.

Die meisten Mädchen haben schon seit der Oberschule davon geträumt zu heiraten; sie haben mit Brautpuppen gespielt und über ihren zukünftigen Gatten und die Hochzeitszeremonie phantasiert.

Selbst unter den heutigen Frauen, die mehr auf Karriere eingestellt sind, bleibt die sozial akzeptierte Heirat gewöhnlich ein auf später verschobenes Ziel. Wenn sie erst einmal verlobt sind, stellen viele Frauen, auch solche, die hingebungsvoll lieben, fest, daß Konflikte an die Oberfläche treiben wie Bläschen im Champagner.

Ein Teil der Angst der Braut geht auf ihren Wunsch zurück, die Hochzeitszeremonie solle vollkommen sein. Schließlich werden an diesem Tag alle Augen auf ihr Kleid und ihr Verhalten gerichtet sein.

Bei vielen Bräuten jedoch gehen die Besorgnisse tiefer. Wir werden einen Überblick über die üblichen Konflikte geben, wie sie in den Träumen angehender Bräute zutage treten.

Auch die ledige Frau, die nicht verlobt ist, und die schon lange verheiratete Frau können davon profitieren, wenn sie mit den Szenarios von Hochzeitsträumen vertraut sind, weil die Heiratszeremonie in allen Frauenträumen ein machtvolles Symbol ist.

Die widerstrebende Braut

Trotz des starken sozialen Drucks, sich zu verheiraten, einen Partner zu wählen und Kinder zu haben, und der Liebe zu einem bestimmten Mann, haben viele Frauen auch eine gewisse Furcht vor dem Verheiratetsein. Für einige ist diese Furcht ein leises Flüstern; für andere ertönt sie in voller Lautstärke aus ihren inneren Lautsprechern. Die ängstlichsten Bräute sind oft jene, die bei ihren Eltern, Angehörigen oder Freunden unglückliche Ehen miterlebt haben. Es ist nicht zu übersehen, daß die Scheidungsrate sehr hoch ist und etwa 50 Prozent aller Ehen in Scheidung zu enden drohen. Dies sind harte Tatsachen; sie nagen an der Hoffnung der Braut, sie und ihr Mann würden alles viel besser machen.

Sicher, einige Paare leben tatsächlich glücklich zusammen; sie finden das Leben als Partner reicher und erfüllender. Dennoch ist es nicht überraschend, daß die angehende Ehefrau sich große Sorgen darüber macht, ob *ihre* Ehe wohl gut gehen wird. Helenas Alptraum fällt in diese Konfliktkategorie.

Die Schlange im Garten. Der Garten in ihrem Traum erinnerte Helena an das «mittlere Amerika» mit Staketenzaun und Blumenbeeten. Die Schlange beschrieb sie als «die übliche Schleimbombe». Sie fügte hinzu, sie habe ganz allgemein einen Abscheu vor Reptilien. Sie sieht sich also in einer angenehmen, heimeligen Umgebung, als die Gefahr – in Form einer Schlange – plötzlich zuschlägt.

Wie viele moderne Bräute hat Helena, die Mitte Dreißig ist, schon vor der Ehe mit ihrem Freund zusammengelebt. Tatsächlich lag er neben ihr und schlief fest, als sie ihren Alptraum hatte. Ihr damaliger Verlobter kam zu unserem Gespräch dazu: «Ich war zu Tode erschrocken. Ich wachte von einem Schrei auf, der mir das Blut in den Adern erstarren ließ. Ich dachte, Einbrecher seien da oder das Haus stünde in Flammen.» Ihr Verlobter konnte Helena beruhigen, aber auch er war erschüttert.

Die wohlbekannte freudianische Schlange, die das männliche Geschlechtsorgan symbolisiert, hatte wieder ihr Haupt erhoben. Da Helena bereits mit ihrem Verlobten zusammenlebte, war dieser Traum nicht in erster Linie die Angst vor der Sexualität, obwohl ich später erfuhr, daß es auf diesem Gebiet einige Komplikationen gab. Ihre Hauptangst, in diesem Traum lebhaft dargestellt, dreht sich um einen anderen Punkt. Für sie liegt die Gefahr in dem durchschnittlichen amerikanischen «Garten Eden» verborgen. Wollte man Helenas Traumbilder in Worte übersetzen, so würden sie lauten: «Ich habe Angst, daß ich, wenn ich mich in das durchschnittliche Amerika einreihe – nämlich heirate –, die kostbare Beziehung zu meinem Partner gefährde. Wird es unsere Liebe zerstören, wenn wir uns in einem ordentlichen Mittelklasse-Leben etablieren?» Träume dramatisieren und übertreiben. Helena hatte keine Angst, ihr Verlobter werde sterben; sie fragte sich, ob die Beziehung die Heirat überleben würde.

Die ambivalente Braut

Ein weiterer Konfliktbereich, der in den Träumen angehender Bräute auftaucht, ist ein Gefühl, eine große Hochzeit oder die Verpflichtungen der Ehe nicht bewältigen zu können.

Keine Kirche. Anna war erst zwanzig, als sie sich verlobte, komplett mit Brillantring und Party. Etwa drei Monate nach der Verlobung und neun Monate vor der großen kirchlichen Hochzeit, die geplant war, schien sie in einigen ihrer Träume sehr schleppend zum Altar zu gehen:

Ich kaufe in einem Kaufhaus ein. Matt und ich sollen am Donnerstag heiraten und die Flitterwochen, glaube ich, in den Bergen verbringen. Ich bin glücklich, aber verzweifelt, weil wir noch nicht mit allem fertig sind.

Dann spreche ich mit Matt und sage: «Wir haben noch nicht einmal eine Kirche!» Er bejaht, und wir beschließen, daß wir lieber bis nächste Woche warten sollten, obwohl wir das eigentlich nicht wollen. Es ist noch so viel zu tun.

In ihren Assoziationen zu diesem Traum erklärte Anna, sie erhalte jeden zweiten Donnerstag ihr Gehalt; deshalb ist der Donnerstag ein guter Tag. Einkaufen im Traum bedeutet fast immer, eine Entscheidung zu treffen. Anna sagte sich also in ihrem Traum, sie habe noch immer Entscheidungen zu treffen.

Unmittelbar vor dem Traum hatte Anna durch eine Freundin von der plötzlichen Heirat einer Verwandten gehört. Da sie ihren eigenen Hochzeitstag sehnlich erwartete, konnte sie nicht verstehen, wie es möglich war, so schnell zu heiraten. Sie selbst fühlte sich überwältigt von den Vorbereitungen, die noch zu treffen waren, während sie gleichzeitig weiter ganztags ihrem Beruf nachging.

Abstoßende Verehrer. Ein paar Wochen später träumte Anna:

Drei scheußliche Männer kommen und versuchen, mich zu heiraten. Matt hat dauernd damit zu tun, sie abzuwehren. Einer sieht einem anderen Matt, den ich kenne, ziemlich ähnlich. Ich habe große Angst. Sie erklettern einen Hügel, nachdem sie aus dem Auto gestiegen sind, um mich zu fangen. Mutter und Matt sind bei mir. Dann folgen die Männer mir in ein Restaurant.

Anna erklärte, sie habe Matt noch bis spät in die Nacht geholfen, eine Collegearbeit abzutippen, nachdem sie im Fernsehen den gruseligen Film *Der Glöckner von Notre-Dame* gesehen hatte.

Einige Aspekte von Annas Träumen sind sehr aufschlußreich. Berge und Hügel kommen in beiden vor. Solche hochgelegenen Orte repräsentieren im Traum häufig einen Kampf, bei dem es darum geht, Ziele zu erreichen – als besteige man einen Berg. Ihr erster Traum ist typischer für die Braut, die sich von den Hochzeitsvorbereitungen überwältigt fühlt, ehe sie ihr Ziel erreicht, verheiratet zu sein.

Annas zweiter Traum hat ernsthaftere Nebenbedeutungen. Im Wachzustand fühlte sie sich ihrem Verlobten sehr verbunden und war begierig, ihn zu heiraten. Die Tatsache aber, daß einer der bedrohlichen Heiratsbewerber in ihrem Traum den gleichen Namen trug wie ihr Freund, legt nahe, daß einige Aspekte ihres Verlobten sie störten. Sie beschrieb den Fernsehfilm als «Geschichte über einen verwachsenen Mann, der die Heldin entführt»; sie sah den Film unmittelbar vor dem Traum, und vielleicht hat dieser ihn ausgelöst. In Wirklichkeit rettet der Bucklige in Victor Hugos Geschichte die Heldin vor einem bösen Verehrer.

Anna war Jungfrau, als sie Matt kennenlernte und dieser ihr den Hof machte. Nach der Verlobung ließ sie sich zum Geschlechtsverkehr überreden, hatte Schuldgefühle deswegen und war gleichzeitig überzeugt, er sei ein notwendiger Beweis ihrer Zuneigung. Die Hochzeit abzusagen war undenkbar. Sie selbst erklärte sich ihre Alpträume mit dem Druck der Vorbereitungen und dem erschreckenden Film statt mit den ungelösten Fragen, die sie nicht sah. Einige Jahre später wurde ihre Ehe geschieden.

Der Ausschlag. Jill, Mitte Dreißig, war schon einmal verheiratet. In der Zeit zwischen ihrer Scheidung und dem Beginn einer neuen Liebesbeziehung nahm sie eine anspruchsvolle Berufsausbildung auf. Ein oder zwei Wochen, ehe ihre zweite Hochzeit stattfinden sollte, träumte Jill:

Ich soll bald heiraten. Aber ich gehe zu einer Vorlesung in die Universität. Der Dozent ist Dr. X (ein «attraktiver, witziger, netter, kluger, sexy Professor»). Ich komme zu spät und muß deshalb außen am Rand des Hörsaals sitzen. Wie immer ist er sehr witzig, und ich genieße den Vortrag.

Dann fange ich an, mir Sorgen zu machen. Ich spüre, daß ich einen kalten Ausschlag bekomme. Bald wird er sichtbar werden, und bei der Hochzeit werde ich häßlich aussehen. Ich gehe plaudernd mit den anderen Studenten hinaus, aber ich mache mir Sorgen wegen des kalten Ausschlags.

Jills Traum enthüllt ihren Konflikt. Ich nahm an, der «kalte Ausschlag» ihres Traumes symbolisiere die charakteristischen «kalten Füße» vor dem Eingehen einer Verpflichtung. Als ich sie jedoch bat, einen kalten Ausschlag zu beschreiben, schilderte Jill ihn als «häßliche, schmerzhafte, ansteckende Blasen. Ich bekomme sie sonst nie.» Weiter sagte sie, *Ausschlag* erinnere sie an Wut, daran, jemand anderem die «kalte Schulter» zu zeigen. Dann fügt sie hinzu: «Ich habe das Gefühl, in eine Tretmühle geraten zu sein und das tun zu müssen (die Heirat hinter sich bringen).» Jills Assoziationen hatten mehr mit Wut als mit Angst zu tun.

Indem sie im Traum zu spät zur Vorlesung kam und am seitlichen Rand sitzen mußte, thematisiert Jill die Tatsache, daß sie ihre Ausbildung später aufgenommen hatte als die meisten ihrer Kommilitonen. Sie fand das Studium sehr interessant, was durch den attraktiven Professor in ihrem Traum geschildert wird.

Nun fühlte sich Jill abgelenkt und betroffen durch einen wachsenden Groll (symbolisiert durch den kalten Ausschlag) darüber, daß sie ihre Aufmerksamkeit den Heiratsvorbereitungen und den damit verbundenen Aktivitäten widmen mußte. Sie fürchtete, ihre Wut darüber könnte eine «Häßlichkeit» ans Licht bringen, die sie lieber nicht zeigen wollte.

Obwohl sie sehr verliebt war, verursachte die zweite Heirat Jill einen Konflikt, insbesondere deshalb, weil sie ihre Ausbildung so befriedigend fand. Sie hatte Angst, ihre beginnende Karriere könne mit ihrer neuen Ehebindung «zusammenstoßen»; daher ihre Sorge im Traum.

Die angehende Braut mag sich ihrer Bindung an ihren Verlobten ganz sicher sein, doch vielleicht treten Unsicherheiten bezüglich ihrer eigenen Attraktivität an die Oberfläche.

Der nackte Gast. Ängste bezüglich der Attraktivität sind nicht auf die junge Braut beschränkt. Jill, die sich auf ihre Karriere konzentrieren wollte, hegte auch einige Zweifel über das Eingehen einer Verpflichtung. Am Abend vor ihrer Heirat, die kürzlich stattfand, vertraute sie mir an, daß sie in den letzten zehn Tagen von Alpträumen heimgesucht worden und manchmal schluchzend erwacht war. Hier einer dieser aufwühlenden Träume:

Die Zeremonie hat gerade stattgefunden. Hank (der Bräutigam) und ich sitzen am Tisch und essen; er sitzt rechts von mir.

Eine nackte Frau namens Madeline kommt herein und setzt sich Hank direkt gegenüber. Sie ist von der Taille aufwärts nackt. Ich denke: «Wie geschmacklos!» Gleichzeitig bin ich eifersüchtig.

Hank kommt mit ihr ins Gespräch, und dann steht er plötzlich auf und geht mit Madeline weg, läßt mich allein.

Jill erzählte mir diesen Alptraum zweimal. Die erste Version, die obige, zeichnete ich auf, wie sie sie erzählte, am Abend vor ihrer Hochzeit. Etwa zwei Wochen später, nach den Hochzeitsfeierlichkeiten, beschrieb sie den Traum wieder. Der Anfang war derselbe, aber das Ende hatte sich verändert:

Hank sagt, er werde mit der nackten Frau weggehen. Ich gebe ihr ein Zeichen, ins Schlafzimmer zu kommen. Ich bin noch immer verärgert. Sie kommt, und ich fange an, ihr Ratschläge zu geben. Sie hat etwas Mitleiderregendes oder Verzweifeltes an sich. Sie ist allein.

Ich bin hin und her gerissen, ob ich sie jetzt anschreien oder Mitleid mit ihr haben soll. «Wissen Sie nicht, daß es bessere Wege gibt?»

frage ich. Wir gehen zum Tisch zurück und setzen uns. Vielleicht zieht sie sich an.

Jill erinnerte sich nicht an den Namen, den sie der nackten Frau gegeben hatte, als der Traum noch «frisch» war, und auch nicht an den anderen Schluß. Da ich den Inhalt damals aufgezeichnet hatte, war ich mir meiner Sache sicher. Die erste Version beinhaltet eine gewisse Wut, und der Name Madeline ist eine Anspielung auf *mad* («verrückt»), wie auch der «Ausschlag» im vorigen Traum eine Anspielung war. In der Traumsprache beider Versionen scheint Jill zu sagen: «Wenn ich die Verpflichtung dieser Ehe einmal eingegangen bin, bin ich verwundbar. Mein Mann kann mir weh tun und mich verlassen.»

Dieser Gedanke war anscheinend zu schmerzhaft, als daß sie ihn ertragen konnte. Jills Erinnerung gab dem Alptraum einen positiveren Schluß, bei dem sie Mitleid mit der «armen, verzweifelten» Frau hat statt mit sich selbst. Die Frau wurde in diesem Traum weniger bedrohlich. In gewisser Weise hatte Jill begonnen, sich selbst «gute Ratschläge» zu geben. Zum Glück hängt ihr Mann sehr an ihr. Bei der Hochzeit sah Jill bildschön aus. Weit und breit war kein Ausschlag in Sicht, und Madeline erschien nicht zur Feier.

Für viele Frauen ist die Möglichkeit, am Altar im Stich gelassen oder, wie in Jills Traum, nach der Hochzeit verlassen zu werden, die schlimmste denkbare Demütigung. Leider verwirklichen sich solche Ängste manchmal, wie in dem folgenden Fall.

Fünf Hauptschritte zum Verständnis von Hochzeitsalpträumen

Die falschen Hochzeitskleider. Ann-Marie, Mitte Dreißig und verlobt, hatte vor ihrer Hochzeit Alpträume, die Konflikte mit sich selbst, ihrem Verlobten und ihrer Mutter erhellten. Diesen komplexen Traum träumte sie ungefähr drei Monate vor der geplanten Hochzeit:

Ich stehe in einem Zimmer in einem Haus – ich weiß nicht, in wessen Haus. Ich ziehe mein Hochzeitskleid an. Ich sehe an seiner

Vorderseite hinunter und stelle fest, daß es nicht so aussieht, wie ich es in Erinnerung habe. Das Oberteil ist wie ein riesiger, gepolsterter Büstenhalter. Ich sehe in einen Spiegel – es ist nicht so schmeichelhaft, nicht so hübsch, wie ich es im Gedächtnis habe. Mir schießt durch den Kopf, daß ich schwanger aussehe!

Ich schaue nach unten und sehe, daß ich barfuß bin. Ich weiß nicht, in welchem Haus ich meine Schuhe gelassen habe. Die ersten Gäste treffen ein. Ich gerate in Panik und sage ihnen: «Sie kommen eine Stunde zu früh.»

Wie in einem Film gibt es einen Schnitt zur nächsten Szene. Ich bin in einem Badezimmer. Jemand ist bei mir oder kommt herein – wer, weiß ich nicht. Ich blute. Das Blut ist ganz hellrot. Ich tue etwas, um die Blutung zum Stillstand zu bringen, aber sie hört nicht auf. Ich weiß, daß all die Leute draußen darauf warten, daß die Hochzeit beginnt. Aber sie kann nicht anfangen, ehe die Blutung aufhört.

Als nächstes bin ich wieder in einem anderen Zimmer. Ich gehe eine kleine Stufe hinauf, wo die Hochzeit stattfinden wird.

Ich sehe meinen Verlobten, und sofort spüre ich Abscheu. «Oh, mein Gott! Das ist ja schrecklich. Alles ist falsch.» Er trägt einen grauen Anzug, ähnlich wie ein Umhang, und eine Hose mit ganz viel Stoff – eine Kreuzung zwischen Folklorekostüm und Clownsanzug. Das ist alles falsch.

Meine Mutter springt auf das Podium. Ehe ich weiß, was geschieht, zerbricht sie das Glas (Teil der Zeremonie). Ich denke: «Nein, das sollte sie nicht tun. Sie sollte nicht hier oben bei mir sein. Wo ist meine Freundin?»

Als Ann-Marie aus diesem komplizierten Traum erwachte, hatte sie starkes Herzklopfen. Sie starrte an die Decke des dunklen Zimmers und dachte erregt über ihre Zukunft nach. Ein paar Wochen später diskutierte sie den Traum mit mir.

Hier sind fünf Grundschritte zum Verständnis eines solchen Hochzeitsalptraums:

1. Beschreiben Sie Ihren Traum in der Gegenwartsform.

Indem Sie den Traum niederschreiben oder erzählen, als laufe er im Augenblick ab, können Sie sich besser an die Traumgefühle erinnern und entladen einen Teil der mit den Bildern assoziierten Angst.

Beispiel: Ann-Maries Traum ist oben in der Gegenwartsform beschrieben.

2. Denken Sie über Ihre Gefühle während des Traums nach.

Welches allgemeine Gefühl hatten Sie bezüglich der Geschehnisse im Traum? Achten Sie darauf, ob sich Ihre Gefühle im Verlauf des Traums verändert haben. Wann waren sie am stärksten? Was war am schlimmsten? Was am besten?

Beispiel: Ann-Marie sagte, sie sei erregt, aber nicht weinend aufgewacht. Sie erzählte den Alptraum mehreren Leuten in der Hoffnung, das werde ihre Verzweiflung lindern. Für sie war der ganze Traum erschreckend, aber am schlimmsten war er, als sie ihren Bräutigam sah.

3. Äußern Sie Gefühle und Ereignisse aus dem Wachzustand, die mit dem Traum zu tun haben.

Was ist in Ihrem Leben am Vortag oder am vorletzten Tag geschehen? Wie haben Sie auf diese Ereignisse oder Gedanken reagiert? Sehen Sie einen Zusammenhang zwischen wachen Gefühlen und den Gefühlen im Traum? Denken Sie daran, daß Träume übertreiben und dramatisieren. Die wachen Gefühle, die die Traumbilder repräsentieren, sind wahrscheinlich ähnlich, aber nicht identisch.

Beispiel: Ann-Marie hatte vor dem Alptraum gerade einen ernsthaften Streit mit ihrer Mutter über die Hochzeitsvorbereitungen gehabt. Ann-Maries Mutter fühlte sich zugunsten von Ann-Maries bester Freundin beiseite geschoben; diese hatte einige besondere

Aufgaben bei der Zeremonie erhalten. Ann-Marie bemühte sich, ihre Mutter – mit der sie oft Auseinandersetzungen hatte – so weit wie möglich einzubeziehen und sich dabei doch noch wohl zu fühlen. Dieser Konflikt spiegelt sich in der Schlußszene des Traums wider, wo Ann-Maries Mutter nicht nur die der Ehrendame zugewiesenen Pflichten übernimmt, sondern auch eine, die dem Bräutigam zusteht (das Glas zerbrechen).

Neben dem jüngsten Streit mit ihrer Mutter war Ann-Marie sich noch eines weiteren starken Gefühls im Wachzustand bewußt. Kurz vor dem Traum hatte sie ihren Verlobten nach einer langen Trennung zum ersten Mal wieder gesehen. Sie hatte sich gefühlt, «als wäre ich in einer entstellten Wirklichkeit. Wer bin ich? Wer ist er?» Nachdem sie mit ihm geschlafen hatte, war sie mit dem Gedanken eingeschlafen: «Werde ich den Rest meines Lebens mit ihm verbringen?» Ann-Marie sagte, sie habe «immer Angst gehabt, eine falsche Entscheidung zu treffen». Als das Hochzeitsdatum näherrückte, begann sie, wie viele ihrer Schwestern, ihre Bindung in Zweifel zu ziehen.

4. Assoziieren Sie zu den Schlüsselbildern in Ihrem Traum.

Betrachten Sie zunächst die Haupthandlung. Wenn die Heiratszeremonie im Traum glatt verlief, haben Sie vermutlich eine positive Einstellung und Erwartung bezüglich der bevorstehenden Hochzeit. Wenn Hindernisse dazwischen kommen, ist Ihre Einstellung wohl eher negativ und ängstlich. Vielleicht erleben Sie nur die übliche Angst, vielleicht gibt es auch noch einige Punkte, die Sie mit sich selbst oder mit Ihrem Verlobten klären müssen.

Wenn Sie Zeit haben, assoziieren Sie zu allen Bildern in Ihrem Traum – den Figuren, Umgebungen, Gegenständen, Farben und so weiter. Fragen Sie sich, wer sie sind, an was sie Sie erinnern oder was sie bedeuten. Mehr als bei jedem anderen Traumthema sind die Gestalten und Orte in Hochzeitsträumen wahrscheinlich direkt mit tatsächlichen Personen und Orten verbunden. Assoziieren Sie auf jeden Fall zu den wichtigsten Bildern. Das sind die, die am eigenartigsten erscheinen oder in Ihnen die stärksten Gefühle erwecken.

Der Bräutigam. Zum Schluß denken Sie über das Brautpaar nach. Wer war der Bräutigam? Wie war er gekleidet? Wenn er gut aussah und angemessen gekleidet war, dann akzeptieren Sie vermutlich das, was er repräsentiert. Wenn er häßlich oder eigenartig oder unpassend angezogen war, dann argwöhnt Ihr Traumverstand wahrscheinlich – zu Recht oder Unrecht – einige negative Eigenschaften an ihm. Träume sind nicht unbedingt zutreffend; sie erzählen, wie wir in einem bestimmten Augenblick *fühlen.* Wenn der Bräutigam jemand ist, den Sie kennen, aber nicht zum Ehepartner wählen würden, denken Sie über seine Merkmale nach. Wenn diese Eigenschaften negativ sind, dann stellen sie vielleicht etwas dar, das gegenwärtig in Ihrem Leben existiert und das Sie da nicht haben wollen. Wenn sie positiv sind, sind diese Eigenschaften vielleicht etwas, das gegenwärtig in Ihrem Leben fehlt.

Beispiel: Ann-Maries ambivalente Gefühle ihrem Bräutigam gegenüber werden im Traum bildlich dargestellt durch seinen Hochzeitsanzug: Er trägt eine Mischung aus Folklore- und Clownskostüm. Sie ist verblüfft und abgestoßen, weil es so unpassend ist. Ähnlich wie Katharina in Shakespeares *Der Widerspenstigen Zähmung* in Petruchios zerfetztem Anzug sieht sie in der eigenartigen Aufmachung ihres Bräutigams ein Vorzeichen seines noch eigenartigeren Benehmens.

Die Braut. Waren in Ihrem Traum Sie die Braut? Wie waren Sie gekleidet? War Ihr Kleid schmeichelhaft, unattraktiv oder unpassend? Wenn nicht Sie selbst die Braut waren, fühlen Sie sich vielleicht weniger begehrenswert, als Sie gern wären, oder distanzieren sich selbst von dem Ereignis. Ob Sie die Braut waren oder nicht, ihre Erscheinung und ihre Kleidung erhellen Ihre Unsicherheiten oder Ihre Zuversicht.

Beispiel: Als Ann-Marie und ich das unattraktive Hochzeitskleid aus ihrem Traum untersuchten, das wie ein gepolsterter Büstenhalter aussah, erklärte sie, ein Büstenhalter sei das, was man trage, wenn man an dem «geheimnisvollen Übergangspunkt» des Heranwachsens stehe. Gepolsterte BHs «benutzt man, damit es so aussieht, als habe man mehr, als man hat»; sie hatte nie einen getra-

gen. Sie betrachtete Menstruation und Schwangerschaft als Reife-
schritte.

In Wirklichkeit hatte ihre Mutter, als Ann-Marie ihr Hochzeitskleid anprobiert hatte, kritisiert, es zeige nicht genug von ihren
Brüsten. Die Mutter hatte vorgeschlagen, sie solle einen besonderen Büstenhalter tragen, um das zu korrigieren, und Ann-Marie
hatte mit milder Gereiztheit reagiert, obwohl sie das zu diesem
Zeitpunkt nicht gezeigt hatte. Daher verkörperte das Brautkleid
im Traum den Rat ihrer Mutter, der ihr nicht gefallen hatte, und
erschien ihr folglich weniger attraktiv.

Hochzeitsparty. Andere Personen bei der Traumhochzeit und deren
Verhalten sind ebenfalls von Bedeutung. Sie stehen nicht nur für sich
selbst und dafür, was Sie für diese Leute empfinden, sondern auch für
die Teile Ihrer selbst, die Eigenschaften dieser Personen ähneln.

Beispiel: Als Ann-Marie zur grauen Farbe des Anzugs ihres Bräutigams assoziierte, fiel ihr ein grauer Rock ein, den ihre Mutter ihr
einmal gekauft und den sie nie getragen hatte, «weil er unmöglich
aussah». Das erinnerte sie daran, daß ihre Mutter in dem Traum
ebenfalls Grau trug. Grau ist eine Farbe, die Ann-Marie nicht mag
und unkleidsam findet. Ihre Mutter und ihr Bräutigam waren also
auf eine negative Weise verbunden. Wir können hier nur die wichtigsten von Ann-Maries Assoziationen anführen.

*5. Meditieren Sie über die Bedeutung Ihres Traums, indem Sie die
Handlung im Traum durch Ihre persönlichen Assoziationen ersetzen.*

Indem Sie zu den Schlüsselbildern des Traums assoziieren und dann
die Bilder und Aktionen des Traums durch diese Assoziationen ersetzen, werden Sie allmählich zu einer klaren Botschaft vorstoßen,
ähnlich, als machten Sie eine Übersetzung aus einer fremden Sprache.

Beispiel: Hier ein kurzer Überblick über den Sinn des als Beispiel
angeführten Traums:

Traumtext	Deutung

Ich stehe in einem Zimmer in einem Haus – ich weiß nicht, in wessen Haus. Ich ziehe mein Hochzeitskleid an. Ich sehe an seiner Vorderseite hinunter und stelle fest, daß es nicht so aussieht, wie ich es in Erinnerung habe. Das Oberteil ist wie ein riesiger, gepolsterter Büstenhalter. Ich sehe in einen Spiegel – es ist nicht so schmeichelhaft, nicht so hübsch, wie ich es im Gedächtnis habe. Mir schießt durch den Kopf, daß ich schwanger aussehe!

In der Eröffnungsszene betrachtet sich Ann-Marie im Spiegel. (Spiegel in Träumen sind fast immer ein Symbol für «Selbstreflexion»). Sie bewertet ihre Situation und sieht, daß sie an einem Übergangspunkt angelangt ist (der gepolsterte BH legt nahe, daß sie nicht so weit ist, wie sie gern wäre); es ist unattraktiv. Außerdem ist sie nicht bereit dafür. (Ann-Marie assoziiert Barfüßigkeit – ein Zustand, der die Zeremonie verzögert – mit Freiheit.)

Ich schaue nach unten und sehe, daß ich barfuß bin. Ich weiß nicht, in welchem Haus ich meine Schuhe gelassen habe. Die ersten Gäste treffen ein. Ich gerate in Panik und sage ihnen: «Sie kommen eine Stunde zu früh.»

Wie in einem Film gibt es einen Schnitt zur nächsten Szene. Ich bin in einem Badezimmer. Jemand ist bei mir oder kommt herein – wer, weiß ich nicht. Ich blute. Das Blut ist ganz hellrot. Ich tue etwas, um

In der Badezimmerszene versucht Ann-Marie ein anderes Zeichen der Reife (die Blutung) zum Stillstand zu bringen. Obwohl Ann-Marie diese Assoziation nicht erwähnte, könnte die starke Blutung, die sie beschreibt, eine Fehlgeburt die Blutung zum Stillstand zu bringen, aber sie hört nicht auf. Ich weiß, daß all die Leute draußen darauf warten, daß die Hochzeit beginnt. Aber sie kann nicht anfangen, ehe die Blutung aufhört.

Als nächstes bin ich wieder in einem anderen Zimmer. Ich gehe eine kleine Stufe hinauf, wo die Hochzeit stattfinden wird.

Ich sehe meinen Verlobten, und sofort spüre ich Abscheu. «Oh, mein Gott! Das ist ja schrecklich. Alles ist falsch.» Er trägt einen grauen Anzug, ähnlich wie ein Umhang, und eine Hose mit ganz viel Stoff – eine Kreuzung zwischen Folklorekostüm und Clownsanzug. Das ist alles falsch.

Meine Mutter springt auf das Podium. Ehe ich weiß, was geschieht, zerbricht sie das Glas (Teil der Zeremonie). Ich denke: «Nein, das sollte sie nicht oben bei mir sein. Wo ist meine Freundin?»

gewesen sein, da sie vorher davon sprach, sie habe schwanger ausgesehen. Auf jeden Fall wird die Zeremonie so weiter hinausgezögert.

Als endlich die Zeremonie beginnt, ist alles falsch. Ihr Bräutigam zeigt sich von einer törichten Seite (der Clownsanzug), die sie unangenehm an ihre Mutter erinnert (die graue Farbe).

Verdichtet lautet Ann-Maries Traumbotschaft: «Ich bin noch nicht bereit und erwachsen genug, um zu heiraten. Bei diesem Mann und dieser Situation gibt es ernsthafte Einschränkungen, die etwas mit meiner Beziehung zu meiner Mutter gemeinsam haben.» tun. Sie sollte nicht hier Wir haben die Sprache der Traumbilder in die Sprache des Wachzustandes übersetzt – eine Botschaft, die uns anleiten kann.

Ein lebender Alptraum. Zu der Zeit, als Ann-Marie diesen Traum hatte, diskutierte ich nur den Aspekt der mangelnden Bereitschaft, den er ausdrückte. Ich hoffte, sie würde einige ihrer Zweifel bezüglich ihres Verlobten klären.

Ann-Maries Träume bewegten sich bis wenige Wochen vor der Hochzeit zwischen positiven und negativen Elementen hin und her. Einmal hatte sie einen schrecklichen Alptraum, in dem ihr Freund sie betrog, indem er mit ihrer Mutter schlief. Im allgemeinen jedoch schienen die Dinge relativ normal bis zur letzten Woche, in der ihr zukünftiger Gatte immer rastloser und ängstlicher wurde. Alle Vorbereitungen waren getroffen, und man gab Partys, um das Ereignis zu feiern. Während der letzten Woche berichtete ihr Verlobter einen unheilvollen Traum:

Ich bin im Gefängnis eingesperrt und möchte heraus.

Dann, zwei Tage vor der geplanten Hochzeit, verblüffte der Bräutigam alle, indem er sich zurückzog. Er schützte einen «plötzlichen Krankheitsfall» bei seinen nicht in der Stadt lebenden Eltern vor. Obwohl das junge Paar trotzdem hätte heiraten können, wenn er dies gewollt hätte, geschah das nicht, und er reiste ab. Die unverehelichte Braut blieb verzweifelt zurück und mußte Freunden und Verwandten die Lage erklären. Ann-Marie empfand den «gesellschaftlichen» Teil, nämlich die Absage der Hochzeit, fast als schlimmer als den Verlust der Beziehung. «Ich schämte mich so.» Der Betrug war Realität geworden.

Zum Glück ist Ann-Maries Geschichte damit nicht zu Ende. Durch eine innere Kraft, die sie in sich selbst entdeckte, und mit Hilfe von liebevollen und hilfreichen Freunden und Verwandten sowie einer guten therapeutischen Beziehung war sie mit der Zeit in der Lage, eine neue Ebene von Wohlbefinden, Zuversicht und Produktivität zu erreichen – und schließlich auch eine befriedigendere Beziehung.

Den Geist des Liebhabers verbannen. Noch Monate nach der Absage der Hochzeit wurde Ann-Marie von Alpträumen über ihren Ex-Verlobten heimgesucht. Gewöhnlich tat er darin etwas völlig Unpassendes – verführte beispielsweise ein Kind. In einem Traum geriet sie in die Falle einer arrangierten Heirat mit einem Mann, der negative Aspekte ihres Ex-Verlobten in sich vereinigte. Manchmal verlockte er sie, ihn wieder zu lieben, «wie eine Sirene». Diese Träume wurden in dem Augenblick besonders intensiv, in dem sie begann, sich ernsthaft für einen neuen Mann zu interessieren. Endlich war sie in der Lage, in einem dieser Träume mit Überzeugung zu sagen: «Ich möchte, daß du verschwindest und nie wieder kommst. Ich bin jetzt mit einem anderen Mann zusammen!» Dieses entschiedene Vorgehen scheint die Träume vertrieben zu haben, die sie plagten.

Im wachen Leben erkannte Ann-Marie, daß sie ohne diesen speziellen Mann wirklich besser daran war, und begann, sich ein gefestigtes und glückliches Leben aufzubauen. Rückblickend sagte sie: «Er hat Eigenschaften wie meine Mutter, und ich war nicht bereit, damit umzugehen.» Sie hatte das Gefühl, daß ihre Träume in dieser Zeit «der einzige Zugang zu dem waren, was man nicht sehen konnte. Sie zeigten mir, wo ich stand.» Der Bericht über Ann-Maries Traumreise durch diese Lebenskrise ist wertvoll für alle Frauen. Binnen eines Jahres nach ihrer potentiell tragischen Enttäuschung hatte sie beträchtliches psychologisches Wachstum erreicht. Außerdem baute sie später eine echte Liebesbeziehung zu einem Partner auf, der ihre Liebe erwiderte.

Der Giftsumach. Fast ein Jahr nach der abgesagten Hochzeit dachte Ann-Marie erneut ernsthaft an eine Heirat. Ihre Situation löste einen weiteren intensiven Traum aus:

Ich habe einen Ausschlag, der durch Giftsumach ausgelöst ist. Er ist aber nicht an mir, sondern neben mir. Auf einem Hautstück sind riesige Blasen, aus denen Wasser läuft, fast wie aus einem Wasserhahn. Ich sehe, daß das Wasser mit etwas Gift vermischt ist.

Zuerst sage ich: «Schau mal, was das für eine Schweinerei ist.» Dann erkenne ich, daß das Wasser meine Tränen sind. Es ist meine alte Wunde, die sich wieder geöffnet hat. «Oh, sie läuft aus!» Ich begreife, daß die Wunde gereinigt wird.

Ann-Maries Traum ist eine dramatische Beschreibung der Heilung. Das Bild des Giftsumach-Ausschlags ist assoziiert mit einer realen Episode, bei der sie sich unmittelbar vor einem romantischen Rendezvous mit ihrem früheren Freund schlimm mit Giftsumach infizierte. Den Traum hatte sie an einem Jahrestag. Die Erinnerung an ihre Beinahe-Hochzeit, so sagte der Traum, war wie eine «alte Wunde», aus der noch immer etwas Gift austrat. Sie gehörte nicht mehr zu ihr (an ihrem Körper), war aber trotzdem noch bei ihr. Indem sie sie zusammen mit ihren Tränen auslaufen ließ, reinigte Ann-Marie sich selbst von ihrer infizierten Vergangenheit. Wenn die Wunde ihr altes Gift erst einmal freigesetzt hatte, würde sie heilen. Ann-Marie war bereit für ihre neue Bindung. Ich freute mich sehr, als ich kürzlich bei ihrer Hochzeit ihr strahlendes Glück sah. Wir alle müssen die Vergangenheit loslassen, um unsere Zukunft zu gestalten.

Der Wert von Hochzeitsalpträumen

So unangenehm ein Alptraum auch für die angehende Braut sein mag, ihre Träume können ihr dennoch helfen, sich selbst zu verstehen. Wir sahen bereits, daß Hochzeitsalpträume häufig das Gefühl der Braut ausdrücken, überwältigt zu werden. Manchmal enthüllen sie auch die Befürchtungen der Braut bezüglich des Gelingens ihrer Ehe, ihre eigene Unsicherheit oder ihre ungewisse Bindung an ihren Partner. Manchmal warnen Hochzeitsalpträume die Braut vor einer Gefahr in der Beziehung – veranlassen sie sogar, die Verlobung zu lösen. Manchmal kann die Braut, indem sie einen Alptraum mit ihrem Verlobten bespricht, ihre Befürchtungen zerstreuen und dem Geliebten näherkommen. Durch die Betrachtung ihrer Traumbilder kann die angehende Braut Warnungen und Anleitung bekommen.

Glückliche Hochzeitsträume

Die glückselige Braut

Wir dürfen die Braut nicht vergessen, die ihren Verlobten von ganzem Herzen willkommen heißt. Obwohl auch sie vielleicht geringfügige Befürchtungen und möglicherweise Zweifel hat, geht sie in gewissen Punkten ihrem Mann ohne ernsthafte Vorbehalte entgegen. Ihre Träume haben ein anderes Aroma. Dennoch übermitteln sie Botschaften über ihre Gefühle.

Regenbogenshorts. Einige Tage vor ihrer Hochzeit erzählte mir Naomi, sie erlebe einen richtigen «Schwall» von Träumen und die Träume würden immer detaillierter. «Je näher die Hochzeit rückt, desto häufiger kommen Brad (ihr Bräutigam) und die Zeremonie darin vor.» Sie beschrieb den Traum der vorangegangenen Nacht:

> Brad und ich sind in einem Vergnügungspark. Eine kleine, amateurhafte Operntruppe gibt eine Vorstellung. Wir sitzen unter den Zuschauern. Brad langweilt sich bei der Vorführung und zieht seine Hose aus. Er ist von der Taille abwärts nackt. Ich bin wirklich verlegen. Soll ich jemanden heiraten, den ich von dieser Seite gar nicht kenne? Er zieht sich an.

Bis dahin ist Naomis Traum eher ein Alptraum. Sie sieht ihren Geliebten auf seltsame Weise bloßgestellt. Ihr verwickelter Traum durchläuft noch verschiedene Episoden, und gegen Ende sieht er so aus:

> Wir schauen in ein Schaufenster und sehen Boxershorts mit aufgenähten Regenbogen. Brad fragt: «Hättest du etwas dagegen, wenn ich mich darin zeigte?» Ich meine, das wäre besser als nichts, aber ich ziehe richtige Kleidung vor.
>
> Dann sind wir in einem Erholungsgebiet in meiner Heimatstadt. Wir gehen Steaks essen und brauchen nicht dafür zu bezahlen. Während des ganzen Traums bin ich besorgt, daß Brad und ich zur Hochzeit zu spät kommen. Wir treffen eine meiner Verwandten,

die sich Sorgen macht, ob ihr Sohn wohl schon da ist. Wir werden aber auf jeden Fall heiraten. Ich denke, daß sie viel Lärm um nichts macht, und wache auf.

Obwohl einige Elemente in Naomis Traum Ambivalenz zeigen, gibt es auch starke positive Bestandteile.

Wenn wir Naomis Assoziationen zu den Traumbildern in die Handlung des Traumes einbauen, erkennen wir, daß sie Kommentare über die Hochzeitszeremonie und den Empfang und auch über ihren Bräutigam abgibt. Ich werde die «Übersetzung» von Naomis Traum schildern und ihre ursprünglichen Traumbilder in Klammern anfügen.

In der Eröffnungsszene sind Naomi und ihr Verlobter an einem Ort, an dem man sich amüsieren sollte (der Vergnügungspark). Sie sehen eine Art Als-Ob-Realität (die Operntruppe). Wie ich beobachtet habe, träumen viele Bräute von den Hochzeitsriten als von einer Art Spiel oder Theatervorstellung. Der Bräutigam «langweilt sich bei der Vorführung»; das veranlaßt ihn, eine persönliche Seite zu offenbaren (er zieht die Hose aus), die der Träumerin fremd vorkommt; er ist bloßgestellt (von der Taille abwärts nackt). Sie zweifelt an ihrem Entschluß, ihn zu heiraten. Wenn Naomis Traum hier zu Ende gewesen wäre, wäre er ein typischer Alptraum. Aber sie träumt weiter und zerstreut einige ihrer Besorgnisse noch in dem Traum selbst.

Naomi betrachtet etwas Wertvolles (in einem kleinen Schaufenster ausgestellt, wie es Juweliere haben). Hier sieht sie, daß ein intimer Teil ihres Verlobten (die Unterwäsche) ein magisches (die aufgenähten Muster) Glückszeichen enthält, ein Omen für ein gutes Schicksal (der Regenbogen). Naomi akzeptiert diesen Aspekt ihres Bräutigams. Sie erzählte mir, Brad habe eine «herrlich schrullige Seite». Obwohl es sie etwas verlegen macht, wenn dieser Aspekt von ihm öffentlich sichtbar wird, gefällt er ihr.

Der Traum geht an einem Ort weiter, an dem Naomi sich zu erholen pflegte (Erholungsgebiet), wo sie etwas Irdisches (das Steak) zu sich nimmt (sie ißt). Darüber hinaus sind Naomi und Brad gewillt, trotz möglicher Nachzügler mit der Hochzeit zu beginnen. Ein Teil von Naomi macht «viel Lärm um nichts» (die Verwandte ist eine Person, die «sich aufregt, auch wenn alles in Ordnung ist»). Naomi kommentiert ihre eigenen Ängste. Sie benutzt die Verwandte, die «sich aufregt», um ihre eigenen Besorgnisse zu symbolisieren; im

Traum weist sie diese als unberechtigt zurück. Naomi unternahm also innerhalb des Traums positive Bemühungen, sich selbst zu beruhigen. Sie gewann die Zuversicht, ohne weitere Zweifel voranzugehen.

Helle Aussicht. Janna hatte in dem Monat vor ihrer Hochzeit glückliche Träume. Sie saß mit ihrem Verlobten auf einem Hügel und betrachtete eine schöne Aussicht, oder beide zeichneten oder gingen segeln. Wenn Bräute in ihren Träumen glücklich erregt sind, wie Naomi und Janna, dann sieht auch die Zukunft hell aus.

Glücklich bis an ihr Ende? Träume nach der Hochzeit

Märchen enden gewöhnlich damit, daß Braut und Bräutigam glücklich bis an ihr Ende leben. Das Leben ist selten so einfach. Die Hochzeitsträume sind noch nicht vorbei, wenn die Zeremonie vollzogen ist.

Die Schale durchbrechen. Eine noch immer nervöse frischgebackene Ehefrau schilderte einen Traum, den sie drei Tage nach der Hochzeit hatte. Mimi ist um die Vierzig. Es war ihre dritte Heirat, und sie hatte dabei gewisse Befürchtungen; ihr jetziger Ehemann war ein paar Jahre jünger als sie. Sie hielt diesen Alptraum für ein Wegzeichen – danach fühlte sie sich ihm voll zugehörig:

Ich bin ein Geist und fliege durch die Luft. Ich sehe mich selbst unten auf einer grünen Wiese sitzen. Ich bin zwanzig (statt meines wahren Alters). «Oh, das bin ich», sage ich. Ich schwebe hinunter und sage zu meinem jungen Ich: «Wen liebst du?» Mein junges Ich sagt: «Niemanden.» – «Was, nicht einmal Sean (den neuen Ehemann)?» frage ich. Mein junges Ich sagt: «Ich liebe niemanden.»

Dann kommt eine Frau mittleren Alters, schlicht und ein wenig rundlich, mit kurzen braunen Haaren – eher meinem Alter entsprechend –, und sagt: «Gut, wenn du es so haben willst, dann schau dir das an!»

Ich scheine eine alternative Zukunft zu sehen, das, was geschehen wird, wenn ich Sean nicht liebe. Ich sehe ihn inmitten von Freunden, die ihm gratulieren, weil er soeben geheiratet hat – aber nicht mich. Sie lachen und amüsieren sich. (Eine Braut ist nicht in Sicht.) Ich sage: «Oh, nein. Er soll *mein* Mann sein.»

Ich laufe zu ihm und beginne, gegen seine Brust zu schlagen. Er merkt es nicht und sieht mich auch nicht, weil ich unsichtbar bin. Ich stecke in einer Art Schale aus Kristall. Ich sage: «Nein, Sean! Ich liebe dich! Ich liebe dich! Ich liebe dich!» Aber er kann mich nicht sehen.

Ich fange an zu weinen. Die Kristallschale, die mich unsichtbar macht, beginnt zu zerspringen. Wir halten uns umarmt und sagen einander, daß wir uns lieben.

Ihre zweite Scheidung hatte sie gekränkt und verwirrt, und Mimi sagte: «Ich wußte nicht, ob ich je wieder einem Mann würde vertrauen können.» Der Traum zeigte ihr die Gefahr, sich zu ihrem Schutz ihrem neuen Mann zu entziehen.

Mimi träumte davon, erneut verletzt zu werden, wie wir es alle tun, wenn man uns einmal weh getan hat. Dennoch zeigt ihr Traum dramatisch die Folgen auf, die es haben kann, wenn sie in der neuen Beziehung ihre Gefühle zurückhält – sie könnte ihren Mann an eine andere verlieren. Mimi beschrieb die Kristallhülle als «harte Schale», die sie zum Schutz um sich gelegt hatte. Indem sie sie im Traum mit ihren Gefühlen zerbrach, konnte Mimi Kontakt zu dem Mann herstellen, den sie wollte und liebte. So war es auch im Leben. Mimi erkannte, daß sie wie alle anderen riskieren mußte, verletzt zu werden, um zu lieben und geliebt zu werden.

Die glückliche Wiederholung. Miriam, Mitte Dreißig, ging ihre zweite Ehe ein – ebenfalls mit einem jüngeren Mann. Sie teilte Mimis Besorgnis, die ältere Partnerin zu sein. Doch außerdem stand sie nach ihrer Hochzeit vor einer ungewöhnlich schwierigen Situation: ihr Mann brach sich den Fuß.

Nach einem «verzauberten Wochenende», als sie gerade in die Flitterwochen aufbrechen wollten, mußte ihr Mann sechs Wochen lang in einem Gipsverband herumhumpeln. Sie waren gezwungen, die anstrengende Hochzeitsreise ins Ausland, die sie geplant hatten, aufzuschieben. Miriam fiel es schwer, die Verletzung zu akzeptieren; sie erklärte: «Alle guten Gefühle» (des Verheiratetseins) «versickerten.»

Ein paar Wochen später, während der Genesungszeit ihres Mannes, träumte Miriam:

Ich heirate wieder. Es ist wie eine sofortige Wiederholung, ein Neuabspielen der ganzen Zeremonie. Sie ist der ursprünglichen sehr ähnlich. Ich spüre Wellen von Liebe, die immer noch da sind, als ich erwache.

Miriam fügte hinzu: «Es war so wunderbar, wieder von den guten Gefühlen durchströmt zu werden.» Der Traum half, Miriams Gelassenheit wieder herzustellen, wie Mimis Traum geholfen hatte, die neue Beziehung zu stabilisieren. Wenn wir es zulassen, können unsere Träume manchmal unsere Frustrationen heilen und uns mit neuer Energie wieder ins Gleichgewicht bringen.

Die Symbolik von Hochzeitsträumen für Nicht-Bräute

Frauen jedes Familienstandes träumen vom Heiraten. Selbst Frauen, die schon lange verheiratet sind oder gar nicht die Absicht haben zu heiraten, sehen sich im Traum vielleicht als Braut oder beobachten eine Hochzeitszeremonie. Wenn Hochzeitsträume die Einstellung der angehenden Ehefrau zu ihrem Verlobten und zur Ehe enthüllen, was bedeuten sie dann für die Frau, die nicht verlobt ist?

Eine Hochzeit aus dem Abseits beobachten

Eine andere Frau übernimmt. Manchmal träumt eine Frau, die bereits verheiratet ist, die Hochzeit einer anderen Person. Nina, eine zufriedene Ehefrau, war nach dem folgenden Traum ziemlich ärgerlich:

Ich bin in meinem Haus und schaue nach draußen. Ich sehe, daß die Hochzeit meines Ex-Freundes stattfindet. Ich scheine gleichzeitig auch an der Zeremonie teilzunehmen, als ich merke, daß ich im Schlafanzug bin.

Dann bin ich wieder im Haus. Die Braut stellt meine Möbel um. Sie richtet sich direkt unter meiner Treppe ein. Dieses *junge* Mädchen nimmt sich die Nähmaschine meiner Großmutter!

Ich bin wütend. Ich renne herum, damit mir jemand hilft, sie aufzuhalten. Ich möchte sie schlagen! Ich bekomme Hilfe, als ich aufwache.

Nina hatte kurz zuvor erfahren, daß ein Mann, mit dem sie «siebzehn Jahre lang geflirtet» hatte, heiraten würde. Sie hatte ihn kennengelernt, als sie im Teenageralter war, und sich romantische Vorstellungen über ihn gemacht. Das Datum der Hochzeit rückte heran. Nina war zwar eingeladen worden, hatte aber beschlossen, nicht hinzufahren. Sie meint, er habe sie eingeladen, um ihre Eifersucht aufzustacheln.

Falls das so war, so hatte er Erfolg. In Ninas Traumsprache fühlt sie sich ausgeschlossen und wütend. Zunächst einmal findet die Hochzeit vor ihrer Tür statt. Zweitens ist sie unangemessen gekleidet, im Schlafanzug, was darauf hinweist, wie ausgeschlossen und bloßgestellt sie sich fühlt. Und, was noch schlimmer ist, die Braut – deren Jugend betont wird – schiebt die «Besitztümer» der Träumerin herum. Am wütendsten ist Nina, als die Braut die Nähmaschine ihrer Großmutter anrührt. Dieses Gerät ist das einzige Erinnerungsstück, das Nina von ihrer geliebten Großmutter hat; sie hütet es wie einen Schatz. Nina scheint sich zu sagen: «Wie kann diese Frau es wagen, meinen kostbaren Besitz anzurühren – diesen Mann? Hände weg!»

Als Nina den Sinn hinter den dramatischen Bildern ihres Hochzeitstraums genau betrachtet hatte, mußte sie lachen. Schließlich hatte sie selbst beschlossen, jemand anderen zu heiraten. Als sie das erkannte, war sie nicht mehr bestürzt über die Situation. Die Hochzeit hatte ihre Unsicherheit wieder aufgewühlt, aber im Grunde war sie glücklich mit ihrer eigenen Entscheidung, ihrem eigenen Partner, und akzeptierte die Heirat ihres früheren Freundes ohne Groll.

Wenn Sie im Traum jemand anderen heiraten sehen, dann untersuchen Sie die Bilder genau, um festzustellen, was in Ihren Gefühlen vor sich geht.

Heiraten wollen – oder unverheiratet sein

Verlorene und gefundene Eheringe. Natürlich sind Träume vom Heiraten manchmal, vor allem bei einem jungen Mädchen, Wunschträume. Die unverheiratete Frau zum Beispiel, die träumt, sie bekomme oder finde einen Ehering, drückt gewöhnlich ihren Wunsch nach der Beziehung aus, die dieser repräsentiert.

Weil der Ehering Vereinigung symbolisiert, die ungebrochene Ganzheit und Kontinuität einer Liebesbeziehung, ist sein Erscheinen im Traum immer bedeutsam. Das Gold, aus dem die meisten Eheringe bestehen, fügt der Symbolik des Rings noch die weitere Bedeutung dieses Edelmetalls hinzu – Dauerhaftigkeit und Unwandelbarkeit.

Die Menschen verschiedener Kulturen haben traditionelle Vorstellungen von der Bedeutung bestimmter Traumbilder. Tiah, eine junge Frau aus Thailand, sagte mir, in ihrem Land sei der Traum, einen Brillanten zu finden, entweder lose oder in einem Ring, ein Zeichen dafür, daß bald etwas Schönes geschehen wird. Nachdem sie sich von einem Freund getrennt hatte, träumte sie:

Ich schwimme unter Wasser und finde einen schönen antiken Ring. Er gefällt mir, und ich freue mich sehr. Später ist er weg.

Tiah fand diesen Traum tröstlich und dachte, danach werde sie Glück haben. Ich vermute, daß dieser Traum auf ihre verlorene (antike?) Beziehung verwies sowie auf den möglichen Wunsch nach einem Ersatz.

Verheiratete Frauen, die davon träumen, daß sie ihren Ehering verlieren oder daß dieser irgendwie verbogen oder zerbrochen ist, spielen damit oft auf eine Beeinträchtigung der Beziehung zu ihrem Partner an. Wenn man davon träumt, daß man einen verlorenen Ring wiederfindet, kann das bedeuten, daß man etwas Wertvolles in einer Beziehung neu entdeckt hat.

Hochzeitsträume, wenn Sie tatsächlich heiraten wollen, beziehen sich auf das bedeutsame Lebensereignis, das bevorsteht; Hochzeitsträume, wenn Sie *nicht* heiraten wollen, beziehen sich auf ein bedeutsames *inneres* Ereignis, das gerade stattfindet. Wenn eine solche Frau aus einem Hochzeitstraum erwacht, stellt sie vielleicht fest, daß sie weniger deprimiert oder ängstlich ist oder sich wohler fühlt; vielleicht freut sie sich auch ganz einfach – all das mit gutem Grund.

C.G. Jung betrachtete Hochzeitsträume, vor allem solche, in denen es um die Hochzeit eines königlichen Paares oder von Bruder und Schwester geht, als Drehpunkte im Prozeß der «Individuation», des Vorgangs, ein einzigartiges Individuum zu werden. Wie er sagte, können Hochzeitsträume ein «Wandlungssymbol» sein.

Nach Auffassung von Jung symbolisieren Braut und Bräutigam in einem Hochzeitstraum verschiedene Teile des Träumers. Die Hochzeitszeremonie schildert die Vereinigung dieser entgegengesetzten Elemente.

Berta beispielsweise hatte einen eindrucksvollen Traum dieser Art:

> Mein spiritueller Lehrer heiratete meine Designlehrerin. Die Hochzeit fand in einem schönen Teehaus statt, das eine japanisch-philippinisch-afrikanische Atmosphäre hatte. Es war so zauberhaft.

Nach diesem Traum begann Berta, Schmuck zu entwerfen, der exotisch aussah wie das japanisch-philippinisch-afrikanische Teehaus in ihrem Traum. Keines dieser einzelnen Elemente konnte deutlich identifiziert werden, da die Entwürfe ihre ganz persönliche Mischung waren. Zuvor waren ihre Energien zwischen künstlerischen und spirituellen Bemühungen geteilt gewesen. Dieser Traum half ihr, das Potential zu sehen, das in der «Verheiratung» beider lag; diese Vereinigung führte zu einer einzigartigen Produktlinie, die Berta großen kommerziellen Erfolg gebracht hat. Die persönliche Integration, die ihr Traum repräsentierte, ist vielleicht noch wichtiger.

Zu anderen symbolischen Hochzeitsträumen kann gehören, daß eine Frau eine neue Beziehung zu ihrem Körper entdeckt, wenn sie

früher ein vorwiegend intellektuelles Leben geführt hat. Ihre Traumhochzeit würde dann die neugefundene Einheit zwischen ihrem physischen und ihrem mentalen Selbst darstellen. Ähnlich kann eine
Traumhochzeit auch die Verbindung von beruflichen Fertigkeiten
und romantischem Leben oder von emotionalem und spirituellem
Selbst repräsentieren oder zwischen den männlichen und weiblichen
Eigenschaften oder anderen Gegensätzen, die zuvor miteinander in
Konflikt standen. Die auf den Seiten 131 ff. umrissenen fünf Schritte
helfen der Frau, die Natur ihrer inneren Vereinigung zu verstehen.

Einige zusätzliche Fragen für Nicht-Bräute, die Hochzeitsträume
haben, lauten: Haben Sie eine emotionale Beziehung zu einer neuen
Person in Ihrem Leben hergestellt? Scheinen Sie sich im Traum zu
dieser Beziehung zu ermutigen oder zu entmutigen? Der Inhalt des
Traumes – die Handlung und die Bilder, die Sie benutzen – wird
Ihnen sagen, was zutrifft. Wenn Sie bereits verheiratet sind, überlegen Sie, ob Sie mit einem neuen Partner von vorne beginnen
möchten.

Fragen Sie sich auch, ob es Aspekte Ihres Lebens gibt, die jetzt
besser zusammenpassen als früher. Bei der reifen Frau sind Hochzeitsträume manchmal ein Zeichen für eine innere Weiterentwick-
lung. Sie können ihr Engagement für volles Wachstum zeigen, ihre
Bewegung in Richtung auf psychische Ganzheit.

Wenn Sie also träumen, daß Sie heiraten, so stehen Sie wahrscheinlich entweder vor einer wichtigen Veränderung Ihres äußeren Lebens
oder erleben eine bedeutsame Veränderung in Ihrem Innenleben.
Ob wir nun tatsächlich heiraten oder nicht, Hochzeitsträume geben
uns Gelegenheit, einen Blick in unser Innerstes zu werfen.

6. Schwangerschafts- und Gebärträume

Ich gebäre einen kleinen Jungen. Es ist so einfach – er flutscht einfach heraus, vollkommen angezogen. Er ist ein großes Baby, ungefähr vier Monate alt, und krabbelt herum.

Die junge Frau, die diesen Traum hatte, hatte am Vortag gerade erfahren, daß sie schwanger war. Mindy, Ende Zwanzig, war nie zuvor schwanger gewesen. Sie strahlte vor Freude. Einige Monate später gebar Mindy tatsächlich einen gesunden kleinen Jungen. Wir werden sehen, daß Träume, in denen ein reifes Baby oder ein großes Kind geboren wird, für schwangere Frauen typisch sind.

Frauen, die keine Kinder haben – oder niemals Kinder wollen –, können trotzdem davon profitieren, wenn sie mit den Traumsymbolen für Schwangerschaft und Geburt vertraut sind. Fast alle Frauen, ob sie Mutter sind oder nicht, träumen irgendwann in ihrem Leben davon, ein Kind zu gebären. Neugeborene Babies haben in Frauenträumen eine besondere Bedeutung. Träumerinnen, die sich mehr für die Symbolik des Gebärens interessieren, wenden sich vielleicht gleich dem betreffenden Abschnitt am Ende dieses Kapitels zu. Träume über den Konflikt zwischen Arbeit und Mutterschaft werden in Kapitel 7 unter «Karriereträume» behandelt.

Schwanger zu sein, ist eines der größten Abenteuer im Leben. Der Frau erscheint es magisch, aus ihrem eigenen Körper neues Leben hervorzubringen. Aus sich selbst heraus ein Kind wachsen zu lassen und zu nähren – mit Starthilfe vom Partner –, ist etwas nahezu Unbegreifliches. Viele Frauen betrachten trotz beruflicher Erfolge das Gebären als ihre bedeutsamste Leistung, als das Ereignis, das ihre ganze Existenz lohnend macht. Für diese Frauen ist das Wunder, ein Kind in sich zu tragen, überwältigend.

Die Träume einer werdenden Mutter zeichnen den folgenreichen Weg nach, vom ersten Zusammentreffen von Ei und Sperma bis zum Erscheinen des Sprößlings. Mit Hoffnung und Furcht verfolgt sie die Entwicklung in ihrem Schoß. Ihre Träume erzählen ihre innere Geschichte.

Veränderungen in Schlaf und Traum: die Traumflut

In den neun Monaten der Schwangerschaft gehen im Körper der werdenden Mutter ungeheure Veränderungen vor sich. Einige Forscher nehmen an, daß Frauen während der Schwangerschaft mehr träumen als zu jeder anderen Zeit ihres erwachsenen Lebens. Der Frau wird geradezu ein Festmahl von Träumen serviert, vermutlich deshalb, weil während der Schwangerschaft die weiblichen Sexualhormone einen Höchststand erreichen. Dieses reiche Vorkommen von REM-Schlaf (Schlaf mit schnellen Augenbewegungen) führt oftmals dazu, daß mehr Träume erinnert werden als gewöhnlich.

Übermäßige Schläfrigkeit ist oft das erste Anzeichen einer Schwangerschaft. Es gibt gute Gründe dafür, sich von Müdigkeit überwältigt zu fühlen. Progesteron, das Hormon, das die Entwicklung der Milchdrüsen in den Brüsten anregt und hilft, die Plazenta zu bilden, wirkt auch als Sedativ; es wird während der Schwangerschaft in großen Mengen hervorgebracht. Dasselbe Hormon nimmt in der zweiten Hälfte des Menstruationszyklus, nach der Ovulation, ebenfalls zu, wenn die Traumzeit gleichfalls ansteigt. Vielleicht erklärt das die Müdigkeit, die Frauen oft spüren, ehe ihre Periode fällig ist.

In den ersten paar Monaten ihrer Schwangerschaft verbringt die Frau mehr Zeit in den Stadien des tiefsten Schlafs als ohne Schwangerschaft. Da die Schwangere länger und tiefer schläft, träumt sie wahrscheinlich auch mehr.

Im Laufe der Schwangerschaft einer Frau verändern sich die Themen ihrer Träume. Sie sind ein Widerhall ihrer veränderten körperlichen Zustände und bringen ihre Erwartungen bezüglich des entstehenden Kindes zum Ausdruck. Einige Themen und Bilder sind typisch für die ersten drei Monate; andere sind eher charakteristisch für das zweite Drittel; wieder andere treten am wahrscheinlichsten während der letzten Schwangerschaftsmonate auf. Spezifische Traumthemen beginnen oft zu einem typischen Zeitpunkt und halten für den Rest der Schwangerschaft an.

Wenn Sie sich die Tabelle *Schwangerschaftssymbole in Frauenträumen* ansehen, bekommen Sie einen Überblick über die Traumthemen während der gesamten Schwangerschaft. Träume sind jedoch ebenso komplex wie der Verstand, der sie hervorbringt; Themen können jederzeit auftauchen und die Kategorien auf eine Weise ineinander übergehen, die auf einer gedruckten Seite schwer darzustellen ist. Wir wollen uns das ansehen.

Schwangerschaftssymbole in Frauenträumen*

Typische Traumbilder im ersten Drittel	*Wahrscheinlicher Stimulus*
Wehen und Gebären leicht	Bewußtsein, empfangen zu haben
reifes Baby oder voll ausgewachsenes Kind	Hoffnung auf leichte Geburt
große Fahrzeuge, Gebäude, Konstruktionen	Bewußtsein des zunehmenden Körperumfangs
Gärten, Früchte, Blumen, Samen	Fruchtbarkeit, inneres Wachstum
Fahren eines großen Fahrzeugs	Gefühl der Plumpheit
Tragen schwerer Taschen, mühsames Gehen	Bewußtsein der Gewichtszunahme
Gefahren oder Eindringlinge	Angst vor Mutterschaft
offene Türen, Fallen, Ertrinken, Verlust, Blut	Angst vor Fehlgeburt
Fabriken, Baustellen	Bewußtsein des wachsenden Fötus

* Dies sind allgemeine Trends, keine isolierten Kategorien; Themen und Bilder überschneiden sich zwischen den Trimestern und variieren mit der individuellen Träumerin. Die Aufzählung ist nicht erschöpfend.

kleine Strukturen, Miniaturen	Bewußtsein der Kleinheit des Fötus
Wasser, Schwimmen	Flüssigkeiten im Uterus
kleine Wassertiere – Kaulquappe, Fisch, Molch	Bewußtsein der Kleinheit des Fötus

Typische Traumbilder im zweiten Drittel	*Wahrscheinlicher Stimulus*
Liebesaffären mit früheren Liebhabern oder anderen	Wunsch, sich attraktiv zu fühlen; sexuelle Entbehrung
hilfreicher Ehemann	Bedürfnis nach Unterstützung
schwieriger Ehemann	Gefühl der Unsicherheit
Ehemann hat Verhältnis	Unsicherheit bezüglich der eigenen Attraktivität
kuschelige Tiere – junge Hunde, Katzen, Küken	Bewußtsein des wachsenden Fötus
Mutter ist hilfreich oder richtet Schaden an	Neueinschätzung alter Konflikte mit der Mutter; neue Hoffnungen auf eigene Mutterschaft

Typische Traumbilder im letzten Drittel	*Wahrscheinlicher Stimulus*
Geschlecht und Aussehen des Babies	Hoffnungen und Ängste bezüglich des Babies
Name des Babies	Nachdenken über Namen
besondere Kommunikation mit dem Baby	Wunsch, das Baby zu kennen
große Tiere – Löwe, Affe	Bewußtsein des großen Fötus
große Gewässer	Erwartung der platzenden Fruchtblase
Details über Wehen und Geburt	Hoffnungen und Ängste bezüglich der Wehen; Braxton-Hicks-Kontraktionen
Reisen, Verirren	Angst vor dem Unbekannten
Rituale, Zeremonien, Festtage, Geburtstage	Erwartung der Freude über die Geburt

Das erste Drittel: Veränderung und Wachstum

Bekanntgabe der Empfängnis

Die träumende Psyche der Frau gibt bekannt, daß diese empfangen hat, oft noch bevor der wache Verstand sich der Tatsache bewußt ist. Manche Frauen beschrieben Träume, die sie davon überzeugten, schwanger zu sein, ehe sie dies vermuteten oder durch Labortests bestätigt bekamen. Eine beispielsweise berichtete einen Traum, in dem ihr Arzt ohne jeden Zusammenhang mit dem sonstigen Geschehen den Kopf durch die Tür streckte und verkündete: «Ach, übrigens, Sie sind schwanger!» In anderen Fällen erzählten mir Frauen, die noch nicht wußten, daß sie schwanger waren, von Träumen, in denen sie schwanger waren oder ein Kind geboren hatten; später stellte sich heraus, daß die Träume unmittelbar oder binnen weniger Tage nach der Empfängnis aufgetreten waren.

Gebären reifer Babies. Viele Frauen, die zum ersten Mal Mutter werden, träumen, wenn sie feststellen, daß sie empfangen haben, sie brächten ein voll ausgereiftes Baby oder ein größeres Kind zu Welt. Zu Beginn ihrer Schwangerschaft wissen diese Frauen meist nicht viel über die Erfahrung des Gebärens; oft haben sie Angst davor. Die Verbindung von Hoffnungen auf eine leichte Geburt und mangelnder Kenntnis des tatsächlichen Vorgangs führt zu Träumen, in denen das Baby «herausflutscht» oder einfach erscheint. So träumte zum Beispiel Donna, als sie zum ersten Mal schwanger war:

> Ich bringe ein voll ausgewachsenes Kind zur Welt. Es ist wie ein Miniatur-Erwachsener, angezogen wie ein Erwachsener, und es geht und spricht wie ein Erwachsener.

Ein älteres Baby oder Kind erscheint der unerfahrenen Mutter vielleicht weniger bedrohlich als ein zerbrechliches Neugeborenes. Donna meinte, das erwachsene Baby in ihrem Traum spiegele ihre Angst wider, nach der Geburt wieder arbeiten gehen zu müssen und daher das Heranwachsen ihres Kindes zu versäumen. Was auch immer der Grund sein mag, Träume über ältere Babies oder leichte Geburten sind typisch für Frauen, die zum ersten Mal gebären.

Zurück in die Konferenz. Auch bei erfahrenen Müttern kann dieses Traumthema vorkommen. Unmittelbar bevor Bonnie und ihr Mann beschlossen, ein zweites Kind zu bekommen, träumte sie:

> Mein Mann ist bei einer Konferenz. Direkt nebenan ist ein Krankenhaus. Ich sehe überhaupt nicht schwanger aus. Ich gehe durch die Doppeltüren in das Krankenhaus, habe eine Art Wehen – nicht stark –, stehe auf, nehme das neugeborene Mädchen und eile zurück in die Konferenz. Sie sieht wie ein Neugeborenes aus, aber mir liegt nicht allzuviel daran.

Obwohl sie weiß, wie Wehen sich anfühlen, hat Bonnie in ihrem Traum eine ganz leichte Geburt; sie geht sofort zurück zu ihrem Mann. Bezeichnenderweise geht Bonnies Mann, der tatsächlich übermäßig viel zu tun hat, im Traum nicht mit ihr ins Krankenhaus. Daher ihre Hast, wieder an seiner Seite zu sein, nichts zu versäumen. Im Traum «liegt» Bonnie «nicht allzuviel» an dem Neugeborenen, doch hinterher gefiel ihr der Gedanke so, daß sie sich ernstlich bemühte, ein zweites Kind zu bekommen – zu ihrer Überraschung war es ein Junge. Beachten Sie die Doppeltüren in Bonnies Traum. Türen stellen in Träumen oft die Öffnung des Schoßes dar, wie wir später sehen werden.

Frauen träumen nicht nur von herangewachsenen Babies oder leichten Geburten, sondern spekulieren auch, wie Mindy in dem anfangs erwähnten Traum und wie Bonnie, über das Geschlecht und das Aussehen ihres zukünftigen Kindes. (Diese Träume besprechen wir in einem späteren Abschnitt.) Wenn eine angehende Mutter schon ein paar Monate schwanger ist, ist es wahrscheinlicher, daß sie realistische Träume, wenn nicht geradezu erschreckende, über die bevorstehenden Wehen und den Säugling hat. Vielleicht hat sie auch Träume von unglaublicher Schönheit, in denen sie auf geheimnisvolle Weise mit ihrem ungeborenen Kind kommuniziert.

Eine Frau, die ein Kind in sich trägt, steht vor einer der großen Erfahrungen des Frauseins. Körper und Gefühle sind in Aufruhr. Diese Lebenskrise bringt noch nie dagewesene Chancen für persönliches Wachstum mit sich, wenn die Frau sich zu ihrem großen Abenteuer aufmacht.

Große Gebäude und umfangreiche Fahrzeuge: Veränderungen im Körper der schwangeren Frau

Eine Frau, die empfangen hat, bemerkt ganz deutlich die Veränderungen, die sich in ihrem Körper abspielen, und dessen veränderte Funktionsweise. Parallel zu diesen Veränderungen verändern sich auch ihre Körpervorstellung und ihre Einstellung zu sich selbst.

Die meisten schwangeren Frauen empfinden sowohl Glück als auch Angst; sie stehen dem Einfluß eines Kindes auf ihr Liebesleben oder ihre Karriere oder ihre Figur ambivalent gegenüber.

Die Frau von heute ist vielleicht stolz darauf, daß man ihr ihre Fruchtbarkeit ansieht. Gleichzeitig ist ihr aber auch höchst bewußt, wie sich ihr wachsender Umfang auf ihre Bequemlichkeit und Beweglichkeit auswirkt. Diese Einstellungen spiegeln sich in ihrem Träumen lebhaft wider.

Die behinderte Träumerin. Ein Bild, das Frauen benutzen, um das Gefühl ihrer ungraziösen Bewegungen zum Ausdruck zu bringen, sind Schwierigkeiten beim Gehen. Joan, um die Dreißig, träumte kurz vor ihrem sechsten Schwangerschaftsmonat folgendes:

Ich stehe (in einem Flughafen) in einer Schlange und warte darauf, auf Waffen kontrolliert zu werden. Es kommt mir wie eine Schulsituation vor. Ich habe große Schwierigkeiten zu gehen, ähnlich wie eine Bekannte von mir, die multiple Sklerose hat. Da ich vorne in der Schlange stehe, werden alle durch mich aufgehalten.

Joans Gefühl zunehmender Plumpheit bei allen Besorgungen veranlaßte sie, sich selbst als behindert darzustellen. Der Vergleich des Flughafens mit einer Schulsituation deutet darauf hin, daß sie sich selbst in einer Lernsituation erlebte und gleichzeitig als Reisende. Vielleicht empfand sie ihre Schwangerschaft auch als eine Art «versteckter Waffe».

Viele Frauen beschreiben Träume, in denen sie zuviel tragen müssen: unhandliche Pakete oder schwere Koffer. Auch diese sind ein Abbild des Bewußtseins der Frau, an Gewicht zuzunehmen, wenn ihr Baby größer wird.

Konfrontation mit dem Eindringling. Viele schwangere Frauen stellen fest, daß sie von Einbrechern in ihrem Haus träumen. Da ein Haus oder ein Zimmer in Frauenträumen oft den Körper der Träumerin repräsentiert, ist der «Eindringling» oft eine Anfangsreaktion auf die Anwesenheit des Fötus. Die Briten benutzen sogar den Ausdruck *a little stranger is coming* («ein kleiner Fremder kommt»), um den Zustand der Schwangerschaft zu bezeichnen.

Hier wird gebaut. Forscher, die die Träume schwangerer Frauen untersucht haben, fanden darin häufig Hinweise auf Gebäude, von einfachen Zimmern bis zu riesigen Wolkenkratzern. Die Traumgebäude sind häufig Orte, wo Dinge gemacht werden, etwa Fabriken oder Schiffswerften, wahrscheinlich als Parallele zur «Herstellung» eines Babies, die im Körper der Frau vor sich geht.

Bei einer wegweisenden Untersuchung der Träume von siebenundsechzig Frauen hat die Psychologin P. Maybruck festgestellt, daß 18 Prozent der 1046 Träume, die sie gesammelt hatte, Hinweise auf Gebäude oder andere Architektur enthielten.[24]

Unter meinen Probandinnen war Joan, die einen Traum aus ihrem sechsten Monat mitteilte, der sich auf einen Gebäudeteil bezog; sie nannte ihn «Traute Zelle»:

Da gab es eine weitere Verschiebung von Schreibtischen und arbeitenden Leuten. Diesmal liegt meine Zelle in einem sehr ruhigen, abgeschiedenen Teil des Stockwerks. Ich freue mich über den Frieden und die Einsamkeit. Meine Möbel bestehen aus einem Bett und einem Herd. Ich liege im Bett und fühle mich sehr entspannt. Eine gute Freundin aus dem Büro, die auch in meiner Traumgruppe ist, deckt mich zu. Rings um meinen Bereich sind alle möglichen Aktivitäten im Gange, aber in meiner eigenen Sphäre herrscht friedliche Ruhe.

Hier sehen wir die Verschiebung von Joans Aufmerksamkeit von der Außenwelt ihrer Arbeit auf ihren inneren Raum. Ihr ungeborenes Kind hatte Leben gezeigt und bewegte sich in ihr. Sie stattete ihren Traum mit allem aus, was sie in ihrer Nähe brauchte – dem Bett, um darin zu ruhen, und dem Herd, um Nahrung zu bereiten –, und empfand den Frieden einer zufriedenen werdenden Mutter. Die

Schwangerschaft ist die Zeit des Rückzugs aus der aktiven Außenwelt und der Konzentration auf die Wunder, die im Inneren stattfinden.

Pflanzen und Türen: Wachstum und Stabilität der Schwangerschaft

Pflanzen, Blumen und Früchte sind schon seit langem Symbole für die Fruchtbarkeit der Erde und der Frau.

Diese Fruchtbarkeit charakterisiert auch die Träume schwangerer Frauen. Gänge durch Wiesen, Weiden oder Felder, Blumenpflükken, Gartenarbeit oder der Anbau von Gemüsen oder Früchten, solche Träume sind typisch für die Schwangerschaft. Das Wort «Schule» – ein Ort, an dem Kinder gehütet, aber auch Pflanzen aufgezogen werden – wird im Traum der Schwangeren manchmal als Wortspiel benutzt. Wenn Sie glauben, Sie könnten schwanger sein, oder es bereits sind, dann achten Sie auf Bilder von wachsenden Dingen in Ihren Träumen.

Zarte Setzlinge. Schon die Vermutung, daß sie schwanger ist, kann eine Frau zu einem Fruchtbarkeitstraum veranlassen, wie es bei Sheila einen Monat vor der Empfängnis der Fall war:

> Ich sehe braune Erde, die gewässert wird. Winzige Halme von zartem Gras erscheinen. Ich sage zu mir: «Die Saat geht auf.» Ich weiß, daß wir vorsichtig sein müssen, um die zarten Setzlinge nicht zu ertränken und herauszuspülen. Dann werden andere Dinge gegossen. Ich stecke ein Messer in weiche Erde... Später sehe ich, daß sich in einem Glas über einem Becken grüne Algen bilden.

Sheila hatte am Morgen vor diesem Traum mit ihrem Mann Verkehr gehabt, ohne ein empfängnisverhütendes Mittel zu benutzen. Sie wußte nicht genau, wann ihre Periode fällig war, aber sie hatte das Gefühl, wenn sie schwanger werden sollte, wäre ihr das recht.

Beachten Sie die typischen Symbole für Geschlechtsverkehr und Fruchtbarkeit in Sheilas Traum. Ihr Körper war die «braune Erde», die fruchtbaren Boden zum Anpflanzen bot. Das Wasser repräsentierte den Samen, der eingesetzt wurde; das Messer in der weichen

Erde war eine Metapher für den Penis im weichen Frauenkörper; die zarten Setzlinge und die grünen Algen waren der potentielle Embryo, der vielleicht entstanden war; das Glas war der Behälter, der wie ihr Schoß wachsende Dinge aufnehmen konnte. Sheila äußerte in diesem Traum die Befürchtung, die Setzlinge könnten herausgespült werden. Im folgenden Monat empfing sie tatsächlich und trug ein gesundes Kind aus.

Miniaturgärten. Joan träumte in den ersten paar Schwangerschaftswochen:

> Ich fahre mit dem Rad durch die Schiffswerften, die Miniaturgärten und -straßen enthalten. (Das erinnert sie an Werften in Pearl Harbor, die sie gesehen hat, und an ein Miniaturdorf in Holland.)
>
> Der Hintergrund der Schiffswerft löst sich auf. Ich schwimme jetzt in einem Gebäude in einem gerundeten Schwimmbecken, das von winzigen Dorfmodellen umgeben ist. Diesmal würde ich annehmen, daß ich in einer Filmdekoration bin.

Hier sehen wir Joan, die sich aus eigener Kraft durchs Leben bewegt (das Fahrrad) und in einen Bereich kommt, in dem etwas gebaut wird (die Schiffswerft), eine Parallele zum Wachsen des Babies in ihr. Die Miniaturgärten symbolisieren das Kleine, das in ihrem Körper entsteht; das Bild des Wassers (das Becken, in dem sie schwimmt) repräsentiert das Fruchtwasser, das sich jetzt in ihrem Körper sammelt. Wir werden noch sehen, daß Wasser während der ganzen Schwangerschaft ein beliebtes Bild ist.

Die Tür geht auf. Wenn die Schwangerschaft voranschreitet, drücken Frauen in ihren Träumen oft die Sorge um deren Stabilität aus. Meine Tochter Cheryl träumte, kurz nachdem sie schwanger geworden war:

> Eine Freundin und ich fahren einen Schulbus. Ihr zweijähriger Sohn spielt vorne. Die Bustür geht auf, und er fällt rückwärts aus dem Bus heraus. «Achtung!» schreie ich. Wir packen das Kind.

Cheryl hatte zur Zeit dieses Traumes leichte und für die Frühschwangerschaft nicht ungewöhnliche Blutungen gehabt; die Bilder repräsentierten wahrscheinlich ihre Angst vor einer möglichen Fehlgeburt. Glücklicherweise kam es nicht dazu, wie es ihr auch im Traum gelang, das Kind zu retten.

Beachten Sie den Schulbus, in dem gewöhnlich Kinder sind – die Version dieser Träumerin für das umfangreiche Gefährt, das für die Träume schwangerer Frauen typisch ist. Die offenen Türen stellen die «Türen» zur Gebärmutter dar, die sich zu früh öffnen und das kostbare Kind freigeben könnten, stehen aber auch für die riskante Situation im allgemeinen.

Andere Themen, die dieselbe Sorge ausdrücken, haben mit verlorenen Kindern oder Kindern zu tun, die fallen oder ertrinken.

Die meisten schwangeren Frauen haben alarmierende Alpträume, die sich als völlig unbegründet erweisen. Erschreckende Träume können sogar einen aktiven Nutzen haben, wie wir sehen werden.

Verlorenes Baby gefunden. Träume sind ein Teil des Heilungsprozesses. Als Cassie mit Anfang Dreißig schwanger war, mußte sie sich im vierten Monat aus medizinischen Gründen einer Abtreibung unterziehen. Sie wollte das nicht, aber ihre Ärzte bestanden darauf. Später träumte sie viele Male von ihrem Baby:

Manchmal ist es ein Junge, manchmal ein Mädchen. Ich halte dann das Baby und bin nicht sicher, ob es meines ist. Es scheint teilweise mein Baby zu sein, teilweise das einer anderen Frau. Ich bin im Traum nicht traurig, aber hinterher tut es sehr weh.

Solche Träume, so bedrückend sie beim Erwachen auch sind, bereiten den Boden dafür, daß die Träumerin eine traurige Realität akzeptieren kann. Sie erleichtern den Heilungsprozeß genauso, wie die traumatischen Erfahrungen eines Soldaten durch Alpträume gelindert werden können; schließlich wird das Geschehen verarbeitet, und das Leben kann konstruktiv fortgesetzt werden. Für Cassie, die jetzt Mitte Dreißig und erneut schwanger ist, könnte die Zukunft besser aussehen. Bis jetzt ist ihr Arzt der Meinung, daß sie das Baby austragen kann, ohne ihr Leben aufs Spiel zu setzen.

Vom Goldfischglas über den Familienwaschtag bis zu anschwellenden Ozeanen, die Träume schwangerer Frauen weisen während der ganzen Schwangerschaft auf Wasser hin. Die zukünftige Mutter sieht sich in den Träumen der ersten drei Monate häufig schwimmen, wie Joan es in dem gerundeten Becken tat. Wo in den Träumen der Schwangeren während des ersten Drittels Tiere auftauchen, handelt es sich oft um schwimmende Geschöpfe wie Kaulquappen und Fische. Dieses Wasser in ihren Träumen spiegelt wahrscheinlich das Bewußtsein der schwangeren Frau wider, daß sich in ihrer Gebärmutter Wasser sammelt.

Im zweiten Drittel ihrer Schwangerschaft hatte Cassie einen eindrucksvollen Wassertraum:

Ich gehe zum Haus einer Freundin. Ich denke: «Nach der Entbindung will ich hier wohnen.» Ich gehe hinein. Es ist wirklich groß (viel größer als in der Realität). Auf einem großen Bett sind viele, viele Babies, alle nackt, und spielen. Es ist überfüllt.

Ich gehe in ein anderes Zimmer, wo ich wohnen werde. Es ist kleiner. Ich sehe einen vierjährigen Jungen in einem goldenen Aquarium schwimmen. Sein Körper ist im Wasser, das Gesicht ragt heraus, darüber ist ein Plastikbehälter mit Luft. Ich denke: «Oh, nein, er wird ertrinken!» Aber er sieht aus, als fühle er sich sehr wohl, und lächelt. Er ist glücklich dort.

Ein Teil dieser Bilder ist charakteristisch: das Haus, das größer war als in Wirklichkeit, hatte vermutlich mit Cassies eigenem anwachsenden Körper zu tun; die zahlreichen Babies waren ein Abbild des Wachstums in ihrem Schoß (vielleicht auch ihres Potentials, noch mehr Kinder zu bekommen); das Wasser symbolisierte ihr Fruchtwasser. Verblüfft war ich jedoch über den Jungen, der zu ertrinken schien. Durch eine Fruchtwasseruntersuchung wußte Cassie, daß das Baby, das sie erwartete, ein Mädchen war. Meine Erfahrung hat mich gelehrt, daß Daten und Gestalten in Träumen fast immer symbolisch sind; daher fragte ich Cassie: «Was geschah vor vier Jahren?» Ohne Zögern antwortete sie: «Damals hatte ich die (unerwünschte) Abtreibung. Es war ein Junge.» Der Vierjährige in ihrem Traum repräsentierte das Kind, das sie verloren hatte. Sein lächelndes Verhalten läßt vermuten, daß Cassie die Vergangenheit akzeptiert hat. Sie erwartet nun wieder ein Baby und schaut mit glücklicheren Gefühlen in die Zukunft. In einem späteren Traum badete Cassie mit viel Vergnügen einen kleinen Jungen.

Wir beginnen unser Leben als Wassergeschöpfe, schweben im Mutterschoß in einem Meer von Flüssigkeit. Selbst in der Retorte gezeugte Embryos müssen, damit sie ernährt werden, in den inneren Ozean zurückkehren. Die schwangere Frau nimmt Flüssigkeiten für zwei zu sich, für sich selbst und das Baby. Kein Wunder, daß ihre Träume voller Bilder von Wasser sind.

Fassen wir also zusammen, daß zu den typischen Traumbildern und deren möglichen Ursachen in den ersten drei Schwangerschaftsmonaten der Frau folgende gehören:

Traumbild	*Wahrscheinlicher Stimulus*
Leichte Geburt und reife Babies	Empfängnis; Hoffnung auf leichte Wehen
Große Fahrzeuge, Gebäude, Gepäckstücke	Bewußtsein der sich verändernden Figur
Gärten, Früchte, Blüten	Fruchtbarkeit und inneres Wachstum
Gefahren oder Eindringlinge	Angst vor Mutterschaft
Offene Türen, Blut	Angst vor Fehlgeburt
Kleine Tiere, oft Wassertiere	Bewußtsein des kleinen Fötus
Wasser	Flüssigkeiten in der Gebärmutter

Wie Ebbe und Flut tauchen diese Bilder in den folgenden Monaten auf. Wenn die Veränderungen in ihrem Körper und das Wachstum des Fötus gut etabliert sind, konzentrieren sich die Träume der schwangeren Frau mehr auf die wichtigsten Menschen in ihrem Leben: ihr ungeborenes Kind, ihre früheren Kinder, ihren Mann, ihre Mutter und andere bedeutsame Personen.

Das zweite Schwangerschaftsdrittel:
Träume über wichtige Menschen

Tierjunge: Träume über den Fötus

Kätzchen, junge Hunde, Küken, Kaulquappen, Fische, Echsen – das sind einige der Tiere, die typisch sind für die Träume schwangerer Frauen. Vermutlich repräsentieren diese Geschöpfe den Fötus im Leib der Frau.

Hungrige Babies. Als ich zum Beispiel schwanger war und mich auf die Stillzeit vorbereitete, träumte ich mehrere Male:

> Ich sehe Dutzende von winzigen, verhungernden Kätzchen. Verzweifelt frage ich mich, wie ich sie füttern könnte.

Vermutlich erklärt meine Liebe zu jungen Katzen ihr Erscheinen in diesen Schwangerschaftsträumen: Kätzchen werden auch mit Milch ernährt, ebenso wie menschliche Babies. Mangelndes Vertrauen in meine Fähigkeit, erfolgreich zu stillen, ist die wahrscheinliche Erklärung für die überwältigende Anzahl von winzigen, hungrigen Kreaturen in meinen Träumen. Irgendwie überwältigte es mich, Mutter zu werden. Die Angst erwies sich als unbegründet, da ich später glücklich in der Lage war, meine Tochter während ihres ersten Lebensjahres zu stillen.

Träume über Tierjunge sind besonders charakteristisch für die werdende Mutter. Wenn eine Frau schwanger wird, nehmen ihre Tierträume zu. Sie träumt mehr von Tieren als die Frau, die nicht schwanger ist.

Die Art von Tieren, von der die Frau träumt, verändert sich gewöhnlich mit jedem Schwangerschaftsstadium. Im ersten Drittel schildern Frauen häufig Fische oder reptilienähnliche Geschöpfe in ihren Träumen. Es ist, als könnten sie telepathisch in die Gebärmutter blicken, wo der winzige Embryo, in Flüssigkeit schwebend, Veränderungen durchläuft, die die Evolution von Meerestieren zu Landsäugetieren rekapitulieren. Gleichzeitig liest die schwangere Frau häufig Bücher mit Abbildungen und informiert sich über die Entwicklungsstadien des Fötus, und das verstärkt ihr Bewußtsein der Veränderungen, die mit ihrem ungeborenen Kind vor sich gehen.

Ob das Traumtier ein Meerestier ist oder nicht, in den Träumen des ersten Schwangerschaftsdrittels ist es typischerweise klein.

Wenn das Kind im Mutterleib sich zu regen beginnt, wird das von der schwangeren Frau oft in Tierbegriffen beschrieben. Kerry beispielsweise sagte, die ersten kleinen Bewegungen ihres Fötus fühlten sich an «wie Schmetterlingsflügel». Eva sagte, es sei, «als hätte ich einen Vogel verschluckt, der noch immer mit den Flügeln flatterte». Vielleicht machen es diese kleinen inneren Empfindungen leicht, vom Fötus als von einem kleinen Tier zu träumen.

Die letzten drei Monate der Schwangerschaft können durch Träume von größeren Tieren wie etwa Löwen gekennzeichnet sein, ebenso durch Träume vom Fötus selbst. Es gibt jedoch keine starre Regel, sondern nur allgemeine Tendenzen. Tiere jeder Größe können während der ganzen Schwangerschaft erscheinen.

Das Auftreten von freundlichen Tieren, seltenen und bezaubernden Geschöpfen, gilt im allgemeinen als Anzeichen einer guten Beziehung zwischen dem Träumenden und seinen oder ihren Trieben. In den Träumen vieler schwangerer Frauen sind die Tiere oft kuschelig und niedlich.

Wenn Sie schwanger sind, stellen Sie vielleicht fest, daß die Tiere in Ihren Träumen sich von Amphibien zu Landsäugetieren entwickeln und so die Reise unserer urzeitlichen Vorfahren wiederholen. Zu anderen Zeiten träumen Sie vielleicht direkt von Ihrem ungeborenen Kind. Ihre Gefühle für das Tier oder das Baby verraten etwas über Ihre Einstellung zum Zeitpunkt des Traumes. Von der Geburt an erscheint das Baby oft so, wie es wirklich ist, ein menschliches Wesen mit Körper und Seele.

Frühere Liebhaber, Ehegatten und «Andere Frauen» in Träumen: Beziehungen zum Partner

Der Liebhaber von früher. Veronica sprach in leisem, vertraulichem Ton mit mir, damit ihr Ehemann, der im Nebenzimmer redete, ihre Worte nicht hörte. Veronica, fast sechs Monate schwanger, war von ihren Träumen verwirrt:

Seit Wochen träume ich von meinen früheren Freund. Wilde, sinnliche Träume. Ich bin wieder mit ihm zusammen, küsse ihn und schlafe mit ihm, so leidenschaftlich wie eh und je. Wenn ich wach bin, habe ich Phantasien darüber, wünsche mir, daß er mich mit einem Kind sieht. Was geht da vor?

Träume von früheren Liebhabern, so köstlich sie im Augenblick auch sein mögen, verstören die Träumerin oft, wenn sie aufwacht. Die schwangere Frau kann kaum verstehen, warum sie diese Zeit höchster Intimität mit ihrem Partner dazu benutzt, längst vergangene Lieben wieder aufzuwärmen oder über neue Traumliebhaber, Prominente oder verführerische Fremde zu phantasieren.

Der meisterhafte Zauberer. Erotische Träume werden immer wahrscheinlicher, je mehr der Leibesumfang der werdenden Mutter zunimmt; am häufigsten treten sie in den letzten drei Monaten auf. Wie die meisten Traumthemen jedoch können sie zu jeder Zeit während der Schwangerschaft vorkommen. Dieser Traum stammt aus Joans erstem Schwangerschaftsdrittel:

> Ich bin mit einem alten Zauberer im Bett; er schafft es meisterhaft, mich zum Höhepunkt zu bringen. Ich hatte nie erwartet, daß er so fabelhaft sein würde!

Die Gründe für erotische Träume bei schwangeren Frauen sind so vielfältig wie die Frauen selbst. Dennoch haben die meisten werdenden Mütter eine gewisse Besorgnis wegen der Veränderung ihrer Figur und deren Auswirkung auf ihr Sexualleben gemeinsam. Der Verkehr ist während der letzten Schwangerschaftsmonate notwendigerweise erschwert. Viele Paare fürchten, das Kind im Mutterleib zu verletzen, und schränken daher ihre übliche Aktivität ein. Die werdende Mutter, der gewohnten Regelmäßigkeit oder Intensität des Sexuallebens beraubt, kompensiert dies manchmal in ihren Träumen.

Jenseits aller möglichen körperlichen Frustration fühlen sich schwangere Frauen oft unsicher, ob sie auf Männer noch attraktiv wirken. Die werdende Mutter, die sich abstützen muß, wenn sie sich setzt oder aufsteht, deren Fußknöchel geschwollen sind, stellt fest, daß ihr Körper immer schwerer zu manövrieren ist. Manchmal findet sie sich als Frau weniger hübsch. Ihre träumende Psyche bietet Trost in den ekstatischen Liebesakten von Sexualträumen. Sinnliche Träume während der Schwangerschaft sind ziemlich häufig.

Zusätzlich zu den Sorgen der Schwangeren um ihre Attraktivität und der sexuellen Entbehrung kann die Frau auch erotische Träume haben, die durch die verstärkte Durchblutung des Vaginalbereiches stimuliert sind, das Anschwellen und die Empfindungen, die in den Genitalien stärker werden, wenn ihre Schwangerschaft voranschreitet.

Vielleicht hat Joan aus einem dieser Gründe von dem meisterhaften Zauberer geträumt. Vielleicht schilderte sie auch den sexuellen Höhepunkt als Metapher für den Höhepunkt, ein Baby in sich zu tragen. Joan war Mitte Dreißig und hatte die Schwangerschaft fast bis an die noch unbedenkliche Grenze hinausgezögert. Ihr Mann, der schon früher verheiratet gewesen war und mehrere Kinder hatte, war nicht begierig, ein weiteres Kind zu bekommen. Vielleicht hatte Joan auch gar nicht mit dieser großen Veränderung ihres Lebens gerechnet.

Meist jedoch bieten erotische Träume während der Schwangerschaft einfach die tröstliche Versicherung: «Sei unbesorgt. Du siehst, du bist sexy, anziehend und liebenswert.»

Der Ehemann als Helfer oder Hindernis

Jedes Paar hat gemischte Gefühle füreinander. Ein Mann und eine Frau, die in täglicher Intimität leben, haben notwendigerweise gelegentliche Konflikte, die in ihren Träumen widerhallen. Wenn sie einander lieben und nahestehen, kommt auch das im Traum zum Ausdruck.

Meist ist der Partner der schwangeren Frau in ihren Träumen einfach anwesend. Die Teilnehmerinnen an Maybrucks Studie erwähnten ihre Ehemänner in 24 Prozent ihrer Träume; gewöhnlich waren sie einfach da, weder aktiv hilfreich noch hinderlich. Joans Mann beispielsweise erschien in 27 Prozent ihrer dreiunddreißig Schwangerschaftsträume.

Die Handtasche umklammern. In einigen wenigen Träumen rief Joans Mann ambivalente Reaktionen oder direkte Wut oder Traurigkeit hervor. Das Ende eines dieser Träume:

> ...Später irre ich durch dunkle Straßen und halte meine Handtasche fest umklammert. In einer Bar unter dem Theater treffe ich John wieder. Er versucht zu erklären, was in seinem Kopf vor sich geht, aber ich kann nicht zuhören. Ich weine zu sehr. In tiefer Traurigkeit und Frustration wache ich auf.

Joan muß eine gewisse Spannung in der Beziehung zu ihrem Mann erlebt haben, als sie diesen Traum hatte. Obwohl das vorherrschende Gefühl tränenreiche Traurigkeit ist, was dadurch zum Ausdruck kommt, daß die Umgebung so dunkel war und sie Angst hatte, ihre wertvolle Handtasche zu verlieren, hat ihr Mann sie tatsächlich gefunden und versucht, mit ihr zu kommunizieren. Handlungen dieser Art zeigen, daß selbst in Alpträumen positive Elemente am Werk sind.

Kranker und sterbender Ehemann. Leah hatte etwa im fünften Schwangerschaftsmonat einige Alpträume von ihrem Mann. Hier einer davon:

> Mein Mann stirbt an einer schrecklichen Krankheit. Er hat eine wirklich gute Einstellung, sehr positiv. Ich bin traurig darüber, daß er sterben wird. Dann wird mir klar, daß es ansteckend ist, und das bedeutet, daß ich auch sterben werde und das Baby auch. Mit schrecklichen Kopfschmerzen wache ich auf.

Tagsüber hatte Leah sich Sorgen um ihren Mann gemacht, während dieser zum Segeln gegangen war. Auf einer Ebene spiegelte ihr Traum wahrscheinlich diese wache Sorge wider. Ihrem Mann ging es jedoch ganz gut, während Leah selbst in der Schwangerschaft unter einigen unangenehmen Symptomen litt.

Zu dieser Zeit hatte Leah jeden Abend nach der Arbeit Kopfschmerzen. Ihre träumende Psyche stellte wahrscheinlich eine Verbindung her zwischen den Beschwerden, an denen sie litt, und dem Gedanken an eine tödliche Krankheit. In ihrer karikaturistischen Art setzen Träume die Schwangerschaft manchmal mit einer Krankheit gleich. Bald schilderte Leah sich selbst als diejenige, die krank war.

Krank und ungeliebt. Etwa eine Woche später bemerkte Leah: «In den letzten beiden Nächten hatte ich so üble Träume, daß ich sie nicht aufschreiben wollte.» Von einem wußte sie nur noch:

> Mein Mann will mich nicht mehr. Ich bin krank, und er kümmert sich nicht darum. Es ist ihm egal.

Leah erklärte dann: «Als ich aufwachte, war mir elend. Ich weiß die Einzelheiten jetzt nicht mehr, weil ich sie nicht aufgeschrieben habe, aber das Gefühl war schrecklich, wie früher, wenn ich mit einem Freund Schluß gemacht hatte.»

Der Ehemann wird zum Berserker. In einem weiteren Traum aus der gleichen Zeit träumte Leah:

> Mein Mann ist ein Verrückter. Er redet davon, Leute umzubringen. Zuerst glaube ich ihm nicht, später aber doch. Wir wohnen in dem Haus, in dem meine Eltern lebten. Da bin ich mit diesem Irren, aber er ist von mir abhängig. Ich weiß, daß er mir nichts tun wird, aber ich kann nicht so reagieren, wie ich möchte, und sage ihm, er solle verschwinden. Ich muß mich davonschleichen, und er kommt hinter mir her.

Oberflächlich betrachtet klingen diese Träume so, als benehme sich Leahs Mann ihr gegenüber schlecht. Tatsächlich war er aber liebevoll und geduldig. Sie war diejenige, die extrem empfindlich war, viel Aufmerksamkeit brauchte und ihn gelegentlich anschrie, um ihre Anspannung zu lindern. Sie fühlte sich unter Druck gesetzt und wollte nicht zur Arbeit gehen; dort gab es Anforderungen, auf die sie reagieren mußte und mit denen sie nicht umgehen wollte. Das Haus in ihrem Traum ist mit einem schwierigen Aspekt ihrer Jugend assoziiert und daher ein passender Schauplatz für einen verstörenden Traum.

Wenn jemand anderen Menschen Verhaltensweisen und Gefühle zuschreibt, die ihren Ursprung in ihm selbst haben, bezeichnen Psy-

chologen das als Projektion. Menschen projizieren häufig, sowohl in
ihren Träumen als auch im Wachzustand. Leah träumt ihren Mann als
krank oder gestört, während sie selbst diejenige ist, die leidet.

Andere schwangere Frauen in meiner Studie stellten Konflikte mit
ihren Ehemännern durch Stürme, Naturkatastrophen oder andere
Verheerungen dar. Die werdende Mutter muß im Sinn behalten, daß
Träume überdramatisieren; ein kleiner Ärger mit dem Partner kann
wahre Traumbeben auslösen. Die Bilder im Traum schildern, wie die
Träumerin sich in einem bestimmten Augenblick fühlt – die folgende
Nacht schon kann voll erfreulicher Bilder sein.

In positiven Träumen über Ehemänner sahen schwangere Frauen,
wie sie selbst vom Ehemann aus einer Gefahr gerettet wurden, wie er
ihnen über ein Hindernis half oder sie mit großer Zärtlichkeit und
Zuneigung behandelte.

Wenn Sie schwanger sind, können Sie damit rechnen, daß Ihre
Träume alle Nuancen Ihrer ständig wechselnden Beziehung zu Ihrem
Partner widerspiegeln. Die Schwangerschaft bringt besondere Be-
dürfnisse hervor. Ihre Träume werden zeigen, wo Ihre Gefühle für
Ihren Mann im Augenblick stehen, Bereiche zeigen, an denen Sie
gemeinsam arbeiten müssen, und Sie manchmal trösten und nähren,
wenn Sie liebende Fürsorge am nötigsten brauchen. Ihre Träume mit
Ihrem Mann zu teilen kann eine gute Möglichkeit sein, mit Ihren
Gefühlen in enger Berührung zu bleiben, während Sie miteinander
die Erfahrung der Schwangerschaft erleben.

Wessen Leben ist das überhaupt? Beziehungen zu Müttern

Wenn eine Frau schwanger wird, kommen alte Emotionen bezüglich
ihrer Mutter wieder an die Oberfläche – Wut, Zuneigung, Schuldgefühle, Eifersucht, Abhängigkeit und das Bedürfnis, ein getrenntes
Individuum zu sein. Gleichzeitig, vor allem bei der ersten Schwangerschaft, beginnt die Frau direkt zu erleben, was ihre eigene Mutter
durchgemacht hat, um sie hervorzubringen. Sie gewinnt eine neue
Einschätzung dessen, was mit dem Gebären und Aufziehen eines
Kindes verbunden ist.

In mancher Hinsicht empfindet die werdende Mutter daher mehr
Verständnis und Toleranz für ihre Mutter; in anderer Hinsicht erwa-

chen wieder alte Ressentiments. Die Mutter wird das Modell, gegen das man sich auflehnt oder das man nachahmt. Die werdende Mutter fühlt sich vielleicht selbst noch als Kind. Ängste, überwältigt zu werden, untüchtig oder zu unreif für ein eigenes Kind zu sein, kommen häufig vor.

Schwangere Frauen träumen so von ihren Müttern, wie es ihren verschiedenen Gefühlen entspricht. Gute Mütter, böse Mütter und gleichgültige Mütter kommen in Träumen in großer Zahl vor. Zu dieser Zeit treten gelegentlich auch die Väter im Traum auf, aber ihre Rolle ist weniger auffällig, vielleicht deshalb, weil sie kein Rollenvorbild sind.

Kontrolle über das Steuer. Einige schwangere Frauen träumen ihre Mütter in verschiedenen Nächten in verschiedenen Rollen, wie es bei Joan der Fall war. In einem Traum war sie ein kleines Kind. Ihre Mutter ließ sie im Stich, und sie war tief enttäuscht und verbittert. In einem anderen Traum half ihre Mutter ihr, das Essen zu bereiten und den Müll hinauszutragen. In wieder einem anderen Traum zeigte Joan eine erkennbare Verschiebung ihrer Fähigkeit, etwas zu bewältigen, egal, was ihre Mutter tat:

Ich bin mit Mutter in einem kleinen Flugzeug, das über die Inseln von Hawaii und den Columbia River fliegt. Sie steuert das Flugzeug. Ich sage ihr, sie solle langsamer fliegen, aber sie beschleunigt statt dessen. Endlich gewinne ich die Kontrolle über das Flugzeug und wende es.

Die Person am Steuer von Traumfahrzeugen weist immer auf den Aspekt hin, von dem der Träumer meint, er habe im Augenblick «die Kontrolle» über das Leben. Vielleicht hat Joan von ihrer wirklichen Mutter oder von ihrer eigenen «Mutterqualität» geträumt. In beiden Fällen ist es ihr rasch gelungen, ihre eigenen Fähigkeiten zu spüren. Aus dem «enttäuschten Kind» eines früheren Traumes ist die «Pilotin» geworden, die ein Flugzeug kontrolliert. Durch Aktivität ist es ihr gelungen, ihre Bedürfnisse zu befriedigen und ihre eigene Richtung zu bestimmen, statt passiv die Kontrolle der Mutter zu akzeptieren und sich frustriert zu fühlen. Traumverhalten dieser Art läßt auf eine entsprechende Zunahme der Reife schließen.

Insgesamt gesehen versuchen schwangere Frauen, wenn sie von ihren Müttern träumen, eine Antwort auf die Frage zu finden: «Wie sehr will ich meiner Mutter gleichen?» Die Mutter dient als Rollenvorbild, gegen das man sich auflehnt, das man nachahmt oder das man verändert.

Die Schwangerschaft kann vielen Frauen, die zum ersten Mal Mutter werden, das Gefühl geben, die Dinge seien außer Kontrolle. Zum Glück gewinnen viele im Laufe der Zeit Selbstvertrauen, wie es bei Joan der Fall war, die die Kontrollen von ihrer Mutter übernahm. Für zahlreiche Frauen wird die Schwangerschaft zum letzten Schritt im Prozeß des Erwachsenwerdens.

Im zweiten Schwangerschaftsdrittel drehen sich daher viele Träume der Schwangeren um folgendes:

Traumbild	*Wahrscheinlicher Stimulus*
Tiere	Bewußtsein, Sorgen um das ungeborene Kind
Ehemann	Spiegel der sich ständig verändernden Beziehung
Mutter	Alte Konflikte; neue Hoffnungen auf eigene Mutterschaft
An einem Steuer	Wunsch, das Leben selbst zu kontrollieren

Das letzte Schwangerschaftsdrittel: Träume von Babies und Reisen

Traumbabies: Geschlecht, Aussehen und Persönlichkeit des Ungeborenen

«Wie wird mein Kind sein? Ein Junge? Ein Mädchen? Wird mein Kind mir oder jemand anderem aus meiner Familie gleichen? Welcher Name wird richtig sein?» Diese und ähnliche Fragen beschäftigen die werdenden Eltern.

Moderne Methoden wie die Fruchtwasseruntersuchung können manchen schwangeren Frauen einige der Geheimnisse des ungeborenen Kindes verraten, aber trotzdem haben werdende Mütter noch genug Material für Träume über das Baby in ihrem Leib. Solche Träume können schon bei der Empfängnis beginnen; während des letzten Schwangerschaftsdrittels kommen sie verstärkt vor.

Manche Mütter sind sich aufgrund ihrer Träume ganz sicher, welches Geschlecht das Kind haben wird. Meg, einundvierzig Jahre alt, war sicher, ihr Kind werde ein Mädchen sein, weil ihre Träume voll mit Tänzen waren, ganz anders als bei ihrer früheren Schwangerschaft mit einem Jungen. Sie brachte später ein Mädchen zur Welt. Mindy, neunundzwanzig, träumte von Anfang an, ihr erstes Kind sei ein Junge. Ebenso erging es ihrem Mann. Im ersten Schwangerschaftsdrittel träumte er:

Ich bin bei der Arbeit, als über den Lautsprecher die Ansage kommt, Mindy habe gerade einen Jungen zur Welt gebracht und ich sei jetzt Vater. Ich bin wirklich glücklich.

Dieses Paar war offensichtlich auf seine Wünsche eingestimmt; natürlich bewahrheiteten sich ihre Träume.

Lucy jedoch war genauso sicher, ihr Kind werde ein Junge sein. Sie war bereits Mutter von zwei Töchtern und wünschte sich, die Familie mit einem Jungen zu vervollständigen. Während der ganzen Schwangerschaft träumte sie davon, einen Sohn zu haben. Auch trug sie das Gewicht des ungeborenen Kindes mehr vorne, anders als bei ihren früheren Schwangerschaften, was ihr den Eindruck vermittelte – nach volkstümlicher Auffassung –, ihr Kind werde ein Junge sein. Zwei Wochen nach der Entbindung erzählte sie mir lächelnd: «Nun ja, ich habe mich geirrt. Es ist wieder ein Mädchen!»

Das Gesicht des Ungeborenen

Wie P. Maybruck festgestellt hat, sehen schwangere Frauen ihre Babies in etwa 15 Prozent ihrer Träume. Andere Forscher haben eine noch größere Anzahl von Babyträumen während des letzten Schwangerschaftsdrittels berichtet. Manchmal beschreibt die werdende Mutter das zukünftige Aussehen ihres Kindes mit überraschender Genauigkeit. Ginny beispielsweise erzählte:

Ich bringe eine kleine Tochter zur Welt mit schwarzen Locken wie ihr Vater und blauen Augen wie ich.

Ginny erklärte dann, sie habe tatsächlich eine Tochter geboren, die genauso aussah wie das Baby in ihrem Traum. Später, als das Mädchen älter war, wurde aus den Locken glattes braunes Haar wie das ihrer Mutter, und die Augen wurden braun wie die des Vaters.

Manche werdende Mutter ist im Traum besorgt, ihr Kind könne ein unerwünschtes Merkmal erben. Donna fürchtete, das Kind in ihrem Leib könne die Augen seines Vaters haben, von denen eines eine Fehlstellung hat. Sie träumte:

Das Baby wird geboren und hat seltsame Augen. Es ist sehr erschreckend.

Nicht lange danach gebar Donna einen Jungen mit vollkommen normalen Augen. Sie hatte im Traum eine Angst aus dem Wachzustand ausgedrückt. Schwangere können Trost aus der Tatsache schöpfen, daß Alpträume typisch für diese Zeit sind und selten prophetisches Material enthalten.

Leah sah der Ankunft ihres Kindes freudiger entgegen:

Ich unterziehe mich einem Sonagramm (was sie bereits getan hatte). Es ist nicht so verschwommen wie in Wirklichkeit, sondern vollkommen klar, wie Kodak-Film, in Farbe. Ich kann unser kleines Mädchen sehen, und sie sieht aus wie wir. Sie hat meine Augen, ganz dunkel und glänzend, und den hübschen, geschwungenen kleinen Mund meines Mannes. Sie ist eine Mischung aus uns beiden in Miniaturausgabe. Es ist so aufregend!

Wie die meisten werdenden Mütter hatte Leah sich gefragt, was das Baby sein und wie es aussehen würde. In einem weiteren Traum derselben Nacht sah sie sich selbst mit ihrem Baby spielen, das diesmal ein Junge war, den sie hübsch anzog. Träume bieten eine Möglichkeit, sich in der Vorstellung mit seinem Kind vertraut zu machen.

Manche Schwangere scheinen eine außersinnliche Kommunikation mit dem Kind in ihrem Schoß zu haben. Solche Träume sind seltener als die üblichen Traumthemen der Schwangerschaft, aber wenn sie auftreten, sind sie emotional sehr intensiv.

Die letzten Wochen der Schwangerschaft

Ziel unbekannt

In den letzten Wochen vor der Entbindung wendet sich die schwangere Frau nach innen. Sie ist ganz besessen von ihrem zukünftigen Kind. Der Rückzug der Aufmerksamkeit von den sie umgebenden Personen ist eine wesentliche Vorbereitung auf die Aufgabe, die vor ihr liegt: ein Kind zu gebären. Sie braucht ihre ganze Konzentration, um innere Kraft zu sammeln. Denn sie ist wahrhaft allein.

Die Frau, die kurz davor steht, ihr erstes Kind zu gebären, ist mit dem Unbekannten konfrontiert. Es gibt keinen Ausweg. Niemand kann das für sie tun, sie kann sich nicht krank melden, sie kann sich nicht drücken, sie kann keine anderen Verpflichtungen vorschützen. Sie muß die Wehen durchmachen, um zu gebären. Kein Wunder, daß diese Aussicht eine ansonsten erwachsene und tüchtige Frau erschreckt.

In früheren Zeiten war das Risiko viel größer. Doch selbst mit modernen Methoden und liebevoller Unterstützung erscheint die Geburt oft überwältigend. Daher kommt es bei vielen werdenden Müttern zu Träumen über Reisen.

Auslandsreisen erforderlich. Fünf Tage vor der Geburt ihres Sohnes träumte Cheryl:

> Zwei Träume vermischen sich und werden zu einem. In einem der Träume steigt Bill (der Ehemann) in einen Bus. Er kommt und sagt mir: «Irgendeine Frau versucht dauernd, sich neben mich zu setzen.» Ich antworte: «Nun, sag ihr, sie solle weggehen!»
>
> In dem anderen Traum, der gleichzeitig abläuft, besteige ich ein Flugzeug, das in irgendein fremdes Land fliegt. Ich bin schwanger, aber nicht so fortgeschritten wie in Wirklichkeit. Ich habe ein schlechtes Gefühl, als wollte ich eigentlich nicht fliegen. Ich bin

nicht ausgewiesen. Leute eskortieren mich. Ich muß reisen, aber es ist nicht für lange.

Im Flugzeug sind alle diese Filmleute, keine Superstars, aber Leute, die man aus Abenteuerfilmen kennt. Es ist verwirrend, wie «Raiders of the Lost Ark». Sie reden über Drehbücher. Da gibt es diese Erscheinungen, die halb wie Menschen und halb wie Affen aussehen. Beide Träume laufen gleichzeitig ab.

Cheryls doppelter Traum drückt ein Gefühl aus, das für Frauen am Ende der Schwangerschaft typisch ist: Widerstreben vor der Konfrontation mit dem Unbekannten. Für eine Frau, die zum ersten Mal Mutter wird, ist das Gebären wie eine Reise in ein fremdes Land. Sie steht vor ihrem eigenen Abenteuer, sie hat eine wichtige Starrolle, selbst wenn sie diese nur widerwillig spielt, da sie allein gehen muß. Die Tatsache, daß Cheryl weiß, sie ist im Traum «nicht ausgewiesen» und die Reise ist «nicht für lange», legt nahe, daß ihre Einstellung im wesentlichen positiv ist und sie mit einer sicheren Rückkehr rechnet.

Die Geschöpfe an Bord des Flugzeuges, die halb Affen und halb Menschen sind, repräsentieren zweifellos den ungeborenen Fötus. Das Flugzeug selbst kann symbolisch als die umschließende Gebärmutter betrachtet werden, als das «Mutterschiff», in dem sich das Abenteuer und die Verwirrung der Träumerin abspielen.

Gleichzeitig ist Cheryls Mann ebenfalls auf Reisen. Doch der Traum vergleicht seine Reise eher mit einer Busfahrt als mit einem Flug, was die Unterschiede der Rollen oder «Drehbücher» in diesem Stadium betont. Cheryls Assoziationen zu der lästigen Frau, die ständig versuchte, sich neben ihren Mann zu setzen, betrafen die Verringerung des Sexuallebens in den letzten paar Wochen, um das Baby nicht zu verletzen. Nach fast neun Monaten Schwangerschaft war sie empfindlich und wünschte sich die ungeteilte Aufmerksamkeit ihres Mannes. Obwohl ihre Reisen von verschiedener Art sind, verlaufen sie parallel.

Kein Ersatz. Joan beschrieb das häufige Reisethema des letzten Schwangerschaftsdrittels auf andere Weise. Als sie sechseinhalb Monate schwanger war, machte sie die letzte Eintragung in ihr Traumtagebuch vor der Geburt ihrer Tochter:

Ich habe Gelegenheit, mit zwei Freunden und meiner Schwester für ein oder zwei Wochen nach Hawaii zu reisen. Ich stelle mich in der Schlange für Seattle an, während sie in der Schlange für Portland anstehen. Erst in letzter Minute fällt mir ein, daß ich ja zweimal in der Woche Geometrie unterrichten muß. Da ich glaube, daß es unmöglich ist, einen Ersatz zu finden, und nicht richtig, den Unterricht einfach abzusagen, verzichte ich auf die Reise. Sie wäre schön gewesen, aber im Augenblick ist sie zeitlich nicht möglich.

Für Joan, die im wachen Leben häufig nach Hawaii fliegt, ist die Reise eine angenehme Ablenkung von der Arbeit. Hier entscheidet sie sich dafür, ihre beruflichen Verpflichtungen einzuhalten. Es ist zu spät, um abzusagen.

Die Schwangere, die akzeptiert, daß niemand für sie gebären kann, daß es keinen Ausweg mehr gibt, daß sie es selbst tun muß – diese Frau hat einen Meilenstein auf dem Weg zur reifen Frau erreicht.

Das Gebären wird nicht nur als Reise oder als wichtige Verpflichtung geschildert, sondern kann auch als Durchqueren von Tunnels oder Korridoren oder als Ausbrechen großer Wassermassen dargestellt werden.

Das Wartespiel. In einem Traum, den sie nur drei Tage vor der Geburt ihres Sohnes hatte, nahm Sonny die Freude vorweg, ihr Kind haben und halten zu können:

Im Traum haben wir das Baby vor zwei Tagen bekommen. Ich bin irgendwo hingegangen, während Nat (ihr Mann) sich um das Baby kümmert. Er hat es mit einer Gruppe seiner Freunde zu einer Sportveranstaltung mitgenommen.

Ich gehe in das Stadion. Es ist ein schöner, sonniger Tag. Eine Kombination aus Football und Baseball wird dort gespielt. Eine Mannschaft trägt hellrote Kleidung, die andere gelbe.

Ich gehe durch die Reihen, und Nat sagt mir, wo das Baby ist. Ich schaue nach hinten, wo es eine Art Kabine mit drei Babies gibt. Ich kann meines mühelos erkennen. Es ist Zeit zum Füttern, also stille ich es. Ich denke, daß ich Nat fragen muß, wie die Wehen waren. Er kommt herein. Der ganze Traum ist mit einem Gefühl von großem Glück verbunden.

Sonny sagte, nach diesem Traum habe sie ein wunderbar freudiges Gefühl gehabt. «Wir hatten das Baby bekommen und uns darauf eingestellt. Nat und das Baby konnten ohne mich funktionieren, aber dennoch war ich wichtig und wurde gebraucht, um es zu stillen.»

In diesem Traum Sonnys gibt es viele Symbole, doch die wichtigsten Punkte sind ihre Freude darüber, das Kind geboren zu haben, und das komplizierte Spiel. Sonny erklärte, sie möge Football und verstehe eine Menge davon. Baseball findet sie langweilig; es dauert so lange, bis etwas geschieht. Daher ist diese Kombination etwas mit interessanten Elementen, das aber lange Wartezeiten erfordert, ehe sich etwas tut – genau wie die Schwangerschaft. Der Ball im Spiel repräsentiert wahrscheinlich den Fötus, dessen Bewegung das Ende des «Wartespiels» bestimmen wird. Nach neun Monaten Schwangerschaft drückt Sonny hier den Wunsch nach Ankunft des Babies und die Freude aus, die sie erwartet. Das Spiel ist noch nicht zu Ende, und das Ergebnis bleibt unbekannt.

Versuchsläufe

Manchmal stellt die schwangere Frau Wehen und Gebären direkt dar, statt durch Symbole. Solche Träume lassen oft Ängste oder Hoffnungen bezüglich der bevorstehenden Erfahrung erkennen.

Heute ein Kind zu gebären, ist wesentlich ungefährlicher als im vorigen Jahrhundert, als viele Frauen an Infektionen starben. Dennoch hat die Frau, die zum ersten Mal Mutter wird, eine gewisse Angst vor der neuen Erfahrung. Manche Frauen entwickeln eine extreme Furcht vor möglichen Wehenschmerzen. Sie wissen offensichtlich nicht, daß sie lernen können, Beschwerden durch Übung zu lindern (oder, wie manche sagen, ganz zu vermeiden). Die erfahrene Mutter findet Wehenträume vielleicht realistisch, aber nicht alarmierend. Bonnie beispielsweise war im siebten Monat mit ihrem zweiten Kind schwanger, als sie einen bewußten Traum hatte.

Ich liege in meinem eigenen Bett, und die Wehen setzen ein. Es gibt keine Ärzte und kein Krankenhaus. Alles fühlt sich sehr real an. «Oh, mein Gott», denke ich. «Ich habe Wehen. Ich will doch jetzt keine Wehen. Es ist fast drei Monate zu früh.» Dann merke ich, daß ich träume, und das Empfinden wird weniger real und mehr traumähnlich. Es tut nicht weh, ist einfach Routine. Der Traum geht weiter, und das Baby wird geboren. Mein Mann ist bis zum Schluß nicht da.

Bonnie meint, sie habe wegen «Scheinwehen» Schmerzen gehabt, und diese hätten ihren extrem realistischen Traum ausgelöst. Tatsächlich kann es sein, daß Wehenträume durch die periodische Anspannung des Uterus im Schlaf stimuliert werden. Man nimmt an, daß diese Kontraktionen, die sogenannten Braxton-Hicks-Kontraktionen, die Muskulatur der Gebärmutter stärken und auf die Wehen vorbereiten sollen.

Verglichen mit der Frau, die nicht schwanger ist, hat die Schwangere sogar noch stärkere regelmäßige Kontraktionen des Uterus, die gegen Ende der Schwangerschaft intensiver werden. Vermutlich sind es diese Kontraktionen, die die Entbindungsträume anregen. Die meisten schwangeren Frauen in meiner Studie berichteten von Wehenträumen während des letzten Drittels.

Die Wehenträume der Schwangeren dienen vielleicht als eine Art Probe und helfen ihr so bei der Vorbereitung. Solche Träume sind etwas wie ein «Versuchslauf» der physischen Trennung von Mutter und Kind bei der Geburt. Schwangere Frauen können die positiven Wirkungen ihrer Träume beschleunigen, wie wir sehen werden.

Wenn eine Schwangere einen Alptraum hat, kann sie im wesentlichen auf zwei Arten reagieren: Sie kann die Bedrohung akzeptieren und zulassen, daß sie Opfer des Bösewichts oder der Gefahr wird, mit der sie konfrontiert ist. Sie kann aber auch selbstbehauptend ihr Terrain verteidigen. Diese Selbstbehauptung kann darin bestehen, daß sie sich einfach weigert, zum Opfer zu werden, daß sie schreit, daß sie aggressiv zum Gegenangriff übergeht, daß sie den Traumbösewicht überlistet oder besänftigt. Das Schlüsselelement ist, daß sie handelt.

Indem sie im Traum aktiv mitwirkt, mobilisiert die werdende Mutter ihre Ressourcen. P. Maybruck, die Gebärtechniken lehrt und gegenwärtig einen Beratungsdienst für schwangere Frauen in San Francisco leitet, rät ihren Klientinnen, sich in ihren Alpträumen selbstbehauptend zu verhalten. Sie sagt den Gruppen, die sie auf die Entbindung vorbereitet, auch, sie sollten sich vor dem Einschlafen selbst suggerieren: «Selbst wenn ich einen Alptraum habe, werde ich nicht zum Opfer gemacht.» Es hilft, sich diese Absicht einzuprägen, wenn man vor dem Schlafengehen den Vorsatz sogar niederschreibt: «Ich werde heute nacht in meinen Träumen nicht zum Opfer.» Anleitungen zum Träumen wie diese können den Ablauf des Traumes stark beeinflussen, vor allem, wenn sie durch die Diskussion mit anderen Frauen in gleicher Lage verstärkt werden.

Diese Konzepte beruhen auf Maybrucks Funden bei ihrer Untersuchung schwangerer Frauen. Nachdem die Teilnehmerinnen der Studie entbunden hatten, hielt Maybruck die Wehendauer bei jeder Frau fest und teilte sie einer von zwei Gruppen zu: diejenigen, deren Wehen zehn Stunden oder weniger gedauert hatten, und die, deren Wehen elf oder mehr Stunden gedauert hatten.

Als die Gruppen mit langer und kurzer Wehendauer im Hinblick darauf verglichen wurden, ob sie in ihren Alpträumen selbstbehauptend gewesen waren oder nicht, stellte Maybruck eine starke Korrelation zwischen Trauminhalt und Wehendauer fest. Von den Frauen mit kurzer Wehendauer waren 94 Prozent in mindestens einem ihrer Alpträume selbstbehauptend gewesen. Bei den Frauen mit langer Wehendauer hatten sich nur 30 Prozent so verhalten, während die restlichen 70 Prozent sich zum Opfer hatten machen lassen. Es gab also einen Zusammenhang zwischen Selbstbehauptung und kürzerer Wehendauer.

Eine Frau kann also leichter die Aufgabe bewältigen, ein Kind zu gebären, wenn sie die Dinge in die Hand nimmt, Selbstvertrauen hat und den Gang der Handlung lenkt. Wenn Sie schwanger sind und einen bedrohlichen Alptraum haben, werden Sie möglicherweise feststellen, daß es einen großen Unterschied bewirkt, wenn Sie sich nicht zum Opfer machen lassen, sondern mit Selbstbehauptung auf die Situation reagieren. Damit mildern Sie nicht nur Ihren Alptraum ab, sondern bewirken vielleicht auch, daß Ihre Wehen kürzer und leichter werden.

Es ist überhaupt sehr wichtig, in Alpträumen aktiv zu werden, vor allem für die Schwangere, bei der dies mit kürzerer und leichterer

Wehenarbeit einhergehen kann. Hoffentlich werden zukünftige Forscher diese Frage sorgfältig untersuchen und klar dokumentieren.

Bis dahin hat die werdende Mutter nichts zu verlieren und möglicherweise viel zu gewinnen, wenn sie in ihren Alpträumen aktiv wird. Indem sie sich vor dem Einschlafen sagt: «Wenn ich einen Alptraum habe, werde ich nicht zum Opfer. Ich werde daran denken, der Bedrohung Herr zu werden», kann sie ihre Erfahrung im wachen Leben wie auch ihre Träume verändern. Sie kann selbst die Mittel wählen, mit denen sie der Gefahr in ihrem Traum begegnet. Manche Mütter ziehen es vor, den Übeltäter, statt aggressiv zum Gegenangriff überzugehen, zu fragen: «Was wollen Sie?» Wie immer sie auch reagiert, wenn die Träumerin etwas unternimmt, um mit der bedrohlichen Traumgestalt fertig zu werden, verbannt sie vielleicht nicht nur ihren Alptraum, sondern erleichtert sich auch die Entbindung.

Im letzten Drittel der Schwangerschaft bereitet sich die Frau in ihren Träumen auf das Abenteuer des Gebärens vor. Zu diesen Träumen gehören:

Traumbild	*Wahrscheinlicher Stimulus*
Große Tiere oder Gebäude	Der größer gewordene Fötus
Aussehen des Neugeborenen	Erwartungen oder Ängste in bezug auf das Baby
Kommunikation mit Fötus	Wunsch, das erwartete Kind kennenzulernen
Große Gewässer	Erwartung, daß die Fruchtblase platzt
Details über Wehen und Gebären	Hoffnungen und Ängste bezüglich der Erfahrung; wirkliche frühe Kontraktionen
Reisen	Angst vor dem Unbekannten
Rituale, Zeremonien, Festtage, Geburtstage	Feier der Geburtsfreude

Das «Goldene Kind»: Symbolik in Schwangerschaftsträumen

Schwangere Frauen träumen häufig davon, ein Kind zu gebären, aber das tun auch Frauen, die nicht schwanger sind. Woher kommen solche Träume? Was bedeuten sie für die nicht schwangere Träumerin?

Manchmal lautet die Antwort, daß die nicht schwangere Frau durch die Ovulation stimuliert wird. Donna beispielsweise sagte, sie träume immer davon, ein Baby zu bekommen, wenn sie den Eisprung hat. Ihr Wunsch, ein weiteres Kind zu haben, werde durch ihre dann bestehende größere physische Empfänglichkeit beträchtlich verstärkt. Eine Woche später denkt sie wieder mehr praktisch, und ihr fallen alle Gründe ein, warum es im Augenblick nicht ratsam ist, ein zweites Kind zu bekommen. Viele Frauen träumen wie Donna davon, Babies zu bekommen, wenn ihr Körper dazu bereit ist.

Traumschwangerschaft als Flucht. Jenseits der physiologischen Grundlage der Ovulation haben Träume von Schwangerschaft oder Gebären eine starke Symbolik.

Die Frau, die noch nie ein Kind geboren hat, träumt vielleicht ständig von diesem Geschehen, wenn ihre «biologische Uhr» abläuft. Die Fähigkeit einer Frau, Kinder zu bekommen, ist auf ungefähr dreißig Jahre begrenzt, etwa vom Alter von sechzehn bis fünfundvierzig Jahren, plus oder minus fünf Jahre an beiden Enden. In unserer Kultur ist wohlbekannt, daß die Risiken für ältere Erstgebärende ansteigen. Mitte bis Ende Dreißig müssen die meisten Frauen sich entscheiden, jetzt schwanger zu werden, wenn sie überhaupt die Mutterschaft erleben wollen. Die Frage lautet: «Jetzt oder nie?»

Nina, die sich in diesem Dilemma befand, hatte die Schwangerschaft bis an die äußerste biologische Grenze aufgeschoben. Nachdem sie als Teenager eine Abtreibung gehabt hatte, konzentrierte sie alle Energien auf eine berufliche Karriere. Ende Dreißig war sie eine erfolgreiche Geschäftsfrau. Vor kurzem hatte es bei der Arbeit eine Krise gegeben, die sie bis an die Wurzeln ihrer Träume erschütterte. Sie hatte einen heftigen Streit mit einer Angestellten gehabt, der es schließlich notwendig machte, das Mädchen zu entlassen. In dieser Nacht träumte Nina:

Ich bin schwanger, bin im Begriff, ein Baby zu bekommen. Ich habe meine Tasche noch nicht gepackt, aber ich bin nicht aufgeregt. Ich gehe in ein Kaufhaus, um ein Nachthemd und andere Dinge fürs Krankenhaus zu kaufen. Ich fühle mich glücklich.

Die angenehme emotionale Tönung des Traums war teilweise eine Kompensation des Ärgers, den sie tagsüber erlebt hatte. Darüber hinaus lassen die Traumbilder ein Bedürfnis erkennen, sich auf eine wichtige neue Entwicklung vorzubereiten. Während unseres Gesprächs sagte Nina: «Vielleicht ist die Schwangerschaft ein Ausweg aus diesem Alptraum von Geschäft. Sie ist eine gute Entschuldigung, die einzige.» Es stellte sich heraus, daß sie einen Konflikt darüber gehabt hatte, ob sie das Geschäft aufgeben und ein Baby bekommen sollte oder nicht. So war die Schwangerschaft in Ninas Traum teilweise auch ein Fluchtweg.

Einen Monat später hatten sich Ninas geschäftliche Probleme gelöst. Im folgenden Monat verkündete sie mit leuchtenden Augen: «Ich bin schwanger!» Ihr Traum war mehr als ein Ausweg gewesen; er war auch eine Realität. Sie war tatsächlich schwanger gewesen, als sie ihn träumte, ohne daß sie dies geplant, gewußt oder erwartet hatte. Ihr Traum war sowohl symbolisch (ein Ausweg aus der Arbeit) als auch realistisch (sie war tatsächlich schwanger).

Andere Frauen haben mir berichtet, sie seien im Traum schwanger geworden, wenn sie Schwierigkeiten im Beruf hatten; bei diesen Träumerinnen erwies sich der Traum aber nicht als zutreffend. Ein Baby zu bekommen, scheint im Hinterkopf vieler Frauen eine Alternative zur Berufssituation zu bleiben, wenn diese frustrierend wird.

Traumschwangerschaft als Ideenentwicklung. Manchmal repräsentieren Träume, ein Kind zu gebären, weder den Wunsch danach noch ein Mittel, einer schwierigen Situation zu entfliehen. Schwangerschafts- und Gebärträume können auch die «Geburt» eines neuen Gedankens oder Projekts symbolisieren. Die deutsche Bildhauerin und Graphikerin Käthe Kollwitz berichtete in ihrem Tagebuch[25]:

Wiederholt träume ich, daß ich noch einmal ein kleines Kindchen habe, und empfinde die ganze Zärtlichkeit, ja mehr als das, wie man ja überhaupt im Traum gesteigerte Empfindungen hat.

Es war eine «sehr gute» Periode ihres Lebens, in der sie stark in ihre Arbeit vertieft war, ihre Traumbabies waren künstlerische Vorhaben.

Autoren beider Geschlechter haben ihre langfristigen Projekte oft mit dem «Austragen» eines Kindes verglichen. Ein Buch wächst aus einer inneren Phantasie zu einer manifesten Form, die unter Mühen entwickelt, genährt und zur Welt gebracht werden muß. Kreative Künstler aller Sparten vergleichen ihre Produkte aus Leinwand, Stein oder Noten mit ihren «Kindern». Eine Frau, die ein wichtiges Vorhaben in Angriff nimmt, Mutter oder nicht, kann durchaus von ihrem kreativen «Kind» träumen.

Das göttliche Kind. Für C.G. Jung sind Träume von einem Kind archetypische Träume. Die Geburt eines neuen Potentials im Träumer, das Potential der Ganzheit, das Selbst, die Einheit von Gegensätzen, eine Verwandlung der Persönlichkeit – das sind einige der Begriffe, die Jungianer verwendet haben, um das Kind in einem Traum zu deuten. In der alten Alchemie hieß es, das Produkt der Elemente Quecksilber und Schwefel bilde das philosophische Gold oder das «Goldene Kind». Jung verglich dies mit dem göttlichen Kind, das in Träumen erscheint.

Aus biologischer Sicht ist ein Kind wirklich die «Vereinigung» von Gegensätzen seiner Eltern. Mutter und Vater, Mann und Frau, sind in ihrem Kind auf eine neue Weise vereinigt. Psychologisch kann ein Kind die Versöhnung zwischen zwei miteinander in Konflikt stehenden Einstellungen symbolisieren: spirituelle versus materielle Gedanken, Arbeit versus Spiel, Liebe versus Haß. Solche Gegensätze können eine Auflösung finden, die vom Träumer symbolisch als neugeborenes Kind dargestellt wird.

In den Träumen einer Frau, die nicht schwanger ist, kann ein besonderes Kind ihre innere Entwicklung symbolisieren. So träumt eine Frau vielleicht, sie gebäre ein Kind, wenn sie eine Veränderung durchmacht, wie Miriam es unmittelbar vor ihrem Geburtstag tat:

Ich habe ein eigenes Baby, eine Tochter, und sie ist so klug. Sie hat binnen vier Tagen ihren vollen Intellekt. Ich bin so stolz auf sie.

Miriam, die noch nicht Mutter war, erlebte zum Zeitpunkt dieses Traumes wichtige Veränderungen in ihrem Leben; ihr kluges Baby war ihr eigenes inneres Wachstum. Cheryl träumte einige Monate nach der Geburt ihres Sohnes, sie schaue in ein Schlafzimmer im Haus ihrer Freundin:

Ein Baby, ein Mädchen, liegt auf dem Bett und spielt mit seinen Zehen. Es zählt sie. «Eins-zwei-drei-vier-fünf. Sie wissen nicht, daß ich sprechen kann!»

Auch Cheryl entdeckte gerade neue Möglichkeiten in sich selbst in ihrer Rolle als Mutter und wuchs schnell. Das mystische Kind, das in Träumen zu uns spricht, das Rätsel löst oder Weisheiten verkündet, ist das innere Zeichen eines gesunden neuen Potentials.

Wann immer eine Frau von einem Kind träumt, regt sich in ihr neues Leben. Schwanger oder nicht, Mutter oder nicht, der Traum von einem wunderbaren Kind spricht davon, daß in der Träumerin neues Leben geboren wird.

7. Karriereträume

Ich fliege auf einer Matratze hoch über Reportern und Filmteams
dahin, die hektisch herumlaufen. Ich fühle mich wundervoll!

Bibi, eine Produzentin von Fernsehnachrichten Mitte Dreißig, fühlte
sich in ihrem Job frustriert, als sie diesen Traum hatte. Nachdem sie
viele Anstrengungen in eine neue Sendung gesteckt hatte, war diese
einfach gestrichen worden. In ihrem Ärger dachte sie ernstlich daran,
die Nachrichtenabteilung zu verlassen. Die Matratze, so sagte Bibi
mir, war «wie ein fliegender Teppich, eine magische Art, auf und
davon zu fliegen». In ihrem Traum hatte Bibi die Flucht angetreten,
nach der sie sich sehnte; sie fühlte sich wunderbar an. Sie ließ die
hektische Menge weit unter sich, während sie besseren Horizonten
entgegenflog.

Unsere Träume geben unsere Arbeit und auch alle anderen wichtigen Bereiche unseres Lebens wieder. Sie lassen erkennen, ob wir das
Gefühl haben, daß wir zu wenig oder zu viel arbeiten; sie alarmieren
uns bei übermäßigem Streß; sie weisen auf Unausgewogenheiten in
unserem Beruf, unserem Liebesleben, unserer Elternschaft hin; sie
verdeutlichen unsere Konflikte. Sie sagen uns, wann wir, wie Bibi,
etwas verändern oder entkommen wollen. Haben wir unsere Verant-
wortlichkeiten vernachlässigt? Haben wir bei einer wichtigen Arbeit
gebummelt? Unsere Träume alarmieren unsere Psyche intensiver als
ein Wecker. Natürlich müssen wir wissen, wie man zuhört. Wenn wir
sie ignorieren, wiederholen sie dieselben Botschaften in anderen
Bildern, bis wir sie in uns aufnehmen. Träume können uns aufrütteln
oder uns sogar zu klugen Neuerungen inspirieren.

Für viele moderne Frauen steht die Karriere im Vordergrund.
Doch selbst glücklich verheiratete Hausfrauen stellen fest, daß Fer-

tigkeiten, die ihnen ermöglichen, zum Familienbudget beizutragen, ihnen Selbstwertgefühl geben. Manche Frauen harren aufgrund ihrer wirtschaftlichen Abhängigkeit in schwierigen Ehen aus. In diesen Fällen können berufliche Fähigkeiten für die emotionale Gesundheit einer Frau eine entscheidende Rolle spielen, sie bieten vielleicht den einzigen Ausweg. Auch hier können unsere Träume Fragen erhellen. Die Fähigkeit, gut zu arbeiten, gibt uns ein gutes Gefühl uns selbst gegenüber.

Vernachlässigte Arbeit im Traum

Das vergessene Baby. Mitten in der Arbeit an diesem Buch mußte ich eine mehrtägige Unterbrechung vornehmen, weil ich Pflichten als Geschworene zu erfüllen hatte. In der Nacht nach dem ersten Tag, an dem ich wieder hatte arbeiten können, träumte ich:

Ich bin in einem geschäftigen Innenstadtbereich. Ich gehe in einen Laden, dessen Front offen ist wie eine Arkade, und schlendere umher. Dann betrete ich einen Aufzug und fahre in verschiedene Stockwerke. Als die Leute aussteigen, merke ich zu meiner Über-raschung, daß neben mir ein unbeaufsichtigter Kinderwagen steht. Ich frage mich, wer ihn wohl zurückgelassen hat.

Etwas veranlaßt mich, mich niederzubeugen und die Decken zu berühren. Etwas rührt sich, und plötzlich beginnt ein Baby zu schreien. «Guter Gott! Das Baby ist noch drin!» Blitzschnell über-lege ich, was zu tun ist. Ich weiß, daß wir im vierten Stock waren. Vielleicht ist das die Abteilung mit den Babysachen.

Ich überlege, ob ich das schreiende Baby aufnehmen soll; ich drücke auf den Knopf, um wieder in den vierten Stock zu fahren, in der Hoffnung, die Mutter werde dorthin zurückkommen. In die-sem Augenblick öffnet sich die Tür wieder, und eine Frau (die einer Kollegin ähnelt, die eine berufstätige Mutter ist) tritt ein und sagt mit ungeheurer Erleichterung: «Er ist noch da!» Ich bin eben-falls erleichtert.

Als ich aus diesem Traum erwachte, fragte ich mich: «Was habe ich Wichtiges vergessen?» Da ich wußte, daß für mich wie für die meisten Träumerinnen ein Baby ein wertvolles neues Leben repräsentiert, wußte ich, daß ich etwas vergessen haben mußte. Die Antwort war einfach: Ich hatte Schuldgefühle, weil ich am ersten Tag, an dem ich von der Aufgabe bei Gericht frei war, nicht genügend an meinem Buchprojekt gearbeitet hatte. Ich hatte mein «Baby» vergessen, d. h. mein Buch, und es «unbeaufsichtigt» gelassen. Die Kollegin in meinem Traum, die berufstätige Mutter, ist eine besonders fleißige Person; selbst sie konnte zeitweilig ihr Kind vergessen.

«Aber warum der vierte Stock?» fragte ich mich. Zahlen haben im Traum immer etwas zu bedeuten. Da mußte ich plötzlich lachen: «Es ist mein *viertes* Buch!» Die Metapher vom vergessenen Baby regte mich an, am nächsten Morgen pünktlich an die Arbeit zu gehen. Traumermahnungen wie diese können uns den Anstoß geben, den wir brauchen.

Überarbeitung im Traum

Die Dampfwalze. Gewöhnlich wissen wir, wann wir überarbeitet sind; daran braucht man uns kaum zu erinnern. Trotzdem sprechen unsere Träume eine Warnung aus, wenn der Druck zu stark wird.

Vor einigen Monaten, nachdem ich mehrere Tage an einem Vortrag über Kinderträume für eine nationale Pädiatriekonferenz geschrieben, neue Dias vorbereitet, wenig geschlafen und dann eine lange, ermüdende Reise in eine andere Stadt unternommen hatte, hatte ich einen lebhaften Warntraum:

Überall, wohin ich gehe, wird gebaut. Die Gehsteige werden repariert. Viele Straßen sind aufgerissen. Ich gelange an einen Punkt, an dem ich nicht mehr weiterkomme, und muß mir einen anderen Weg suchen.

Ich sehe Ian (einen schwer arbeitenden und tüchtigen Mann, der kürzlich Außenarbeiten vor unserem Haus durchgeführt hat) eine Gruppe von Arbeitern anführen. Sie haben einen großen Teil des Weges aufgefüllt und kommen gerade ans Ende. Sie bewegen eine riesige Dampfwalze, die bis zum letzten Augenblick unter Druck stehen muß, damit der Hohlraum richtig gefüllt wird.

Ian treibt die Gruppe an: «Schieben! Schieben! Schieben!» Sie schaffen es bis zum Ende. Er, von der Anstrengung erschöpft, bricht auf der Straße zusammen. Ich beuge mich über ihn, umarme ihn, drücke meine Wange an seine und sage: «Ian, möchten Sie einen Augenblick hereinkommen, sich ausruhen und etwas Kühles trinken?»

Wie ein Warnschild mit großen, roten Buchstaben verkündete dieser Traum Gefahr. «Verringere das Tempo. Erhole dich, oder du wirst Schwierigkeiten bekommen», rief er in dramatischen Bildern. Ich mußte «einen anderen Weg suchen», mich «ausruhen und etwas Kühles trinken», oder ich würde zusammenbrechen wie der tüchtige Vorarbeiter in meinem Traum. Ich war froh, in meinem Traum «Teamwork» zu sehen, das den Arbeitern den «Bau» des neuen Programms ermöglichte und sie befähigte, bis zum Schluß «den Druck» aufrechtzuerhalten, aber ich mußte nun aufhören. Daraufhin war ich am Vortag des Vortrages nett zu mir selbst, ruhte mich aus, aß gut, unternahm angenehme Spaziergänge und las ein leichtes Buch. Ich stellte fest, daß ein kurzer Überblick ausreichte, um meine Aufgabe gut zu erledigen, und kehrte wohlauf nach Hause zurück.

Wenn der Träumer seine eigenen Symbole für Überarbeitung zu erkennen und beachten lernt, kann er sich viel Schlimmes in der Zukunft ersparen und vielleicht sogar Krankheiten vermeiden.

Berufliche Konflikte in Träumen

Träume über den Beruf enthalten oft beide Elemente des Konflikts, in dem der Träumer steht, wie es in meinem Traum über die Gehsteige der Fall war, an denen aktive «Bauarbeiten» im Gang waren, die mit der Erschöpfung des Vorarbeiters kontrastierten. Wenn Sie in Ihren Traumbildern sowohl nach den negativen als auch den positiven Aspekten Ausschau halten, werden Sie die Natur möglicher Konflikte besser verstehen.

Die riesige Wiese. Die Autorin D. Wolkstein beschreibt einen Traum, den sie hatte, während sie an einem größeren Projekt beteiligt war. Sie arbeitete mit S. Kramer, einem Experten für die Kultur der alten Sumerer und Übersetzer mehrerer Keilschrifttexte aus dem Jahre 2000 v. Chr. Als Volkskundlerin und Geschichtenerzählerin suchte Wolkstein nach einer idealen Geschichte ihrer Namenspatronin, der Mondgöttin Diana.

In Zusammenarbeit mit Kramer verbrachte Wolkstein zwei Jahre damit, Auszüge aus seinen Übersetzungen zusammenzufassen, zu ergänzen, zu redigieren und ihren Text zu vervollkommnen. Sie sagte:

Im ersten Jahr träumte ich, ich sei auf einer riesigen grünen Wiese und hätte die Aufgabe, sie Grashalm für Grashalm zu roden.

In Wolksteins Traum wurde jedes übersetzte Wort mit einem einzelnen Grashalm verglichen. Ihre Aufgabe, einzelne Wörter aufzupolieren, wurde als das Roden einzelner Grashalme beschrieben. Obwohl die grüne Farbe zweifellos Wachstum repräsentierte, legen die Bilder nahe, daß sie sich im Augenblick von den Details ihrer Aufgabe überwältigt fühlte. Das positive Wachstum, das die grüne Wiese darstellt, stand in Konflikt mit dem ungeheuren Umfang ihrer Arbeit. Die Ausdauer siegte.

Das Haus wird angegriffen. Fiona begann, Alpträume zu haben, als sie in ihrem Beruf unter starkem Streß stand. Sie träumte:

Ich bin im Haus meiner Mutter, zusammen mit zweien meiner Mitarbeiterinnen, die meine Freundinnen sind. Chuck (ein beruflicher Rivale, mit dem sie große Schwierigkeiten hatte) fährt vor. Er versucht, durch die Vordertür ins Haus einzudringen. Er trommelt und rüttelt von einer Seite an der Tür, während ich sie von der anderen festhalte. Irgendwie kann ich ihn sehen, aber er weiß nicht, daß ich die Tür zuhalte. Ich stehe zwischen ihm und diesen verletzlichen Menschen. Ich muß sie beschützen. Ich fühle mich verantwortlich. Schweißgebadet wache ich auf.

Fiona beschrieb diesen Traum als «wirklich scheußlich». Sie sah das Haus ihrer Mutter, wo der Traum spielte, als «sicheren Hafen» an. Der bedrohliche Mann aus ihrem Berufsleben versuchte, in dieses Heiligtum einzudringen. Die Verletzlichkeit ihrer Mitarbeiterinnen in diesem Traum drückt aus, daß Fiona sich im wachen Leben zwar für sie verantwortlich fühlte, daß sie aber auch den verwundbaren Teil ihrer selbst darstellten, der ebenso wie sie in Gefahr war.

Das positive Zeichen in diesem Traum war Fionas aktiver Kampf, die Tür zuzuhalten, was darauf schließen ließ, daß sie für das kämpfen würde, woran sie glaubte. Fortschritte dieser Art in einer Serie von Träumen zeigen an, daß die Träumerin ihre Kräfte sammelt, um im Wachzustand besser mit einem Konflikt fertig zu werden.

Die berufliche Situation führte schließlich dazu, daß die Position des Rivalen aufgelöst und die Fionas neu strukturiert wurde. Die Nachwirkungen machen sich in Fionas Leben noch immer bemerkbar, aber sie ist dankbar für eine Periode unter geringerem Streß. Ihre Angst vor der Situation und ihre Alpträume drohten sie zu überwältigen. Viele Frauen teilen dieses Gefühl emotionaler Verletzlichkeit im Beruf, obwohl sie tatsächlich überlegene Fähigkeiten besitzen. Träumerinnen, die angegriffen werden, stellen vielleicht fest, daß ein Gegenangriff auf den Bösewicht im Traum auch ihre Angst im Wachzustand verringert.

Beruflich nicht mitkommen

Den Bus verpassen. Kay, eine charmante Frau in den Dreißigern, hatte ursprünglich Anthropologie studiert und auch auf diesem Gebiet gearbeitet. Später nahm sie eine Stellung bei einer brandneuen Zeitschrift an. Eine Woche vor dem geplanten Erscheinungstermin der ersten Ausgabe erkrankte Kay an Grippe. Sie lag zu Hause im Bett und träumte:

Ein Bus fährt von der Haltestelle ab. Drinnen kann ich alle älteren Leute aus der Redaktion sehen. Ich bekomme eine Haltestange zu fassen. Der Bus fährt ziemlich schnell, und ich versuche, mitzukommen und einzusteigen. Ich weiß nicht, ob ich es schaffe, aber ich lasse nicht los.

Träume, in denen man einen Bus, einen Zug, ein Flugzeug oder ein Schiff verpaßt, beziehen sich gewöhnlich auf das Gefühl des Träumenden, eine Gelegenheit zu versäumen. In diesem Fall sah Kay die älteren Mitglieder der Redaktion als bevorteilt an. Sie waren erfahrener in ihrem Beruf als sie, sie hatten ihr Metier von der Pike auf gelernt. Wenn sie durch ihre Krankheit nicht in der Lage wäre, die ihr aufgetragene Arbeit rechtzeitig abzuschließen, würde sie vielleicht zurückfallen und ihre Chance verpassen. Während wir sprachen, hatte Kay noch immer einen bösen Husten, aber sie arbeitete wieder und tat ihr Bestes. Die Tatsache, daß sie in ihrem Traum «nicht losließ», sprach dafür, daß sie in Zukunft gute Leistungen bringen würde.

Immer, wenn wir vor einer schwierigen Situation stehen – wie beispielsweise ein Rechtsanwalt, der einen schwierigen Fall vertritt, ein Werbefachmann, der einem heiklen Kunden Vorschläge unterbreitet, ein Mädchen, das zu einer Verabredung mit einem Unbekannten geht, ein Angestellter, der den Chef zu sich nach Hause zum Essen einlädt –, ist die Wahrscheinlichkeit groß, daß wir träumen, wir würden geprüft. Wir haben das Gefühl, daß ein Urteil über unser Verhalten gefällt wird. Wenn wir in unseren Träumen schlecht abschneiden, sind auch unsere Erwartungen im Wachzustand gering. Wenn wir die geforderte Leistung aber mühelos erbringen, dann sind auch unsere wachen Hoffnungen groß.

Sexuelle Diskriminierung am Arbeitsplatz

Schweine im Büro. In der Berufswelt müssen Frauen noch immer schwer für ihren Erfolg kämpfen. Victoria stand wie Fiona in einem Machtkonflikt mit einem männlichen Kollegen. Obwohl sie nominell verantwortlich war und er eine niedrigere Stellung hatte, gelang es diesem Mann häufig, sich bei Konferenzen in den Vordergrund zu drängen. Als ihre Frustration intensiver wurde, träumte Victoria:

> Ich packe Hugo (den Mann, mit dem sie Konflikte hat) buchstäblich am Revers und schreie ihn an: «Sie sexistisches Schwein!» Ich fahre fort, ihn laut und ausfallend zu beschimpfen.

Als sie aufwachte, fühlte sich Victoria etwas unbehaglich wegen ihres untypischen Verhaltens in diesem Traum; gleichzeitig hatte sie aber das Gefühl, etwas «losgeworden» zu sein. Ein Traum dieser Art kann der Träumerin helfen, etwas von der angesammelten Spannung zu entladen. Zumindest im Traum wird die Wut ausgedrückt. Vielleicht gewinnt die Träumerin sogar genug Selbstvertrauen, um kraftvoll einzugreifen – auf angemessene Weise –, damit die frustrierende Situation im wachen Leben gebessert wird.

Das isolierte Haus. Ruth, um die Vierzig, ist Anwältin. Ihre Karriere und ihre Beziehung zu ihrem Mann stehen im Mittelpunkt ihres Lebens; sie hat keine Kinder. Kürzlich träumte Ruth:

> Das Haus, in dem ich wohnte, im Süden, wird nach Dallas in Texas versetzt. Statt wie alle anderen Häuser ringsum mit Fensterläden und Rosen, Sträuchern und Azaleen ist unseres von hohen Bauten umgeben. Es ist isoliert. In der Nähe ist ein häßlicher, betonierter Schulhof. Ich erwache weinend.

Als Ruth und ich diesen Traum diskutierten, stellte sich heraus, daß er von ihrem Gefühl sexueller Diskriminierung im Beruf handelte. Zuerst ließ ich sie das Haus in ihrem Traum beschreiben. Es war «wie Häuser eben aussehen sollten, traditionell, mit schrägem Dach, einer verglasten Veranda, zwei Stockwerken, einem Vorgarten und einem Garten». Dann bat ich sie, mir etwas über Dallas zu erzählen. Natürlich gibt ihre Antwort nur ihre eigenen Vorstellungen wieder. Jede Träumerin muß ihre eigenen Assoziationen zu ihren Traumelementen finden, um deren Sinn zu erkennen. Für Ruth hatte Dallas, eine Stadt, in der sie nur einmal zu einer Konferenz gewesen war, «nichts Altes, keine Geschichte. Es ist die gewöhnlichste Stadt, die man sich vorstellen kann». Ruth interessierte sich sehr für die Bewahrung von Architektur, daher stand das Haus in ihrem Traum in einer abstoßenden Umgebung.

Dann bat ich Ruth, mir von den hohen Bauten zu erzählen. Diese, sagte sie, seien «große, kühlschrank- oder kistenähnliche Objekte aus Beton». Beton, fand sie, ist «hart, kalt, unpersönlich und unnahbar. Darauf kann kein Gras wachsen.»

Wenn wir Ruths Assoziationen in ihre Traumbilder einsetzen,

sehen wir, daß sie sagte: «Ich finde mich selbst (symbolisiert durch ihr früheres Haus) mit den Dingen, die das Leben schön und lebenswert machen (die traditionellen Merkmale, die Blumen), an einem Ort, der hart, kalt und unpersönlich ist (zwischen hohen Gegenständen und Beton). Nichts kann wachsen. Ich fühle mich in den Schatten gestellt und isoliert.» Kein Wunder, daß diese Träumerin traurig erwachte.

Ruths große Anwaltskanzlei bestand hauptsächlich aus Männern; alle Partner waren Männer. Vermutlich wurden sie durch die «hohen Bauten» in ihrem Traum symbolisiert. Obwohl Ruth der Kanzlei schon lange angehörte, war ihr Rang niedriger, als er hätte sein sollen, genau wie das kleine Haus im Vergleich zu den hohen Bauten in ihrem Traum. Sie fühlte sich behandelt «wie eine Angestellte». Die wenigen anderen Frauen in der Firma waren jünger und weniger engagiert. Die Kluft, die Ruth zwischen sich und ihren Kollegen spürte, spiegelte sich in der Isolation des Hauses im Traum wider. Es handelte sich um ein emotionales Problem, das Ruth in Angriff nehmen mußte, um die gegenwärtige Situation irgendwie zu verbessern oder in eine andere Kanzlei einzutreten.

Beachten Sie, wie die Rangordnung im Beruf durch die Größenverhältnisse in diesem Traum dargestellt wird: die *hohen* Bauten um das *kleine* Haus. Es ist typisch, daß die träumende Psyche Wichtigkeit durch schiere Größe ausdrückt.

Einige Monate nach diesem Traum berichtete Ruth erfreut, sie gehöre nun der Sozietät an. Sie war «befördert» worden. Hoffentlich bietet ihre neue Stellung ihr Chancen für produktive neue Entwicklungen.

Konflikte berufstätiger Mütter im Traum

Die Leiter erklettern. Unsere Wünsche nach Erfolg nehmen in unseren Träumen viele Formen an, je nach der Stärke und Richtung unserer Ziele. Der Wunsch, sich auszuzeichnen, ist oft mit Bildern von Höhe verbunden, wie wir bei Ruths «hohen Bauten» sahen.

Joan hatte, als ihre kleine Tochter etwa einen Monat alt war, ernsthaft die Absicht, wieder in den Beruf zurückzukehren. Gleichzeitig hatte sie emotional viel in die liebevolle Pflege ihres Babies investiert. Ihre Besorgnisse stellten sich in diesem Traum dar:

Ich warte in einer Schlange, um eine öffentliche Leiter zu erklettern und einen Rundblick über die Stadt zu haben. Ich klettere mit meiner Tochter hinauf und stelle zu meinem Schrecken fest, daß ihre Bewegungen die Leiter gefährlich ins Schwanken bringen. Ich rufe um Hilfe, merke dann aber, daß ich die Bewegungen des Babies ausgleichen und die Leiter halbwegs im Gleichgewicht halten kann.

Joan scheint sich hier zu fragen, ob es möglich ist, die Leiter des Erfolgs zu ersteigen und gleichzeitig ihrem Baby nahe zu sein, was auf einen Kind-Beruf-Konflikt hindeutet. Das Warten in der Schlange bezieht sich wahrscheinlich auf die Verzögerung ihrer Karriere. Leitern, hohe Regale, Bergspitzen – solche Bilder spiegeln oft die «hochgesteckten Ziele» des Träumenden wider. Joan findet den Aufstieg schwierig, entdeckt aber, wie sie «halbwegs im Gleichgewicht» bleiben kann. Dieser Traum verheißt Gutes bezüglich Joans Fähigkeit, Beruf und Familienleben zu bewältigen.

Die winzige Wanne. Leah, die im sechsten Monat schwanger war und ganztags arbeitete, kämpfte in ihren Träumen bereits mit dem gleichen Konflikt zwischen Kind und Beruf. Sie träumte beispielsweise:

Ich bin in einer Art Warenhaus in einer oberen Etage und will eine Badewanne für das Baby kaufen. Was wir sehen, sind Wannen von der Größe einer Seifenschale oder so kleine Wannen, daß gerade eine Katze hineinpaßt. Meine Mutter und mein Vater sind bei mir. Ich bin ratlos. Ich weiß nicht, was ich kaufen soll.

Ich höre meinen Mann eine Etage tiefer am Telefon sprechen. Ich gehe hinunter, um ihn um Hilfe zu bitten. Ich komme an meinen beiden Nichten vorbei, die im unteren Stockwerk sind und ein Schläfchen halten. Es gibt keine Betten, sie liegen auf dem Fußboden. Sie fragen: «Können wir aufstehen?» – «Nein, noch nicht», sage ich zu ihnen.

Als ich meinen Mann finde, bin ich sehr aufgebracht bei der Feststellung, daß er am Telefon für mich Verabredungen trifft. «Oh, nein!» Ich wache verzweifelt auf.

Als ich Leah nach ihrer Ansicht über den Traum fragte, antwortete sie: «Das ist ganz offensichtlich. In mir findet ein richtiges Tauziehen statt. Bewußt möchte ich die Arbeit aufgeben. Aber sie gibt mir viel Befriedigung. Ich mache sie gern und bekomme viel Bestätigung. Aber ich will nicht anderen Leuten zuhören, wenn mein Kind zu Hause ist.»

Im Traum kauft Leah ein – eine Traumtätigkeit, die gewöhnlich Entscheidungen fordert. Sie sucht nach etwas, was sie wirklich braucht – der Babywanne –, aber im Traum sind alle Wannen zu klein für ein richtiges Baby. Dies deutet darauf hin, daß Leah das Gefühl hat, das Baby bekomme nicht genug Raum in ihrem Leben. Ihre Nichten, die sie besonders gern hat, haben in ihrem Traum keine Betten. Als sie sich an ihren Mann um Hilfe wendet, stellt sie fest, daß er für sie berufliche Termine vereinbart, statt ihr zu helfen, Raum für das Baby zu schaffen. Leah muß das Gefühl haben, daß ihr Mann sie in ihrem Beruf mehr unterstützt als in ihrer Mutterschaft. Im Wesentlichen besteht der Konflikt jedoch in ihr selbst.

In den nächsten paar Tagen nach diesem Traum erledigte Leah «eine Menge häuslicher Arbeiten». Sie räumte ihren Schrank und ihre Schubladen aus und putzte das ganze Schlafzimmer sehr gründlich. Dann ging sie aus und kaufte eine große, teure Babywanne. Vielleicht war dieses Verhalten ihre Art, sich zu vergewissern, daß sie dem Kind in ihrem Leben den nötigen Platz einräumt. Einige Wochen später träumte sie, ihr werde eine Wiege geliefert, die man zu einem ganzen Eßtisch mit Schrank ausziehen konnte. Im Wachen und im Schlaf schuf Leah Raum für ihre Mutterschaft.

Das Berufsleben enthält für Frauen mehr Konflikte als für Männer. Die Entscheidung, ob man arbeiten soll oder nicht; ob man eine Karriere verfolgt oder einfach arbeitet, um Geld zu verdienen; ob man sich um eine kreative Arbeit bemühen soll oder einfach eine «praktische» Beschäftigung akzeptiert; ob man versuchen soll, ganztags zu arbeiten und gleichzeitig Mutter zu sein; ob Teilzeitarbeit angemessen ist oder nicht. All das sind komplexe Probleme für die moderne Frau.

Die geschlossene Praxis. Mein Mann, der Psychotherapeut ist, sagt mir, seine Patientinnen hätten viel mehr Konflikte als Männer bei der Wahl zwischen einer praktischen Stellung zum Geldverdienen und kreativer Arbeit. Diese Ambivalenz kam dramatisch zum Ausdruck in einer Serie von Träumen, die eine Therapeutin hatte, die an meiner Studie teilnahm. Theresa grübelte darüber nach, ob sie ihre Privatpraxis aufgeben sollte oder nicht, um zu schreiben.

Theresa war um die Vierzig und hatte jahrelang Therapien durchgeführt. Ihr Umzug in die Bay Area von San Francisco war ein Teil ihres Vorhabens, nun das Schreiben zu ihrem Beruf zu machen. Eine Zeitlang fuhr sie noch hin und her, um in ihrer früheren Stadt Klienten zu behandeln. In dieser Zeit hatte sie immer wieder Träume, in denen ihre Praxis vorkam:

Ich komme und stelle fest, daß meine Praxis geschlossen ist. Oder ich entdecke, daß ich meine Praxis mit anderen Leuten teilen muß. Manchmal habe ich keinen Stuhl. Bei anderen Gelegenheiten liegt die Praxis ganz unpraktisch am hintersten Ende des Flurs. Einmal stelle ich, als ich in meine Praxis komme, fest, daß inmitten meiner Sachen ein Schreibbüro eingerichtet worden ist.

Endlich bin ich in einem Raum außerhalb des Gebäudes installiert, in dem meine Praxis tatsächlich liegt. Ich bin mit meinem Mann und einer Gruppe von Künstlern zusammen. Ich fühle mich zu Hause. Ermutigt wache ich auf.

Theresa erklärte, die Szene mit den Künstlern repräsentiere die kreativere Arbeit, die sie zu tun hoffte. Sie sehnte sich danach, die «Künstlerin» in ihr selbst ans Tageslicht zu bringen. Die Tatsache, daß ihr Mann im gleichen Raum anwesend war, deutet darauf hin, daß sie das Gefühl hat, sie werde sowohl für ihn als auch für die anziehendere Arbeit mehr Zeit haben. Sie war «zu Hause».

Mehrere Frauen in meiner Studie, die berufliche Probleme hatten, beschrieben ähnliche Träume wie den von Theresa. Ihr Arbeitsraum hatte sich wesentlich verändert, er war leer, wesentliche Geräte waren entfernt worden, Dinge waren zerstört worden, oder sie waren versetzt worden. Berufstätige Frauen, die solche Träume haben, müssen sich ernsthaft mit ihrer Situation auseinandersetzen und neu bestimmen, was sie von ihrer Karriere erwarten.

Rollenverständnis

Eine Reihe von Studien aus jüngster Zeit zeigt diese Verschiebung. Wie in Kapitel 2 ausführlicher beschrieben, haben Forscher in Kanada den Trauminhalt von Müttern, die Hausfrauen waren, mit dem berufstätiger Mütter verglichen. Der Unterschied war auffallend:

Träume von Hausfrauen-Müttern	*Träume berufstätiger Mütter*
Mehr Wohnumgebungen	Mehr berufliche Umgebungen
Mehr vertraute Personen	Mehr nicht vertraute Personen
Mehr weibliche Personen	Mehr männliche Personen
Mehr Freundlichkeit	Mehr unangenehme Gefühle – Trauer, Angst, Wut
Mehr Unglücksfälle	

Die Forscher schlossen daraus, daß die Träume von Frauen sich mit ihren Rollen verändern.

Es sieht so aus, als seien unsere Träume eine Fortsetzung unseres wachen Lebens. Unsere sozialen Rollen beeinflussen unsere Träume. Da die sozialen Rollen der Frauen sich weiterhin verändern, werden sich auch ihre Träume verändern.

Jede Frau, die ihre Träume regelmäßig nutzt, kann neue Vitalität in ihre alltäglichen Aufgaben bringen. Unsere nächtlichen Bilder zeigen uns, wann wir Aspekte unserer Arbeit vernachlässigen; sie warnen uns, wenn wir uns zu sehr unter Druck setzen. In dramatischen «Filmen» enthüllen unsere Träume unsere Konflikte zwischen Beruf und Elternschaft, zwischen Arbeit und Beziehung, zwischen Wettbewerb und Zusammenarbeit, zwischen Plackerei und Kreativität. Sie können kluge Hinweise für unsere Arbeit geben oder sogar den Weg in eine neue Karriere anzeigen. Wenn wir mit unseren Träumen arbeiten, gedeiht unsere Lebensarbeit.

8. Scheidungsträume

Ich liege auf dem Rücken in einem endlosen Meer, gelähmt vor
Angst, ich könnte ertrinken. Kein Land ist in Sicht, kein Flugzeug
und kein Schiff zu sehen. Ich erwache mit großer Angst.

(Traum einer Frau in Scheidung)

Scheidungen passieren nicht von heute auf morgen. Lange, ehe die
Flutwellen über das Eheleben hereinbrechen, weht der Wind, peit-
schen die Wellen und prasselt der Regen in den Träumen beider
Partner. Frauen in meiner Studie beschrieben die düsteren Alpträume, die den Tod ihrer Ehe ankündigten, in einigen Fällen schon
vor dem endgültigen Bruch.

Gretchen, deren Traum oben angeführt ist, litt darunter, daß ihr
Mann die Scheidung wollte. Obwohl sie noch mehrere Jahre zusam-
menlebten, fühlte sich Gretchen «verloren». Sie war nicht in der
Lage, weiter in ihrem Beruf zu arbeiten – dieser erforderte, daß sie zu
Hause schrieb. In der Zeit hatte sie den obigen Traum.

Gretchen erkannte den Zusammenhang zwischen ihrem Gefühl
der Hilflosigkeit im Traum und dem Gefühl der Hoffnungslosigkeit
für die Zukunft, das sie tagsüber hatte. Sie betrachtete die Symbolik
und sagte sich: «Wenn ich begonnen hätte zu schwimmen, hätte ich
vielleicht Land, ein Flugzeug oder ein Schiff gesehen.» Dieser Gedanke, sagte sie, habe ihr Gefühl der Lähmung im Wachzustand verschwinden lassen. Sie sah ein, daß sie anfangen mußte zu «schwimmen», um ihre Furcht vor dem «Ertrinken» in der Ehe loszuwer-
den.

Gleich an dem Tag nach dem Traum vom Treiben in einem endlosen Meer begann Gretchen wieder zu schreiben. Rückblickend
glaubt sie, daß dieser Traum ihr nicht nur half, «nicht unterzugehen»,

sondern auch den Anfang positiven Wachstums kennzeichnete. Obwohl die Scheidung schließlich erfolgte, hatte sie das Gefühl, stärker zu werden, eine Tatsache, die auch ihre Arbeit befruchtete.

Frauen, die die überaus schmerzhafte Erfahrung einer Scheidung durchmachen – etwa 50 Prozent aller Ehefrauen – hoffen, danach werde das Leben endlich besser werden. Wenn wir nicht aus dem Trauma der Trennung lernen, bleiben wir blockiert, unfähig, das Leben mit Vitalität zu umarmen. Unsere Träume können, wie es bei Gretchen der Fall war, den Weg erhellen, auf dem wir vorangehen müssen.

Träume vom Ehemann als Opfer

Warum fällst du nicht einfach tot um?

Jede Frau hat ihrem Mann gegenüber von Zeit zu Zeit ambivalente Gefühle, und ihm ergeht es genauso. Bei Frauen in langfristigen Beziehungen ist das Muster in etwa dasselbe wie bei verheirateten Partnern, daher gelten die hier diskutierten Begriffe ebenso für sie. Ich werde in diesem Kapitel von *Ehemann* und *Scheidung* sprechen, doch die Aussagen gelten auch für *langjährigen Freund* und *Trennung*. Die Trennung von einem Liebhaber, mit dem man zusammengelebt hat, kann eine ebenso schmerzhafte Krise sein wie eine Scheidung.

In den meisten Liebesbeziehungen, ob legalisiert oder nicht, blitzt und donnert es gelegentlich. Ein Ehemann wurde an seinem fünfzigsten Hochzeitstag von einem Reporter gefragt, ob er nicht mindestens einmal an eine Scheidung gedacht habe. Augenzwinkernd soll der alte Herr geantwortet haben: «An Mord ja, an Scheidung nie.»

In Augenblicken von Wut, bitterem Groll, Frustration, Angst oder Eifersucht gegenüber dem Partner drücken unsere Gedanken und Träume manchmal die unausgesprochenen Worte aus: «Ich hasse dich. Ich wünschte, du wärest tot.» Wie das impulsive Kind, das mit dem Fuß aufstampft und auf einen Elternteil flucht, sehnt sich der Partner danach, frei zu sein von dem, was zeitweilig als Falle wahrgenommen wird. Sollte der andere zufällig tatsächlich sterben, entsteht ein tiefes Schuldgefühl, als habe der Wunsch die Person auf magische

Weise getötet. Solche Träume oder Gedanken erzeugen fast immer Schuldgefühle, sowohl beim Erwachsenen als auch beim Kind, obwohl sie normale Reaktionen auf Frustration sind.

Träume als Mahnungen

Es ist wichtig zu wissen, daß ein gelegentlicher Traum über oder Gedanke an den Tod eines geliebten Gatten normal ist. Gewöhnlich symbolisiert er entweder ein Gefühl der Bedrohung des Partners (wie Gefahr für seine körperliche Gesundheit) oder den momentanen Wunsch, er möge «verschwinden». Gewöhnlich ist es kein Wunsch nach seinem wirklichen Tod, sondern eher ein Wunsch, der Situation zu entkommen. Träume vom Tod eines Gatten können sogar daran gemahnen, wie tief die Zuneigung ist, und so dem Träumer helfen, eine Versöhnung zu bewerkstelligen.

Tod auf der Autobahn. Dora zum Beispiel grollte darüber, daß ihr Mann beruflich viel unterwegs war. Außerdem dehnte er sein Fernsein manchmal durch abendliche Geschäftstermine aus, so daß sie neben ihrem anstrengenden Job auch noch die Kinder allein versorgen mußte. An einem Abend, an dem er zum Treffen einer Wohltätigkeitsorganisation gegangen war und sie ihn nicht vor Mitternacht erwartete, schlief Dora während des Wartens ein und träumte:

> Mein Mann kommt auf dem Heimweg auf der Autobahn um. Ich wache schweißgebadet auf.

Erschrocken über ihren Traum, überdachte Dora ihre Situation. Als ihr Mann schließlich erschien, floß sie über vor Liebe. Ihre warmherzige Begrüßung überwand die Spannung, die zwischen ihnen entstanden war. «Der Traum rückte die Maßstäbe zurecht – ich wußte, was wichtig war.»

Dasselbe Traumthema kann auftreten, wenn eine Frau ihrem Liebhaber gegenüber ambivalente Gefühle hat. Sie träumt von Tod oder Verletzung ihres Partners, wenn sie spürt, daß eine Bedrohung – physisch oder emotional – ihn gefährdet. Oder sie träumt von seinem Tod, wenn sie wütend auf ihn oder frustriert ist und sich wünscht, er möge «verschwinden». In dramatischer Traumsprache sagt sie ihm, er solle «abhauen». In Beziehungen, die im Zerbrechen sind, können die Träume über den Tod des Partners zunehmen.

Träume vom Ehemann als Bösewicht

«Ich habe sie umgebracht, weil ich sie liebe»

Manchmal ist der Gatte nicht das Opfer von Tod oder Verletzung durch Unfall, sondern spielt die Rolle des Mörders. Eine Frau, die träumt, ihr Mann ermorde sie, reagiert auf die Angst vor wirklicher Verletzung, vor emotionaler Verletzung oder auf Wutgefühle gegenüber dem Partner, auf die Schuldgefühle und Vergeltungsangst folgen.

Die Ehefrau mit dem brutalen Mann. Eine Frau, die fürchtet, ihr Ehemann werde ihr wirklich etwas antun, wird oft von Alpträumen gequält, in denen ihr Mann sie ermordet. Frauen, die geschlagen werden – leider eine große Gruppe – sind im Traum ebenso Opfer wie im wachen Leben. Sie sind in der Tat gefährdet.

Sexuell mißbrauchte Frauen leiden ebenso unter Alpträumen, in denen sie von ihrem Peiniger gequält oder ermordet werden. Diejenigen, die als Kinder mißbraucht wurden und die Vorfälle dann «vergaßen», erleben sie oft in ihren erwachsenen Träumen von neuem und gestatten sich auch, sich an Einzelheiten zu erinnern, wenn sie das Geschehen besser bewältigen können.

Die Ehefrau mit dem schwierigen Mann. Ein Mann, der nie gegen seine Frau die Hand erhoben hat, kann in ihren Träumen als brutaler Mörder erscheinen, wenn sein Verhalten sie ängstigt. Der Mann, der Verhältnisse mit anderen Frauen hat, seine Frau ignoriert oder lächerlich macht, der grob, kalt oder alkoholsüchtig ist, kann seiner Frau das Gefühl geben, emotional «ermordet» zu werden. Vielleicht argwöhnt sie auch, er sei fähig, ihr gegenüber tätlich zu werden.

Im Gefängnis eingesperrt. Fay, seit etwa zwanzig Jahren verheiratet, hatte die feste Absicht, ihren Mann schließlich zu verlassen. Sie fühlte sich in einer «deprimierenden» Ehe durch die Kinder gefangen, die finanzielle Unterstützung brauchten, und war emotional von ihrem Mann bereits geschieden. Sie hatte immer wieder Alpträume über ihn. Einer der schlimmsten:

> Ich bin im Gefängnis eingesperrt, und ein Mann kommt, der eine Rattenkapuze trägt. Ich bin seine Gefangene und suche nach einem Weg, um zu entkommen. Irgendwie weiß ich, daß er derjenige ist, der ins Gefängnis kommen wird. Er tut mir leid, und ich bleibe da.

Offensichtlich war Fays Ehe für sie zum Gefängnis geworden, obwohl sie selbst sich dafür entschied, in der vergitterten Zelle zu bleiben. Sie erlebte ihren Mann, der ernsthafte Suchtprobleme hatte, als «verwundeten Mann», daher ihr Mitleid und ihr Widerstreben, ihn zu verlassen. Ratten sind ein häufiges Traumbild bei Frauen, die Schwierigkeiten mit einem Mann haben, der sich «wie eine Ratte verhält».

In den Gasofen gesteckt. In einem späteren Alptraum Fays kommt die Rattenkapuze nicht mehr vor; der Bösewicht ist eindeutig der Ehemann:

> Eine Frau, wahrscheinlich ich, macht sich ganz klein, um in einen Ofen zu passen. Sie muß sich zusammenkauern, damit sie hineinpaßt. Sie ist vollkommen willfährig.

> Ihr Mann ist da und sagt ihr, sie solle sich noch kleiner machen. Dann dreht er das Gas auf. Sie weiß, daß sie ganz gleichmäßig atmen muß. Wenn sie das tut, wird sie überleben.

Hier schildert Fay eine emotionale Lebensgefahr. Indem sie sich zusammenkauert, um in den Ofen zu passen – der vermutlich die begrenzte emotionale Nahrung in ihrem häuslichen Leben symbolisiert –, bringt sie sich in eine Lage, die schlimmer ist als das Gefängnis. Sie hat das Gefühl, ihre Persönlichkeit «klein machen» zu müssen, um in die Vorstellung «hineinzupassen», die ihr Mann von ihr hat. Daß sie sich im Traum kleiner macht, legt nahe, daß ihr «Wachstum» im Wachzustand durch die Beziehung behindert wird. Der

Mann ermordet sie, indem er das Gas aufdreht. Das einzige positive Element – und dies ist wichtig – ist, daß Fay überleben kann, wenn sie weiterhin gleichmäßig atmet. Wenn sie es bis zur Scheidung aushalten kann, sagt ihr Traum, dann wird sie es schaffen.

Traumbilder krisenhafter Ehen

Neben Träumen, in denen der Ehemann zum Opfer oder zum Übeltäter wird, sind noch andere Bilder charakteristisch für Ehen in der Krise. Einige repräsentieren ein vorübergehendes Gefühl; andere werden zu einer dauerhaften Einstellung.

Die Frau, die Schuld- und Angstgefühle hat

Wenn eine Frau etwas getan hat, von dem sie weiß, daß es ihren Mann aufbringen wird – das Auto beschädigt, zu viel Geld ausgegeben, eine Liebesaffäre gehabt, ihm weh getan –, dann hat sie Schuldgefühle. Dasselbe Schuldgefühl kann von dem Wunsch herrühren, er solle sterben, damit sie einer unglücklichen Ehe entfliehen kann, ohne das Trauma oder soziale Stigma einer Scheidung durchmachen zu müssen.

Wie schon erwähnt, werden Schuldgefühle oft in Vergeltungsängste umgewandelt. Die Strafe kann im Traum der Frau in Form eines mörderischen Ehemannes auftreten, der noch nicht weiß, wie «böse» sie war.

Weglaufen. Annie träumte einige Monate vor der Trennung von ihrem Mann:

> Mein Mann belauscht ein Gespräch, das ich mit einem Liebhaber führe. Er tut so, als sei er bereit, mich zu verlassen. Ich sehe ihn auf einem Lastwagen stehen, der von der Wohnung wegfährt, in der ich mich aufhalte. Ich beobachte ihn durchs Fenster. Er ist nackt. Als der Lastwagen ein Stück entfernt ist, springt er ab, rennt zurück und will mich umbringen. Ich rufe den Hausmeister an, damit er die Polizei zu Hilfe ruft.

Dann laufe ich mit meinem Kind weg. Mein Mann ist dicht hinter uns, rempelt Autos an, wird von der Polizei verfolgt. Es ist dunkel und schneit. Wir schlüpfen in ein Geschäft und ziehen andere Kleider an, damit die Leute uns nicht erkennen. Wir wollen versuchen, beim Roten Kreuz zu Abend zu essen. Ich wache voller Angst auf.

Hier drückt Annie ihr Schuldgefühl, ihre Angst vor Vergeltung oder Strafe und ihre Hilfsbedürftigkeit aus. Die Dunkelheit, der Schnee, die Verkleidung – all das schildert die Gefahr in ihrer Umgebung. Die Nacktheit ihres Mannes läßt vermuten, daß sie ihn für fähig hält, in seiner Wut gegen sie tätlich zu werden, daß also sein Motiv «bloßgestellt» ist. Indem sie den Hausmeister die Polizei rufen läßt, wegläuft, sich umzieht und versucht, beim «Roten Kreuz» Nahrung zu bekommen, sucht Annie Hilfe – lauter gute Zeichen. Ihr Liebhaber jedoch scheint zu verschwinden, als die Bedrohung offenkundig wird. Vielleicht fragt Annie sich, wie hilfreich er sein wird, wenn die Tatsachen bekannt sind.

Träume vom Ehemann als Mörder ergeben sich manchmal aus trivialen Vorfällen. Sheila, die in einer Beziehung voll gegenseitiger Liebe lebte, hatte beschlossen, sich vor einigen Verpflichtungen zu «drücken» und mit einer Freundin ins Kino zu gehen, ohne es ihrem Mann zu sagen. In der Nacht vor der geplanten Eskapade träumte sie, ihr Mann wolle sie umbringen. In ihrer Traumsprache sagte sie: «Wenn er das wüßte, würde er mich ‹umbringen›.» Ihre eigenen Schuldgefühle hatten das Bild geschaffen. Die Träumerin selbst weiß am besten, wie schwerwiegend solche Traumbilder sind.

Der rosarote Kühlschrank. Fiona, ebenfalls in einer liebevollen Beziehung lebend, hatte Schuldgefühle. Sie und ihr Mann machten eine finanziell schwierige Periode durch. Als er für einige Tage verreist war, gestattete sie sich ein paar Einkäufe und einen Strickkurs, die er für leichtsinnig gehalten hätte. In der darauffolgenden Nacht träumte sie:

Ich laufe hinaus und kaufe einen großen Kühlschrank und einen großen Herd. Als sie geliefert werden, merke ich, daß der Kühlschrank schockierend rosarot ist. Er war ein Sonderangebot und kann nicht umgetauscht werden. Mein Mann wird sich nicht gerade freuen!

Statt der kleinen Einkäufe, die sie tatsächlich gemacht hat und die ihr Mann wahrscheinlich gar nicht bemerkt hätte, kauft Fiona in ihrem Traum etwas, das wegen seiner auffallenden Farbe unübersehbar ist. Sie braucht tatsächlich einen Kühlschrank. Rosarot jedoch ist eine Farbe, die Fiona für Haushaltsgeräte oder Kleidung niemals wählen würde; sie meint, sie passe nicht zu ihrem Teint. Fionas Schuldgefühl ist «auffallend»; ihre träumende Psyche beurteilt ihr Verhalten als «schockierend» (symbolisiert durch die Farbe) und unvorteilhaft für sie. Träumerinnen, die tagsüber momentane Schuldgefühle haben, bringen diese während der Nacht in übertriebener Form zum Ausdruck.

Träume vom Zerbrechen der Ehe

Statt den Gatten direkt als Opfer oder Übeltäter darzustellen, personifizieren Frauen ihre Ehe oft als einen Traumgegenstand, der zerbricht.

In einem Loch verloren. Bilder von Dingen, die zerbrechen oder einstürzen, sind für Männer, die eine Krise in ihrer Beziehung oder eine Scheidung erleben, ebenso typisch wie für Frauen. Matt träumte, er selbst, seine Frau und eine fremde Frau balancierten auf einem verfallenen, brüchigen Zaun, der einzustürzen drohte. «Es war, als laufe man Schlittschuh auf dünnem Eis», sagte er. Der Zaun brach zusammen, und das Kind des Paares fiel in ein tiefes Loch und war verloren. Der unglückliche Mann erwachte voller Entsetzen; seine Angst, nicht nur seine Frau, sondern auch sein Kind zu verlieren, hatte sich anscheinend bewahrheitet.

Auf See verloren. Der Verlust kostbarer Besitztümer, Kinder, Heim, Autos, ist ein häufiges Element in Zusammenbruchsträumen. Moira, die sich aufgrund ihrer großen Familie in einer unglücklichen Ehe gefangen fühlte, träumte:

Irgendwelche Möbel, ein paar Habseligkeiten, die neben meinem Bett stehen, rutschen hinunter ins Meer. Es ist fast, als wäre ich in einem Boot oder Schiff. Sie gehen unter. Ich springe erschrocken aus dem Bett. «Oh, verflixt, sie sind verloren!» Ich wache auf und stelle fest, daß ich wirklich aus dem Bett gestiegen bin, an der Wand stehe und versuche, die Möbel vor dem Untergehen zu retten. Mein Mann wacht ebenfalls auf und sagt mir, ich solle wieder ins Bett gehen.

Für Moira waren ihre wertvollen Dinge in Gefahr, «auf See verloren» zu gehen. Der Verlust kostbarer Besitztümer, zusammenbrechende Häuser, einstürzende Brücken, Mauern und Zäune – solche Bilder schildern bei vielen Träumerinnen das «Zerbrechen» (oder «Einstürzen») der Beziehung.

Träume von emotionaler Distanz

«Allein, allein, ganz, ganz allein, allein auf einem weiten, weiten Meer!» Wie der alte Seemann in Coleridges Gedicht, der den «Alptraum des Lebens im Tode» einsam durchleiden muß, fühlen sich auch Ehepartner, die auseinandertreiben, isoliert. Wie Gretchen im anfangs erwähnten Traum sich selbst gelähmt «im Meer» sah, kann die verschmähte Ehefrau ihren Zustand mit einem Tod bei lebendigem Leib vergleichen.

Wilma, nach sechs Jahren Ehe geschieden, träumte:

Ich bin mit meinem Mann am Strand, kann ihn aber nicht berühren. Wir sind uns körperlich und emotional fern.

Der Strand ist eine Umgebung, die Wilma mit ihrem Mann zu genießen pflegte. In ihrem Traum sind die Partner «außer Reichweite», selbst an einem ihrer Lieblingsorte.

Während oder kurz vor einer Scheidung gibt das Paar fast immer die sexuellen Beziehungen auf oder hat nur sporadisch miteinander Kontakt. Sexuelle Unzufriedenheit und Frustration sind typisch. Wilmas Traum drückt wahrscheinlich sowohl ihr Entbehrungsgefühl als auch emotionale Distanz aus.

Zur gleichen Zeit wurde Wilma auch verwirrt durch wiederkehrende Träume von anderen wichtigen Männern in ihrem Leben, ihrem Bruder und ihrem Vater, die ertranken. Vermutlich waren sie «Ersatzleute» für den emotionalen «Tod», den sie mit ihrem Mann erlebte. Nach ihrer Scheidung richtete Wilma ihr Leben auf positive Weise neu ein. Schließlich heiratete sie wieder und befreite sich von ihren bedrückenden Alpträumen.

Treibende Leiche. Hester träumte in der Zeit, in der sie sich ihrem Mann gefühlsmäßig immer mehr entfremdete, ebenfalls Bilder von Wasser:

> Mein Mann und ich stehen auf einer Brücke und sehen unter uns das Wasser fließen. Darin treibt meine Leiche und schwimmt davon.

> Mein Mann wird sehr aufgeregt und sagt: «Wir müssen sie festhalten.» Ich bleibe ruhig: «Nein, laß sie gehen.»

Obwohl dieser Traum etwa drei Jahre vor der Scheidung nach achtzehn Ehejahren auftrat, nahm er die Einstellungen der Partner richtig vorweg. Hester und ihr Mann «trieben auseinander». Als sie sich schließlich zur Scheidung entschloß, war sie ruhig. Ihr Mann widersetzte sich der Scheidung heftig, wurde aber dann überredet, sie «gehen zu lassen», die Ehe sterben zu lassen.

Brücken im Traum kennzeichnen häufig Übergangssituationen des Träumers. Hesters Assoziationen zum Traum von ihrer treibenden Leiche erinnerten sie an den Selbstmord der britischen Schriftstellerin Virginia Woolf, die ins Wasser ging und so ihre Ehe mit Leonard und ihr Leben beendete. Träume vom Ertrinken machen deutlich, daß in der Psyche des Träumenden Scheidung und Tod einander ähnlich sind.

Beim Aufwachen verlassen. Einige Frauen fühlen sich verlassen, wenn sie aus einem glücklichen Traum über den verlorenen Geliebten erwachen. Die französische Schriftstellerin George Sand, verzweifelt über den Bruch ihrer Beziehung zu dem Dichter Alfred de Musset, schrieb in ihr Tagebuch[26]:

Letzte Nacht träumte ich, er sei bei mir und umarme mich. Über-
glücklich erwachte ich. Was für ein Traum, mein Gott.

Der Schmerz, der beim Aufwachen aus diesem Traum wiederkehrte,
muß das Verlustgefühl der unglücklichen Frau noch gesteigert haben.

Allein, verlassen, verloren, ertrinkend, unfähig zum Kontakt, al-
lenfalls in einer Augenblicksvision. Solche Bilder vermitteln, daß die
Träumerin sich isoliert fühlt.

Die meisten Frauen in meiner Studie, vor allem die, die von ihren
Männern verlassen wurden, träumten davon, erschreckend allein,
verloren, kontaktunfähig zu sein oder zu ertrinken – Bilder, die das
Einsamkeitsgefühl der Träumerin ausdrücken.

Der Alarmtraum

Wonach können wir in Träumen Ausschau halten, das uns vielleicht
auf Probleme in einer Beziehung aufmerksam macht? Welche Zeichen kann eine geschiedene Frau suchen, während ihre Wunden
heilen?

Wir haben gesehen, daß unsere Träume durch Reibungen in einer
Beziehung, die zur Scheidung führen können, zutiefst verändert
werden. Wenn Frauen Angst haben, körperlich verletzt zu werden,
wenn sie emotional verletzt sind oder wenn sie, zu Recht oder zu
Unrecht, eifersüchtig sind, geben sie ihren Männern die Rolle des
Traumbösewichts. Wenn Frauen, berechtigt oder nicht, Schuldgefühle haben und meinen, Strafe zu verdienen, dann können sie sich
im Traum «zufällig» zerstören. Wenn ihre Wut groß genug ist, können sie auch selbst in die Rolle des Übeltäters schlüpfen.

Wir sahen auch, daß die ambivalenten Gefühle einer Frau für ihren
Partner in Träumen vom Tod ihres Mannes oder Liebhabers in Erscheinung treten können. Wenn sie wütend auf ihn oder frustriert ist,
bringt sie ihn in ihren Traumbildern um. Solche Träume können auch
auftreten, wenn sie fürchtet, etwas – Krankheit zum Beispiel – be-
drohe ihren Partner.

Schließlich können Frauen ihr Unbehagen in der Ehe auch durch
Bilder schildern, die ihre Gefühle nachbilden: auf See verloren sein,
im Gefängnis sitzen, sich in einen engen Raum zwängen oder an

etwas schwer Schluckbarem ersticken. Solche Träume sind deutliche Warnsignale.

Wenn die Wunden der geschiedenen Frau zu heilen beginnen und sie sich allmählich an ihre veränderte Situation anpaßt, kann sie damit rechnen, in ihren Träumen entsprechende Bilder zu beobachten. Neues wird gebaut, zusätzliche Zimmer werden entdeckt, neue Entwicklungen zeigen sich, Pflanzen gedeihen und blühen, man bewegt sich mühelos, gleitet oder fliegt. Dies sind einige der Traumbilder, die eine positivere Entwicklung begleiten.

Viele geschiedene Frauen träumen weiterhin von ihrem früheren Mann, selbst wenn sie glücklich wiederverheiratet sind. Solche «Geister», vor allem nach mehreren Jahren in einer neuen Ehe, symbolisieren gewöhnlich gegenwärtigen Streß. Es ist, als sagte sich die Träumerin: «Hoppla, mein jetziger Mann benimmt sich so, wie der vorige es in solchen Fällen zu tun pflegte.» Ein Traum dieser Art kann als Ermahnung dienen, gewisse Dinge, die früher Probleme verursacht haben, zu unterlassen oder zu tun – eine rechtzeitige Warnung.

Hören Sie auf Ihre Träume. Sie sind ein Barometer Ihrer inneren Gefühle. Sie sagen Ihnen, wo sich Ihr Herz im Augenblick befindet. Nur Sie selbst wissen, ob es sich um ein vorübergehendes Gefühl oder einen Dauerzustand handelt, der Taten erfordert. Wenn Sie Alpträume von Ihrem Partner haben, die schlimmer oder häufiger werden, suchen Sie professionelle Beratung auf. Dann können Sie besser beurteilen, ob Ihre Probleme lösbar sind oder ob Sie und Ihr Mann sich besser trennen sollten.

Die symbolische Bedeutung von Scheidungsträumen

Eine verheiratete Frau kann von einer Scheidung träumen, wenn sie momentan den Wunsch danach hat, aber auch, wenn sie selbst sich von einer bestimmten Situation oder Person «scheidet». Wenn eine ledige Frau – oder eine, die verlobt ist – von Scheidung träumt, so warnt sie sich vielleicht selbst vor einer bestimmten Beziehung.

Wenn man davon träumt, daß jemand anderer sich scheiden läßt, liegt es nahe, daß die Träumende dabei etwas zu gewinnen hat. Wie immer muß sie selbst erwägen, was die Gestalten repräsentieren. Man sollte auch überlegen, ob die Träumende an einem der Ehepartner, die sich scheiden lassen, ein romantisches Interesse hat. Falls ja, hofft sie vielleicht, die Ehe werde auseinandergehen und sie selbst eine Chance bekommen.

Ob verheiratet oder nicht, Scheidungsträume von Frauen haben manchmal mit Liebe oder Ehe wenig zu tun. Scheidungsträume können sich auch auf die Trennung von einem Arbeitsplatz, von einem überlebten Wert oder einen problematischen Aspekt des Lebens beziehen, der nicht mehr produktiv ist. Die Träumerin muß die Symbole des Traums sorgfältig betrachten, um ihren Sinn zu entziffern.

9. Träume von Elternschaft

Ich bringe einen Jungen zur Welt. Ich sehe das Krankenhaus von vorne und merke, daß es regnet. Dann sehe ich die Krankenschwester und meinen Sohn. Im Traum gebe ich ihm die Namen Michael Sean.

Schon vor der Empfängnis beginnen Mütter, von ihren Kindern zu träumen. Chloe beispielsweise hatte den obigen Traum von ihrem Sohn – fünf Monate, ehe sie wirklich mit ihm schwanger wurde. Sie hatte eine Zeitlang versucht, schwanger zu werden. Nach dem Traum «beschloß ich, mir keine Gedanken mehr über die Schwangerschaft zu machen, sie würde zustande kommen. Im Wachzustand hätte ich einen ausgefalleneren Namen für einen Jungen gewählt, aber der Traumname schien genau zu passen.»

Ob Chloes Traum wirklich eine Vorhersage war oder ob er sie genügend entspannte, um zu empfangen, ist unmöglich zu entscheiden. Ein interessanter Aspekt der tatsächlichen Entbindung ist jedoch, daß Chloes Wehen an einem klaren, sonnigen Tag begannen, und zwar zwei Tage vor der Entbindung. Sie ging ins Krankenhaus und wurde dreimal wieder nach Hause geschickt. Beim vierten Mal wurde ihr Sohn geboren, und – wie in ihrem Traum – es regnete.

Wenn Mütter einmal begonnen haben, von ihren Kindern zu träumen, vor oder kurz nach deren Geburt, dann hören sie nicht mehr damit auf. Töchter und Söhne bleiben lebenslänglich Hauptpersonen in Frauenträumen.

Die Mutter eines kleinen Kindes befaßt sich mit dessen Entwicklung; sie hat eine Fülle von Besorgnissen um seine Sicherheit und sein Wohlbefinden. Mütter, die Teenager haben, stellen fest, daß die Adoleszenz für einen Erwachsenen ebenso anstrengend sein kann wie für einen Jugendlichen; die unvermeidlichen Streitigkeiten werden ein regelmäßiges Element ihrer Träume wie ihres Alltags.

Stiefkinder sind oft eine noch weniger reine Freude als natürliche Kinder. Viele zum zweiten Mal verheiratete Frauen in meiner Studie schilderten schlimmere oder stürmischere Träume von ihren Stiefkindern. Sie würden dem zeitgenössischen Scherz zustimmen, der behauptet: «‹Und lebten glücklich bis ans Ende ihrer Tage› wurde von jemandem erfunden, der kein Stiefkind hatte.»

Unsere Träume von unseren Kindern und Stiefkindern machen uns nicht nur auf gegenwärtige Gefühle aufmerksam, sondern zeigen auch mögliche Problemlösungen auf. Wir können die Beziehungen zu unseren Kindern oder Angehörigen verbessern, wenn wir auf die Botschaften in unseren Träumen hören.

Manchmal beziehen sich unsere Träume von unseren Kindern nicht auf die Töchter oder Söhne selbst, unsere Kinder werden zu Symbolen für unser jüngeres Selbst oder für einen Aspekt unserer Persönlichkeit. Die symbolische Bedeutung von Träumen über Kinder und Jugendliche wird gegen Ende dieses Kapitels erörtert. Selbst solche Träumer, die keine Kinder haben, können davon profitieren, wenn sie mit der Symbolik von Kindern in Träumen vertraut sind. Wir alle, Eltern oder nicht, bevölkern unsere Träume mit Jungen und Mädchen, Gestalten, die immer eine Bedeutung für den Träumer haben.

Träume über Kinder

Sorgen um das Wohlergehen eines Kindes

Vorhersagen aus der Kristallkugel. Während der ersten paar Lebensjahre eines Kindes sind die Träume, die seine Mutter von ihm hat, oft glücklich oder auch erschreckend. Mindy beispielsweise berichtete einen Traum über ihren sechs Monate alten Sohn:

> Er ist ein Jahr alt und läuft herum. Im Traum denke ich: «Aha, so wird er also aussehen. Er ist wirklich süß!»

Träume dieser Art machen Spaß. Sie nehmen auf angenehme Art die Hoffnungen oder Erwartungen einer Mutter für die Zukunft ihres Kindes vorweg.

Das verlorene Baby. Wohl die erste Art von Träumen, die eine junge Mutter hat, handelt von Sorgen um das Wohlergehen ihres Neugeborenen. Vor allem bei Frauen, die zum ersten Mal Mutter geworden sind, kommen häufig Träume über das Befinden und Wohlergehen des Säuglings vor. Einige Träume junger Mütter aus meiner Sammlung drücken die Angst aus, das Baby sei verschwunden, wie dieser typische Traum von Cheryl:

Ich scheine aufzuwachen. Ich schaue hinüber zum Kinderbett und sehe, daß die Seitenwand verschwunden ist. Die Matratze liegt schräg vom Bett zum Boden. Ich denke: «Oh, mein Gott! Wo ist das Baby?»

Dann sehe ich ein Einzelbett in der Ecke des Zimmers, in dem das Baby liegt. Sein Vater ist bei ihm und spricht mit ihm. Was für eine Erleichterung!

Die Verantwortung lastet schwer auf der jungen Mutter. Cheryl hatte soeben ihren zwei Wochen alten Sohn gestillt und dann erfolglos versucht, ihn zum Einschlafen zu bringen. Ihr Mann hatte sie abgelöst, das Kind in sein Bett gelegt, sie zum Abschied geküßt, während sie in einem halb bewußten Zustand war, und war zur Arbeit gegangen. Der darauf folgende Traum der erschöpften Mutter hatte das Gefühl des Unerledigten – sie hatte das Baby nicht in sein Bett zurückgelegt – aufgenommen und dann die wahrscheinliche Erklärung registriert, daß der Vater sich um das Kind kümmerte und alles in Ordnung war.

Obwohl Cheryl sich erinnerte, diesen häufigen Traum nur einmal gehabt zu haben, hatte Maggie wiederkehrende Angstträume, ihr neugeborenes Baby verschwinde zwischen den Bettdecken, während sie es vergeblich suchte. Als langersehntes Kind war die kleine Tochter ein kostbarer Besitz, den Maggie zu verlieren fürchtete. Glücklicherweise wuchs der Säugling wie die meisten anderen Babies zu einem gesunden Kind heran. Mütter, die davon träumen, ihr Baby gehe verloren, drücken damit gewöhnlich ihre Besorgnis um die Sicherheit des Kindes aus.

Wohl und Wehe in der Schule. Mütter von Kindern im Schulalter sind vielleicht verwirrt – oder entzückt – durch Träume von den Leistungen ihres Kindes.

Alle Eltern identifizieren sich mit ihrem Kind. Die Mutter, die als Tänzerin keine Karriere machte, drängt ihre Tochter vielleicht in frühem Alter zu übermäßig strengem Balletttraining, weniger wegen Interesse und Eignung des Kindes als zur stellvertretenden Befriedigung der Eltern. Die Mutter hofft, ihre Tochter werde an ihrer Stelle etwas leisten und etwas vom Glanz des Ruhmes werde dann auch auf sie fallen. Bei solchen Müttern können Träume, beispielsweise über herausragende tänzerische Fähigkeiten ihrer Tochter, den Wunsch ausdrücken, selbst gelobt oder geschätzt zu werden. Symbolisch könnte derselbe Traum auch bedeuten, daß das «innere Kind» der Frau gute Leistungen vollbringt. Nur die Assoziationen der Träumerin zu den Bildern können die Bedeutung des Traumes erhellen.

Die Mutter, die mit ihrem Mann oder ihrem Vater unzufrieden ist, kann enorme Energie darauf verwenden, ihren Sohn in eine Karriere zu drängen, die ihm nicht liegt, die sie aber als prestigeträchtig ansieht. Träume vom Sohn als großem Führer oder als spiritueller Gestalt können den Bedürfnissen der Mutter entspringen. Das Kind wird möglicherweise zum Stellvertreter der Eltern, zur Kompensation vergangener Mißerfolge, und es trägt die Hoffnungen auf zukünftige Berühmtheit.

Träume, in denen das Kind bei einer Prüfung versagt, können die Eltern darauf aufmerksam machen, daß das Kind in einer bestimmten Sache Hilfe braucht. Aus symbolischer Sicht kann sich derselbe Traum auch auf das Gefühl der Mutter beziehen, in einer Situation «geprüft» zu werden, auf die sie sich nicht vorbereitet fühlt und in der sie zu «versagen» fürchtet.

Verletztes oder getötetes Kind. Während die Babies zu kleinen Kindern heranwachsen, haben die Eltern noch immer gelegentlich alarmierende Träume, die aus Sorgen um die Sicherheit des Kindes entstehen. Mütter träumen typischerweise von Verletzungen oder Gefahren für ihr Kind. Jetzt jedoch umfassen diese Szenarios komplexere Umgebungen als das Schlafzimmer. Kaufhäuser, Straßen, Rummelplätze, Badeorte am Meer und andere Plätze dienen als Schauplatz der Gefährdung des Kindes. Solche Träume können für die Eltern Warnungen vor gefährlichen Leuten oder Situationen sein, die sie während des Tages wahrgenommen, aber nicht beachtet haben. Andere erschreckende Träume über Kinder spielen größere oder kleinere Mißgeschicke nach, die bereits stattgefunden haben.

Gefahrenzone. Mütter berichten, Träume über Verletzung oder Tod ihres Kindes ängstigten sie mehr als jede andere Art von Alptraum. Zu den «schlimmsten Alpträumen» von Frauen in dieser Studie gehörten zwei, in denen den Kindern der Träumerinnen etwas passierte. Moira zum Beispiel träumte:

Ich stehe auf einem Platz. In der Nähe ist eine Schlange von Männern aus einem Staatsgefängnis. Ich bin mit den Kindern da. Mein ältester Sohn läuft hinüber zu den Gefangenen. Ich rufe, er solle zurückkommen. Er ignoriert mich. Einer der Männer vergewaltigt ihn. Es ist entsetzlich. Er ist ja nur ein kleiner Junge. In höchster Erregung wache ich auf.

Solche Träume verursachen beträchtliche Schmerzen. Moiras Traum war wahrscheinlich teilweise durch die Tatsache ausgelöst worden, daß es in ihrer Heimatstadt einen Vorfall gegeben hatte, bei der ein Mann in ein Schlafzimmer eingebrochen war und einen kleinen Jungen belästigt hatte. Darüber hinaus hat Moira sich selbst vielleicht besonders verwundbar gefühlt. Wenn wir emotional «verletzt» sind, träumen wir manchmal von einem gefährdeten Kind.

Von der Klippe gerettet. Wann immer das möglich ist, sollte die Träumerin handeln, um dem gefährdeten Kind im Traum zu helfen. Chloe beispielsweise, die schon vor der Empfängnis von ihrem Sohn träumte, schilderte ihren schlimmsten Alptraum:

Michael passiert etwas. Er spielt mit Freunden auf einer Klippe. Irgendwie fällt er herunter. Ich sehe es und schaffe es, ihn aufzufangen.

Indem sie im Traum handelt, um ihr Kind zu retten, beginnt Chloe die Situation zu lösen, die der Traum symbolisiert. Sie mobilisiert ihre Kräfte, um im Wachzustand etwas zu bewältigen, ob der Traum nun Angst um ihr «inneres Kind» oder um ihr wirkliches Kind ausdrückt.

Erklärungen für Träume von einem gefährdeten Kind. Es tröstet die Träumerin vielleicht, daß die meisten Mütter Träume haben, in denen ihre Kinder in Schwierigkeiten sind. Hunderte von Träumen in meiner Sammlung sind solche schlimmen Träume von Müttern über ihr Kind. Die Mutter muß sich klarmachen, daß solche Träume selten künftige Ereignisse vorhersagen. Wir träumen von Verletzung oder Zerstörung unseres Kindes:
o wenn wir tatsächlich um die Sicherheit des Kindes fürchten;
o wenn wir um das emotionale Wohlbefinden des Kindes fürchten;
o wenn wir fürchten, das Kind vernachlässigt zu haben;
o wenn wir eine emotionale Schädigung eines Teils unserer selbst ausdrücken.

Die falsche Nummer. Als ich mit Mitte Dreißig zum zweiten Mal heiratete, war meine Tochter Cheryl erst zwölf. Ich hatte eine Reihe von Träumen über sie, die eindeutig mit meiner Tochter selbst zu tun hatten. Ich machte mir Sorgen um die Auswirkungen der Scheidung auf sie, die Beziehung zu ihrem Vater und darum, wie ich eine gute Beziehung zwischen meinem geliebten Kind und meinem geliebten Ehemann herstellen konnte. In dieser Zeit waren mein Mann und ich auf einer kurzen Urlaubsreise, als ich träumte:

Ich spreche aus einer Telefonzelle mit Cheryl. Wir werden getrennt. Ich versuche, der Telefonistin die Nummer ihres Telefons zu geben. Ich habe sie aufgeschrieben, aber die Zahlen sind mit anderen Zahlen vermischt, und sie ist schwer zu entziffern. Ich versuche, mich an die Nummer zu erinnern, und wache frustriert auf.

Träume dieser Art haben fast immer mit emotionaler Kommunikation zu tun. Hier habe ich «Verbindung» mittels einer Telefonzelle statt des häuslichen Telefons, was nahelegt, daß der Kontakt mit meinem heranwachsenden Kind «teuer» ist. Die Verbindung zwischen uns, die emotionale Kommunikation, besteht zuerst, wird aber dann «unterbrochen». Ich versuche verzweifelt festzustellen, wie ich wieder mit ihr in Kontakt kommen kann, aber das Mittel dazu ist «schwer zu entziffern».

Oberflächlich betrachtet war ich von zu Hause entfernt und wollte während meiner Abwesenheit mit meiner Tochter in Kontakt bleiben. Doch die Frustration in diesem Traum zeigt, daß es um mehr ging. Ich hatte das Gefühl, die Kommunikation zwischen uns könne zerbrechen. Ich hatte guten Grund zur Sorge.

Obwohl sich alle Seiten Mühe gaben, entwickelte sich eine Menge unterdrückter Feindseligkeit. Außerdem erreichte meine Tochter ein paar Wochen vor ihrem dreizehnten Geburtstag die Menarche. Der hormonale Sturm, mit dem dies einherging, zusammen mit den anderen großen Veränderungen in ihrem Leben, erwies sich als zu große Belastung. Unmittelbar vor einer Eskalation der Probleme und einer Konfrontation träumte ich:

Ein Haus fällt auseinander; Stühle und Tische und Sachen fallen von den Wänden, wo sie befestigt waren. Alles wirkt eigenartig und verzerrt. An einer Stelle halte ich einen Stuhl fest, auf dem Cheryl sitzt.

Ich bin sehr ärgerlich, weil sie ihre Lage fröhlich ignoriert und vor sich hin plaudert. Ich sage: «Bist du dir klar darüber, daß du nur hier bist, weil ich dich halte? Tu etwas, um selbst dein Gewicht zu stützen!» Wenn ich losließe, würde sie fallen, und sie fühlte sich schwer an.

In diesem Traum scheine ich den kommenden Ausbruch vorwegzunehmen. Mein Traum sagt, daß ich mich fühle, als ob «Dinge auseinanderfallen». Aber ich tue mein Bestes, um «sie festzuhalten» und vor Verletzungen zu bewahren. Ich nehme es aber übel, daß ich ständig meine Tochter verteidigen und «ihre Position stützen» muß, ohne daß sie mir dabei hilft. Sie macht es mir schwer, aber ich will sie nicht «fallen lassen».

Wie viele Frauen in zweiter Ehe fühlte ich mich hin und her gerissen zwischen den Bedürfnissen meines Kindes und denen meines neuen Ehemannes. Zu unserem Glück wurden die Probleme schließlich gelöst. Nach vielen Jahren, vielen Schmerzen und wichtigen Hilfestellungen von außen, gelangten wir alle dahin, einander zu lieben und zu respektieren. Meine Tochter wuchs zu einer netten jungen Frau mit eigener Familie heran und ist einer der liebsten Menschen, die ich habe. Die Träume, die diese Reise begleiteten, würden ein Buch füllen. Variationen derselben Themen spielen sich in der Psyche träumender Mütter in aller Welt ab.

Wenn ich bei anderen Gelegenheiten träume, meine Tochter sei in Gefahr, geht es nicht wirklich um sie als Person, sondern eher um einen Teil meiner selbst, der sich verwundbar fühlt.

Einbrecher im Haus. Lorene, Ende Vierzig und Mutter von vier Kindern, erzählte mir von wiederkehrenden Träumen:

> Einbrecher dringen in mein Haus ein und bedrohen meine Familie. Ich vertreibe sie. Immer organisiere ich das Entkommen der vier Kinder. Manchmal ist mein Mann da, manchmal nicht.

Wiederkehrende Träume lassen immer darauf schließen, daß es eine Situation gibt, die ungelöst bleibt. Für Lorene, die schon mit achtzehn Jahren heiratete, ist ihre Familie wichtiger als alles andere. Ständig war sie um ihr Wohlergehen besorgt. Obwohl sie in den letzten paar Jahren, seit ihre Kinder im College sind, eine erfolgreiche Karriere als Kunsthändlerin gemacht hat, stehen ihre Kinder noch immer im Vordergrund. Auf einer Ebene könnte ihr Traum ihre fortdauernde Sorge um ihr Wohlergehen ausdrücken. Das Verständnis von Lorenes wiederkehrendem Traum wird dadurch kompliziert, daß bei ihr vor einigen Jahren Brustkrebs diagnostiziert wurde.

Da Lorenes Kinder herangewachsen sind und es ihnen anscheinend gut geht, haben ihre wiederkehrenden Träume wohl weniger mit den Kindern als solchen zu tun. Ob sie sich auf ihr allgemeines Gefühl der Unsicherheit oder die Bedrohung und Gefährdung ihres Körpers beziehen, ist unklar. Häuser repräsentieren in Träumen häufig den Körper der Frau, und in ihrem Körper hat tatsächlich ein «Einbruch» und eine «Bedrohung» stattgefunden. Der positive Aspekt ihres Traums ist, daß sie handelt, um ihren kostbaren Besitz (repräsentiert durch die Kinder) zu schützen, und die Krankheit oder die Gefahr, die die Einbrecher symbolisieren, vertreibt. Träumende, die in ihren Träumen gefährliche Situationen bewältigen können, haben eine bessere Chance, auch mit der Situation im wachen Leben fertig zu werden, die diese repräsentieren.

Wenn wir einzuschätzen lernen, wann die Bildersprache unserer Träume sich auf unsere eigenen Kinder bezieht, wann sie den kindlichen Teil unserer selbst meint und wann beides sich vermischt, können wir aus unseren Träumen die besten Anleitungen beziehen.

Sorgen um das Verhalten eines Kindes

Träume über Teenager sind häufig negativ. Weil die Beziehung zwischen Eltern und Heranwachsenden in unserer Kultur so reich an Konflikten ist, wird sie zu einem wichtigen Thema in den Träumen einer Mutter. Wenn ein Kind ins Teenageralter kommt, wird sein Verhalten gegenüber der elterlichen Autorität immer herausfordernder. Es ist aber eine der Hauptaufgaben des Heranwachsenden, Unabhängigkeit von den Eltern zu erlangen. Nur dann kann der Jugendliche zu einem verantwortlichen Erwachsenen werden. Die Vorstellungen, die Mütter und Väter von richtigem Verhalten haben, stimmen oft nicht mit denen der Teenager überein. Daher müssen die Eltern eine Möglichkeit finden, eine gesunde Unabhängigkeit zu gestatten und zu ermutigen, während sie gleichzeitig den Jugendlichen in Richtung auf eine förderliche Entwicklung lenken.

Das Straßenmädchen. Ginny, die sich bemühte, mit dem rebellischen Verhalten ihrer dreizehnjährigen Tochter fertig zu werden, wurde von diesem Alptraum gequält:

Meine Tochter wohnt bei meiner Schwester in dem Haus, in dem ich aufgewachsen bin. Ich habe sie dorthin geschickt, weil sie Schwierigkeiten hatte.

Als ich zurückkomme, um sie abzuholen, stelle ich fest, daß sie sich zum Schlechteren verändert hat. Sie schläft wahllos herum und ist frech. Sie bläst mir Rauch ins Gesicht. Sie trägt billiges Parfum. Ein richtiges Straßenmädchen!

Sie sagt: «Dein Pech, wenn es dir nicht gefällt!» Ich denke: «Was habe ich getan?» Sie gefällt mir nicht. Sie ist das totale Gegenteil von allem, was ich mir für sie gewünscht hatte.

In Wirklichkeit war das Verhalten von Ginnys Tochter nicht so schlimm wie im Traum der Mutter. Der Alptraum hat, wie die meisten Träume, gewisse Tendenzen übertrieben und ihre schlimmsten Befürchtungen verwirklicht. Träume dieser Art können die Träumerin motivieren, das Nötige zu tun, damit solche Ängste sich nicht realisieren, etwa vertraulich mit dem Kind zu sprechen, Lehrer und Schulberater des Kindes zu konsultieren oder einen professionellen Therapeuten aufzusuchen.

Zur gleichen Zeit hatte Ginny auch wiederkehrende Alpträume, in denen sie von einem mörderischen Exgatten verfolgt und verletzt wurde. Als ich fragte, ob sie gegenwärtig unter starkem Streß stünde, erzählte sie mir von den Schwierigkeiten mit ihrer heranwachsenden Tochter. «Sie ist *seine* Tochter, und die Züge, die mich an ihr stören, sind seine Züge.» In ihrer Traumsprache verglich sie den Kummer über das Verhalten ihrer Tochter damit, von ihrem früheren Mann wieder und wieder «angegriffen» zu werden. Als Ginny den Zusammenhang zwischen den bedrohlichen Alpträumen und der gegenwärtigen Belastung verstand, fühlte sie sich wesentlich wohler; es befreite sie von der Angst, die Träume über ihren früheren Mann seien eine Vorhersage für die Zukunft.

Das wachsende Baby. Die Sorgen, die eine Mutter im Traum um den Charakter und das Wohlergehen ihres Kindes hat, halten oft lebenslänglich an, ob sie schläft oder wach ist. Flora, eine Frau in den Vierzigern, die vier erwachsene Kinder hat, träumt immer wieder, sie bekäme ein Baby:

Der Säugling ist gerade geboren, sehr klein und schwach. In den ersten Träumen, die ich von diesem Baby hatte, war es immer anfällig. Ich stillte es und pflegte es. In letzter Zeit ist das Baby gewachsen. Es ist stärker und älter geworden. Im Augenblick wirkt das Baby ziemlich gesund, wenn ich von ihm träume.

Als Flora und ich über die Bedeutung ihres wiederkehrenden Traumes sprachen, hatte sie eine Einsicht, die die Symbolik offenkundig machte. Zuerst kreisten ihre Gedanken um ihren Wunsch nach weiteren Kindern. Zusätzlich zu den vier Kindern, die sie geboren hatte, hatte sie drei Fehlgeburten gehabt, zwei davon nach der Geburt ihres letzten Kindes. Mutterschaft und Stillzeit waren für Flora besonders wichtig, obwohl sie auch berufstätig war.

Ich erklärte ihr, Träume vom Stillen eines Kindes könnten auch die Entwicklung eines kreativen Projekts symbolisieren. Doch als ich erwähnte, daß wiederkehrende Träume gewöhnlich auf ein Problem hinweisen, das ungelöst ist, wurde Flora rot, und Tränen stiegen ihr in die Augen. Sie erzählte mir dann, daß eine ihrer Töchter kürzlich eine Abtreibung gehabt hatte. Für Flora, die selbst gerne noch Kinder haben wollte, war die Abtreibung ihrer Tochter ein beträchtliches Trauma. Ihr wiederkehrender Traum, so erschien es ihr jetzt, stand für den Wunsch, das Kind zu nähren, das ihre Tochter geopfert hatte. Die Tatsache, daß das Kind in ihrem Traum gesünder und stärker wurde, war ein gutes Zeichen. Sie ließ darauf schließen, daß Flora selbst innere Kraft entwickelte.

Die Konflikte, die Eltern mit ihren Kindern haben, sind schwerwiegend; diejenigen mit Stiefkindern sind extrem.

Träume über Stiefkinder

Die böse Stiefmutter und die gute Fee

Der schlechte Ruf, den Stiefmütter haben, ist uns aus Märchen und Folklore vertraut. Für viele Stiefeltern beruht das Gefühl auf Gegenseitigkeit. Sie mögen das Stiefkind so wenig, wie es sie mag. Moderne Ehen vermehren die Anzahl der Stiefkinder mit enormer Geschwindigkeit. Häufig, vor allem nach den ersten paar Krisen, sind Stiefmütter vom Verhalten ihres Stiefkindes ebenso begeistert wie die Königin von Schneewittchens Schönheit.

Die neue Ehefrau, die mit den Kindern ihres Mannes aus einer früheren Ehe konfrontiert ist, erwirbt ein Überraschungspaket. Voller Erwartung packt sie es aus, hofft auf das Beste, aber manchmal ist sie über den Inhalt schockiert. Ähnlich kann der neue Ehemann, der mit dem Kind oder den Kindern seiner Frau aus einer früheren Ehe umgehen muß, finden, er habe ein schlechtes Geschäft gemacht.

Angehende Stiefkinder, die während der Phase der Werbung reizend wirken, können den Ehekandidaten tatsächlich mögen und ermutigen. Sobald das Paar jedoch geheiratet hat und der Stiefelternteil gezwungen ist, Autorität auszuüben, kann das Stiefkind böse werden und mit allen Mitteln versuchen, die neue Ehe zu sabotieren.

Streitigkeiten über Stiefkinder tendieren zu noch größerer Heftigkeit als solche über das leibliche Kind eines Paares. Bei einem leiblichen Kind teilen beide Eltern, Mutter und Vater, eine gemeinsame Geschichte mit dem Kind. Die Erfahrung, einen hilflosen Säugling versorgt zu haben, übt einen besänftigenden Einfluß aus; sie erinnern sich an Fiebernächte, die freudig begrüßten ersten Schritte, die süßen Umarmungen der Kindheit. Geteilte Erinnerungen wie diese dienen als Schutzschild vor den Härten, die Jugendliche ihren Eltern antun können. Der «neue» Elternteil, der nicht mit liebenden Erinnerungen gewappnet ist, ist den Angriffen des Teenagers schutzlos ausgesetzt. Viele Stiefeltern werden damit nicht fertig.

Im Abwasser versinken. Fiona befand sich in einem solchen Aufruhr, nachdem sie in zweiter Ehe einen liebevollen Mann geheiratet hatte. Sie gab sich größte Mühe, es ihren drei angeheirateten Stiefsöhnen recht zu machen. Diese ihrerseits betrachteten sie mit Argwohn. Sie wirkte so merkwürdig anders als ihre Mutter.

Obwohl es ihr schließlich gelang, den Widerstand von zweien der Jungen zu überwinden, fürchtete Fiona sich vor jedem Erscheinen des dritten. Er benahm sich bei seinen Besuchen mit feindseliger Indifferenz und machte eine gute Beziehung buchstäblich unmöglich. «Auf verstohlene Weise macht er mich fertig», vertraute sie mir an und sprach damit für viele Stiefeltern.

Einmal, als die Ankunft des Jungen unmittelbar bevorstand, träumte Fiona:

Ich fahre im Auto mit meinem Hund an den Kanälen beim Flughafen entlang. Im Traum sind die Kanäle viel zahlreicher als in Wirklichkeit.

Plötzlich gerät das Auto von der Straße und stürzt in einen Kanal mit grünem, brodelndem, unverdünntem Abwasser. Ich mühe mich ab, um mich selbst und den Hund aus dem Auto zu befreien und ans Ufer zu gelangen.

Dann sehe ich meinen Mann am Ufer stehen. Er sagt mir, ich solle stillhalten; er werde kommen. Er rettet uns.

Hier ist Fiona in Gefahr, in dem unverdünnten Abwasser zu ertrinken, das, wie sich bei unserem Gespräch herausstellte, die «beschissenen» Gefühle repräsentierte, die sie ihrem schwierigen Stiefsohn gegenüber hatte. Der Schauplatz liegt auf dem Weg zum Flughafen, wo das Paar den erwarteten Stiefsohn abholen wird. Das Auto stand, wie Autos das im Traum häufig tun, für ihre Art, sich im Augenblick durch das Leben zu bewegen; sie verlor die Kontrolle und stürzte in die Kloake.

Ihr Hund, so erklärte Fiona, ist für sie ein wertvolles Geschöpf, an dessen Schutz ihr gelegen ist. Auf einer tieferen Ebene repräsentieren Haustiere oft die Instinkte des Träumenden – hier könnte ihr Hund den Selbstschutzinstinkt symbolisieren. Das positivste Element in diesem Traum ist die aktive Rolle des Ehemannes bei der Rettung seiner Frau aus der Kloake. Diese Bilder zeigen, daß Fiona ihren Mann als hilfreich erlebt.

Die Senkgrube explodiert. Träumende entwickeln ihre eigenen bevorzugten Symbole für bestimmte emotionale Ereignisse. Exkremente stehen häufig für eine Situation, die man abstoßend findet. Dasselbe Symbol kehrt in einem späteren Traum von Fiona nach einem unangenehmen Zusammentreffen mit dem Stiefsohn wieder:

Mein Mann und ich sind in einem sehr großen Haus in einem oberen Stockwerk. Die Möblierung ist nicht toll; es sieht aus wie eine spärlich ausgestattete Bleibe, in der ich mich unwohl fühle. Durch den Boden ragen Rohre der Senkgrube wie freiliegende Installationen.

Ein Arbeiter ist da, der die Rohre reinigen soll. Es sieht so aus, als gebe es eine Verstopfung in der Senkgrube mit ihrem Inhalt aus den letzten hundert Jahren. Er versucht, das aufgestaute Material zu beseitigen, das die Rohre verstopft.

Ich weiß, daß es mit einer vulkanischen Explosion herauskommen wird. Mein Mann weiß das auch, nimmt es aber sachlich hin. Ich bin viel ängstlicher.

Plötzlich ist da ein blendender Blitz – als explodiere eine Öl-quelle –, und alles fliegt heraus. Das ganze Zeug, das da explodiert, fliegt mir ins Gesicht. Es fühlt sich an, als seien meine Augenlider versengt. Ich wache auf.

«Gewöhnlich denke ich nicht in solchen Metaphern», beeilte sich Fiona zu erklären, «aber er (der schwierige Stiefsohn) behandelt mich so. Er bewirft mich mit Scheiße.» In ihren Assoziationen zu den hundert Jahren des Traumes erwähnte Fiona den Hundertjährigen Krieg. «Mein Mann und ich haben diesen Konflikt für alle Zeit. Er war immer da und wird immer da sein», fügte sie hinzu.

Fionas Senkgrube war ein bildlicher Ausdruck ihrer Angst, die Unterdrückung ihrer negativen Gefühle gegenüber dem Stiefsohn könne sich «zu einer Explosion anstauen». Manchmal sind derartige Explosionen tatsächlich wichtig, um die Luft zu reinigen. Damit kann die Basis für ein besseres Verständnis zwischen den Partnern geschaffen werden. In anderen Fällen müssen die Eheleute möglicherweise akzeptieren, daß Diskussionen über die Stiefkinder potentielles Dynamit sind, und das Thema vorsichtig behandeln, als unberührbar betrachten oder sich damit an einen Therapeuten wenden. Eine allgemeine Regel könnte lauten: «Kritisiere deinem Partner gegenüber niemals das Stiefkind.»

Das Ziel von Stiefeltern besteht darin, eine Freundschaft mit dem Stiefkind zu entwickeln. Stiefeltern können niemals Ersatz für den leiblichen Vater oder die leibliche Mutter sein. Sie können nur, wenn sie daran arbeiten, davon träumen und Glück haben, gute Freunde ihrer Stiefkinder werden.

Die symbolische Bedeutung von Träumen über Kinder

Kinder sind in Frauenträumen immer bedeutsam. Die kleinen Mädchen und Jungen, die die Träume von Frauen bevölkern, können die verschiedensten Gefühle symbolisieren. Bei kinderlosen Frauen ist die symbolische Bedeutung von Kindern im Traum einfacher zu verstehen als bei Müttern.

Eine Frau, die nicht Mutter ist, kann von einem Kind träumen:

o wenn ihr Körper physiologisch zur Empfängnis bereit ist, bei der Ovulation während der fortpflanzungsfähigen Jahre;
o wenn sie sich nach einem Kind sehnt;
o wenn sie ein Kind phantasiert, das durch Fehlgeburt verloren oder abgetrieben wurde, oder wenn sie nicht empfangen kann;
o wenn es in ihrem Leben tatsächlich ein Kind gibt, etwa eine Nichte oder einen Neffen, zu dem sie eine emotionale Beziehung hat.

Wir werden sehen, wie noch weitere Bedeutungen zustande kommen können.

Wie wir schon sagten, hat eine Mutter oft Alpträume von ihrem Kind:

o wenn sie um die körperliche Unversehrtheit des Kindes besorgt ist;
o wenn sie um das emotionale Wohlergehen des Kindes besorgt ist;
o wenn sie das Gefühl hat, das Kind vernachlässigt zu haben;
o wenn sie dem Kind gegenüber Wut oder Schuldgefühle empfindet.

Mütter können gute Träume von ihren Kindern haben, wenn sie sich über sie freuen oder ein freudiges Ereignis mit ihnen teilen.

In diesen Fällen beziehen sich die Träume der Frau, ob Mutter oder nicht, auf ein wirkliches Kind. Zu anderen Zeiten kann eine Frau von einem Kind träumen als Repräsentation:

o eines jüngeren Aspekts ihrer selbst, ihres «inneren Kindes», das vielleicht verletzlich oder unreif ist; die Träumende kann sich auf Gefühle beziehen, die aktiv waren, als sie in dem im Traum geschilderten Alter war; dies gilt besonders dann, wenn eine Frau von ihrer Tochter träumt;
o eines eigenen Merkmals, das einem ausgeprägten Merkmal des Kindes ähnelt; wenn sie beispielsweise von einem Kind träumt, das ein «verzogener Fratz» ist, deutet das gewöhnlich darauf hin, daß die Träumerin meint, sich in irgendeiner Situation wie ein solcher verhalten zu haben;

o ·eines sich entwickelnden Gedankens oder Konzepts; Träumende verwandeln im Traum ihre Projekte häufig in «mein Baby» oder «mein Kind».

Schließlich repräsentieren die Träume einer Mutter von ihrem Kind, manchmal wenigstens, noch sie selbst. Träume, in denen das Kind verloren, verletzt, entführt oder getötet wird, können Gefahr für das «innere Kind» der Träumerin wie auch für das wirkliche Kind symbolisieren. Das Kind steht häufig für einen kostbaren oder verwundbaren oder unschuldigen Teil ihrer selbst, der gefährdet ist.

In angenehmen Träumen kann das Kind einen wertvollen, wachsenden oder sich entwickelnden Aspekt der Träumenden symbolisieren. Ob der Traum glücklich oder erschreckend ist, das Alter des Kindes ist bedeutsam. Eine Frau mit einem erwachsenen Sohn oder einer erwachsenen Tochter, die von ihrem zehnjährigen Kind träumt, kann sich beispielsweise mit ihren eigenen Problemen beschäftigen, die wichtig waren, als das Kind in diesem Alter war. Irgend etwas in der Gegenwart hat offensichtlich ähnliche Gefühle wieder belebt. Wir sahen, daß Cassie, als sie mit ihrem zweiten Kind schwanger war, von einem Vierjährigen in einem Aquarium träumte. Er hatte das Alter, in dem ihr zuvor abgetriebenes Kind jetzt gewesen wäre, wenn es gelebt hätte. Ihre aktuelle Schwangerschaft wühlte Erinnerungen und Gefühle auf, die mit ihrer früheren Schwangerschaft assoziiert waren.

Das Alter des Kindes in einem Traum repräsentiert manchmal die Dauer einer wichtigen Beziehung oder eines Vorhabens. Es ist hilfreich, wenn man sich fragt: «Was passierte vor zehn Jahren in meinem Leben?» oder: «Was hat sich während der letzten zehn Jahre in meinem Leben abgespielt?» Wenn wir es auch im Augenblick vielleicht nicht erkennen, kein Detail unserer Träume ist bedeutungslos.

Wichtiger für die Träumende als das Alter des Kindes im Traum sind dessen Verhalten und die Reaktionen der Träumenden darauf. War das Kind traurig, verletzt, schwierig oder sich des Geschehens total unbewußt? War die Träumende liebevoll und fürsorglich oder abweisend und achtlos?

Als Carla von einem Baby träumte, das in ihren Armen starb, drückte sie ihre Trauer über die Diagnose ihres Arztes aus, sie sei unfähig, ein Kind zu bekommen. Das sterbende Baby war der Tod ihrer Hoffnungen, Mutter zu werden. Als Miriam träumte, sie bringe ein Baby zur Welt, das im Alter von vier Tagen seinen vollen Intellekt hatte, drückte sie ihr Glück über einen neuen Liebhaber und andere positive Veränderungen in ihrem Leben aus. Das begabte Kind war die Geburt ihrer Hoffnungen auf eine zweite Ehe mit einem wünschenswerten Gatten. Als ich träumte, ich fände ein vergessenes Baby (siehe Kapitel 7), ermahnte ich mich selbst, wieder an mein gegenwärtiges Projekt zu gehen, mich um «mein Baby» zu kümmern. Achten Sie auf den Zustand des Traumkindes und Ihr Verhalten ihm gegenüber. Das wird Ihnen helfen, die Kinder in Ihren Träumen zu verstehen.

10. Träume der Wechseljahre

Ich sehe verblüfft mehrere Becken, die mit schmutzigem Wasser gefüllt sind. Sie müssen entleert werden.

(Traum der Autorin kurz vor der Menopause.)

Die Frau, deren fortpflanzungsfähige Phase beendet ist, verändert sich, wie sich die Blätter im Herbst verfärben. Ihr Haar hat silberne Fäden, ihre Haut zeigt die Linien des Lebens, und dennoch ist sie voller Schönheit. Diese Lebensperiode kann viel Freude bringen. Es ist wirklich traurig, daß nur wenige Frauen auf den Vorgang der Menopause vorbereitet sind. Wenige begreifen, was sie zu erwarten haben, wie sie es bewältigen können oder wie sie das Beste aus dem Glanz ihres Herbstes machen können – der Herbst kann wunderschön sein.

Die Wechseljahre sind ein kritischer Wendepunkt im Lebenszyklus einer Frau, in ihrer Bedeutung der Menarche, dem ersten Geschlechtsverkehr und dem Gebären eines Kindes gleich. Für viele Frauen werden sie zu einer Krise großen Ausmaßes; für einige markieren sie den Beginn der Selbstentdeckung. Wir werden sehen, wie dieser Prozeß der Menopause, seine physischen Erscheinungen und die psychologischen Reaktionen, in unseren Träumen dargestellt wird. Wie in einem späteren Abschnitt erläutert werden wird, ist der oben beschriebene Wechseljahrestraum vielsagend für die Frau, die seine Bildersprache «lesen» kann.

In unserer Gesellschaft ist die Menopause noch immer beinahe ein Tabu-Thema. Junge Frauen betrachten sie gewöhnlich mit einer Art Schrecken, da sie das Ende ihrer fortpflanzungsfähigen Jahre oft mit Asexualität, nutzlosem Alter und Tod gleichsetzen. Erwachsene Frauen wissen selten mehr über die Menopause als geflüsterte Familiengeschichten darüber, wie Tante Lizzie «in den Wechseljahren zu spinnen anfing». Frauen in der Menopause selbst wehren sich selten gegen diese Annahmen. Diejenigen, die sich mit dem Thema befassen, sammeln unauffällig Informationen bei älteren Frauen ihrer Bekanntschaft, die gewöhnlich selbst uninformiert waren, oder bei Freundinnen, Büchern und ihren Gynäkologen. Kaum eine würde öffentlich Literatur über die Menopause bei sich tragen oder das Thema in gemischter Gesellschaft diskutieren. Männer finden den Prozeß häufig verwirrend.

Wir hören nicht auf, Frauen zu sein, weil das Blut oder die Milch nicht mehr aus unseren Körpern fließt. Im Gegenteil, wir sind als Frauen vollständiger. Wir haben fast den vollen Zyklus durchlaufen. Wir wissen, was wir vorher nicht wußten. Wir haben eine weitere Drehung in der großen Lebensspirale durchlebt. Wieder hat sich ein «Geheimnis» der Weiblichkeit enthüllt. Wir überleben mit Weisheit.

In einigen Gesellschaften wird dieser Übergang im Leben mit einem Ritual gefeiert. Wenn in China eine Frau sechzig wird, so sagte man mir, wird dies als großes Ereignis betrachtet. Familie und Freunde versammeln sich nicht wie bei uns, um nur einen runden Geburtstag zu feiern, sondern vielmehr, um den Status und die Weisheit der älteren Frau zu ehren.

Wenn eine Gesellschaft oder Tradition das Alter verehrt, dann gibt es eine Sonderstellung für die ältere Frau, deren Wert und Macht geschätzt werden.[27] Unsere «Stämme» haben kein Ritual für den Übergang der Frau zur «weisen Frau». Wir haben nur wenige Vorbilder. Der Grund für diesen Mangel liegt teilweise in der Tatsache, daß die Frauen sich noch bis vor ein paar Jahrzehnten keine Gedanken über das Leben nach der Menopause zu machen brauchten. 1900 erreichten wenige Frauen dieses Alter. Die durchschnittliche Lebenserwartung lag bei fünfzig Jahren, und eine Fünfzigjährige wurde als wirklich alt betrachtet. Zweihundert Jahre früher lebten Frauen selten bis ans Ende ihrer fortpflanzungsfähigen Jahre und schon gar nicht darüber hinaus.

Heute durchläuft eine Frau ihre Wechseljahre wahrscheinlich irgendwann zwischen dem fünfundvierzigsten und fünfundfünfzigsten Lebensjahr. Ihre Lebenserwartung beträgt dann noch weitere zwanzig oder mehr Jahre.

Wir brauchen dringend neue Werte, die diesen «Älteren» das ihnen zustehende Gewicht geben.

Heute ist es an der Zeit, die neue alte Frau zu definieren. Nicht als Hexe oder alte Vettel – das sind mit Bosheit und Nutzlosigkeit assoziierte Begriffe. Lassen Sie uns das Beste in unseren älteren Schwestern suchen – die weise Frau, die Sibylle, diejenige, die die Geheimnisse kennt.

Indem wir von denen lernen, die uns im Tanz des Lebens voraus sind, indem wir ihre Erkenntnisse und ihr Wesen respektieren, bereiten wir für uns selbst einen geachteten Platz und sammeln ein Erbe der Hoffnung an für die Töchter, die uns folgen. Wir sind nicht mehr in erster Linie junges Mädchen oder Mutter, unsere neue Rolle, wenn wir sie nur annehmen, ist die der weisen Frau.

Die körperlichen Veränderungen in der Menopause

Die zwei Hauptsymptome der Menopause sind Folgen eines niedrigen Östrogenspiegels

Die Sieben-Jahres-Verschiebung. Einfach ausgedrückt bedeutet Menopause das Aufhören der Menses. Wie in der Jugend beim Herannahen der Menarche durchläuft der Körper der Frau auch jetzt Veränderungen. Dieser «Wechsel» erstreckt sich über mehrere Jahre, genau wie die Veränderungen der Pubertät. Das Ende der Menstruation ist die Kulmination allmählicher Verschiebungen, die schon begannen, als die Frau erst fünfundzwanzig war; etwa um diese Zeit begann ihr Östrogenspiegel minimal abzusinken.

Irgendwann zwischen dem Alter von fünfundvierzig und fünfundfünfzig (bei einigen wenigen Frauen auch früher oder später) sinkt der Östrogenspiegel der Frau so weit ab, daß ihre Ovarien keine Eier mehr reifen lassen und die Produktion einstellen. Sie reagieren nicht mehr auf die Hormone, die die Hirnanhangdrüse ausschüttet. Die Nebennierendrüsen stellen weiter eine geringe Menge Östrogen her, doch nach der Menopause haben die Ovarien ihre Östrogenausschüttung um etwa 75 Prozent verringert.[28] Die jetzt kleineren, älteren Ovarien produzieren noch immer Androgene, die von den Fettzellen in ein schwächeres Östrogen, Östron genannt, umgewandelt werden.

Diese natürlichen biologischen Veränderungen finden im Körper der Frau über eine Zeitspanne von etwa sieben Jahren statt. Eine Frau kann also schon mit Ende Dreißig prämenopausale Veränderungen feststellen. Da das Durchschnittsalter für die Menopause fünfzig ist, beginnen bei etwa der Hälfte aller Frauen die prämenopausalen Veränderungen mit dreiundvierzig oder früher, wenn auch wenige von ihnen diese Tatsache bemerken.

Natürlich kann eine Frau Aspekte der Menopause in jedem Alter durchleben, wenn ihre Ovarien vollständig entfernt werden. Viele Frauen, denen Uterus oder Teile der Ovarien operativ entfernt wurden, glauben fälschlicherweise, dies bringe die Menopause mit sich. Ihre Monatsblutung mag in der Tat aufhören, doch solange die Ovarien nicht gänzlich fehlen, produzieren sie weiterhin Östrogen; dieses Hormon wird abnehmen und schließlich in dem Alter, in dem sie sie auch auf natürlichem Wege erreicht hätten, die anderen Symptome der Menopause auslösen.

Frauen sollten sich auch darüber klar sein, daß Raucherinnen die Menopause früher erreichen, als sie es aufgrund genetischer Ursachen normalerweise getan hätten. Mehrere Studien belegen, daß bei Frauen, die rauchen, die Menopause früher eintritt. Andere Untersuchungen zeigen, daß sogar Frauen, die passivem Rauchen ausgesetzt waren – etwa die, deren Ehepartner rauchten –, die Menopause ein paar Jahre früher erreichten als die, die mit Nichtrauchern verheiratet waren. Rauchen und übermäßiges Sonnenbaden sind auch die zwei häufigsten Ursachen für Falten und Altern der Haut. Raucherinnen sollten auf der Hut sein, Zigaretten haben einen ungünstigen Einfluß auf die weiblichen Hormone.

Die Verringerung der Östrogenmenge im Blut einer Frau bringt den «Thermostat» des Körpers aus dem Gleichgewicht. Das hat zur Folge, daß die Frau während der Menopause und manchmal noch ein paar Jahre danach Hitzewallungen und vielleicht auch Nachtschweiß erlebt.

Diese Hitzewallungen werden als plötzliche Überflutung mit Wärme empfunden, oft begleitet von Schweißausbrüchen und Benommenheit. Sie können mehrmals täglich auftreten und die Frau in der Nacht wiederholt wecken. Sie fühlt sich dann ruhelos, verschwitzt und müde. Theoretiker nehmen an, diese Hitzewallungen könnten durch biochemische Vorgänge im Gehirn ausgelöst werden. Auch andere Symptome werden häufig berichtet, doch Hitzewallungen, Nachtschweiß und vaginale Trockenheit beruhen, wie man festgestellt hat, auf dem verringerten Östrogenspiegel. Andere Symptome können durch den Schlafmangel verursacht sein, der die Folge häufigen Aufwachens durch Nachtschweiß ist.[29] Diese Funde sind bedeutsam, weil viele Ärzte und Laien Symptome der Menopause noch immer auf psychische Ursachen zurückführen. Der Beweis für den physiologischen Ursprung von Hitzewallungen und Nachtschweiß ist unbestreitbar.

Feuer und Wasser: Träume, die körperliche Veränderungen beschreiben

Träume, die mit ausgebliebenen Perioden assoziiert sind

Das Muster der Menopause ist bei jeder Frau verschieden. Einige Frauen stellen fest, daß ihre Periode einfach aufhört. Andere bemerken, daß ihre Monatsblutungen immer geringer werden, bis sie schließlich aussetzen. Wieder andere erleben übermäßig starke Perioden, die Curettagen erfordern. Bei anderen wechseln starke Blutungen mit extrem geringen ab. Bei den meisten Frauen bleibt schon einige Jahre vor der Menopause selbst die Periode gelegentlich aus.

Schmutziges Wasser. Bei mir selbst beispielsweise war das Muster gemischt. Da dieses Material allgemein wenig bekannt ist, vor allem im Zusammenhang mit dem Traumleben, beschreibe ich es hier. Meine Perioden hörten 1981 vollkommen auf, als ich sechsundvierzigeinhalb war, doch schon 1975, sechs Jahre vor der Menopause, waren meine extrem regelmäßigen Perioden nicht mehr zuverlässig. Während die Blutung normalerweise alle sechsundzwanzig bis achtundzwanzig Tage auftrat, kam sie in diesem Jahr in einem Intervall von fünfzig Tagen, dem ein normales Intervall folgte, und im darauffolgenden Monat zweimal. Diese unregelmäßigen Perioden dauerten im folgenden Jahr an. 1977 endeten die gewöhnlich starken Blutungen mit Tagen außerordentlich geringer Blutungen. Dann, gegen Ende des Jahres, folgten einige Monate mit ungewöhnlich starken Blutungen. 1978 gab es einen Monat mit zwei Perioden und vier

Monate ohne Perioden; 1979 war ähnlich unregelmäßig. In den letzten sechs Monaten des Jahres 1980 traten nur leichte Schmierblutungen oder überhaupt keine Periode auf. Diese Schmierblutungen setzten sich in den ersten zwei Monaten von 1981 fort, und dann endete die Menstruation ganz.

Das Abwechseln von starken und geringen Blutungen sowie die ausgebliebenen Perioden boten mir die Möglichkeit, die physiologischen Prozesse in meinen Träumen zu beobachten. Als ich beispielsweise in sechs Monaten nur an einem Tag eine Schmierblutung gehabt hatte, hatte ich den am Anfang dieses Kapitels beschriebenen Traum über bis zum Rand mit schmutzigem Wasser gefüllte Becken. Für mich wie für viele andere Frauen sind Becken häufig ein Symbol für den Schoß – der Fähigkeit des Schoßes entsprechend, gefüllt und geleert zu werden. Dieser Traum deutete darauf hin, daß noch ein Bedürfnis bestand, etwas Material freizusetzen. Ein paar Wochen später folgten dann zwei leichte, aber relativ normale Blutungen. Danach hörte die Periode gänzlich auf.

Später im gleichen Traum von dem schmutzigen Wasser gab es noch ein offenkundiges Symbol für den Schoß:

Ich erfahre, daß das Emblem eines geheimen Ordens eine Vase ist, eine Urne von tiefem, fast kastanienfarbenem Rot, die in Keramikkacheln über dem Altar eingelassen ist. Irgendwie berechtigt mich dieses Wissen, in die Gruppe aufgenommen zu werden. Ich trage ein rotes Samtgewand mit einem kurzen Cape und einen schmalen Goldreif auf dem Kopf.

Abgesehen von der mystischen Bilderwelt ist die rote Urne, der Behälter, von der Farbe dunklen Menstrualblutes. Das Gewand, das ich trage, ist ebenfalls blutrot. Vasen und Urnen wie auch Becken dienen in Frauenträumen häufig als Symbol für den Schoß. Wie dieser wirken sie als Gefäß für Inhalte. Die Tatsache, daß das Wasser im Becken schmutzig ist, läßt angesammeltes Blut vermuten; die Füllung des Beckens weist auf die Wahrscheinlichkeit einer weiteren Blutung hin. Bei anderen Gelegenheiten, bei denen ich starke Blutungen hatte, träumte ich von überfließenden Becken. Die mystische Bilderwelt impliziert eine positive Einstellung zu dem natürlichen Vorgang der Menopause.

Becken, Vasen, Tunnel, Gänge, Türen, Juwelen – die Frau, die sich der Menopause nähert, kann den Zustand ihres Unterleibes durchaus anhand dieser Bilder in ihren Träumen abschätzen. Weil jeder Mensch seine eigene individuelle Traumsprache hat, zusätzlich zu den Symbolen, die wegen ähnlicher Form und Funktion wie der Schoß allgemein vorkommen, ist es wichtig, seine persönlichen Bilder kennenzulernen. Am leichtesten können Frauen das, indem sie ihre Träume sorgfältig aufzeichnen, vor allem während der Ovulation und vor und während der Menstruation. Sie werden bald wissen, was Ihre Träume Ihnen über Ihren Körper sagen.

Mit Hitzewallungen und Nachtschweiß assoziierte Träume

Feueralarm. Das Hauptsymptom, das ich erlebte, war nächtliche Ruhelosigkeit – ich wachte schweißnaß, erhitzt und nervös auf –, die meine gewöhnlich reichhaltige Traumerinnerung reduzierte und mich bei Tag müde machte.

Hitzewallungen am Tage waren meist überaus mild. Da in meinem Fall der Östrogenspiegel allmählich fiel, erwähnte ich das Auftreten dieses Symptoms selten in meinem Tagebuch oder verband es selten mit spezifischen Traumbildern. Eine Ausnahme jedoch ist ein Eintrag einige Jahre nach dem Aussetzen der Periode. Er erfolgte vier Tage nach einer Hitzewallung mit heftigem Schwitzen, die durch besonders heißes Wetter ausgelöst worden war:

Ich bin in einem Haus mit Problemen. Mein Mann ist gerade aus seinem Wagen gestiegen, als ein ganzes Glasfenster im Haus nach vorne fällt und rechtwinklig wie in einem Scharnier hängenbleibt. Ich rufe meinen Mann zu Hilfe, und er kommt und hilft.

Später höre ich Feuerwehrleute an der Tür des Hauses. Jetzt scheint es eine Art Landhaus zu sein, in dem eine Alarmanlage losgegangen ist. Weil die Feuerwehrleute nicht sofort eine Antwort bekommen, schneiden sie das Glas auf – ich höre es sirren – und machen ein Loch, durch das sie die Tür öffnen, um ins Haus zu kommen. Drinnen versprühen sie vorbeugend eine Flüssigkeit. Ich glaube, daß Rauch da ist. Jemand von der Feuerwehr – vielleicht eine Frau – sagt mir, ich solle aufpassen, wohin ich trete, denn die Flüssigkeit könne brennen, wenn sie die Haut berühre. In einer späteren Szene verabschieden wir uns von einem fiktiven Sohn im Teenageralter, der in ein Ferienlager abreist. Viel Zuneigung zwischen uns.

Das Traumhaus, das gewöhnlich den Körper der Träumenden repräsentiert, hat Probleme. Tatsächlich hatte ich mir am gleichen Tag, an dem ich die intensive Hitzewallung erlebte, bei einem Ausflug den rechten Fußknöchel verstaucht. In dem Traum werde ich gewarnt, ich solle aufpassen, wohin ich trete.

Außerdem sagt der Traum, daß mein Haus kleiner ist, auf Landhausgröße geschrumpft. Das, zusammen mit dem Feueralarm, der losgegangen ist, weist darauf hin, daß die Veränderung im Körper, genauer, im Unterleib, etwas ist, das mit Hitze zu tun hat. Die positiven Aspekte des Traums sind die Hilfsbereitschaft meines Mannes, das Erscheinen von Feuerwehrleuten, die das Problem unter Kontrolle bringen, und die vorbeugende Flüssigkeit, die auf der Haut brennen kann (wie Hitzewallungen das tun). Der Abschied von einem Jugendlichen kann vielleicht ein Abschied von dem Teil meiner selbst sein, der mit den Teenagerjahren begann. Aus anderer Sicht könnte der Junge der Sohn sein, den wir gehabt haben könnten – wir waren seit neunzehn Jahren verheiratet –, aber nun nicht mehr bekommen werden.

Ein paar Monate nach diesem Traum akzeptierte ich auf Drängen meines Arztes, eine minimale Östrogendosis einzunehmen, was nicht nur die Hitzewallungen beseitigte und mein Wohlbefinden erhöhte, sondern auch zu besserer Traumerinnerung führte. Alle Symptome verschwanden.

Feuer in Frauenträumen steht oft für eine emotionale Hitze sowie auch für sexuelle «Hitze». Bei Frauen in der Menopause kann der Stimulus für Feuerträume in den Hitzewallungen bestehen, die im Schlaf auftreten. Je nachdem, wie die Frau die Menopause erlebt und dazu eingestellt ist, variieren auch die Umstände des Feuers.

Mit veränderten Lebensbedingungen assoziierte Träume

Frauen in den Wechseljahren müssen häufig dramatische Veränderung in allen Aspekten ihres Lebens bewältigen. Zur gleichen Zeit, zu der ihr Körper physiologischen Veränderungen unterliegt, werden ihre Kinder erwachsen und verlassen das Heim. Vielleicht sind sie oder ihr Partner unzufrieden mit ihren Beziehungen und wählen diesen Zeitpunkt für eine Scheidung oder ein Abenteuer. Ihre Eltern sind gewöhnlich alt, krank oder liegen im Sterben. Obwohl diese Veränderungen am Ende befreiend sein können, tragen sie vielleicht zeitweilig zum Streß und zur Verwirrung des Stadiums der Menopause bei.

Allein in einer steinigen Gegend. Für Frauen, die allein zurückbleiben, kann diese Lebensphase besonders schwierig sein, Hilda, die mit Mitte Fünfzig einmal verwitwet und zweimal geschieden war, kämpfte gegen die Verzweiflung an. Ihre Menopause begann, als sie neunundvierzig war, und in den nächsten vier Jahren litt sie unter Hitzewallungen und Depressionen, die nach einer Hormontherapie etwas nachließen, obwohl sie ihre Medikamente nicht regelmäßig eingenommen hatte. Hilda litt unter dem wiederkehrenden Alptraum, «allein, verlassen, ausgeschlossen und verloren» zurückzubleiben. Eine Version:

> Ich soll ein Flugzeug nehmen, kann das aber nicht, weil ich meinen Vater suche. (Er war im wachen Leben immer kritisch mir gegenüber und ist das auch im Traum.)

> Ich weiß, daß er sich hinter einem Felsen versteckt. Dann verschwindet er ganz. Das Flugzeug ist fort. Ich unternehme eine flüchtige Suche. Ich versuche, mich an jemanden zu wenden, aber ich bin ganz allein zurückgeblieben.

Hildas Vater lebte noch, aber sie waren nie in der Lage, auf eine Weise miteinander zu kommunizieren, die für sie befriedigend gewesen wäre. Seine «Undurchdringlichkeit», seine emotionale Unerreichbarkeit wurde dadurch dargestellt, daß Hilda einen Felsen als sein Versteck wählte. Er war unerreichbar, und dann verschwand er, was vermutlich für die Angst der Tochter vor seinem unvermeidlichen Tod steht. Landschaften in Träumen teilen oft mit, wie der Träumende seine emotionale Umgebung empfindet. Hier repräsentierte die steinige Landschaft Hildas «steinige» Interaktion mit ihrem Vater.

Träume, in denen man ein Verkehrsmittel verpaßt – Bus, Eisenbahn, Schiff und Flugzeug –, weisen gewöhnlich, wie in Hildas Traum, auf das Gefühl hin, eine Gelegenheit im Leben «zu versäumen». Sie dramatisieren den verbreiteten Ausdruck: «Ich habe den Anschluß verpaßt.»

In einen Eimer spucken. Barbara, Ende Vierzig, erlebt die körperlichen Veränderungen, die der Menopause vorangehen. Ihre Perioden sind in den letzten beiden Jahren erst stärker und dann schwächer geworden; ihr Haar wird dünner, und ihre Fingernägel werden brüchig; ihr Schlaf ist gestört, und sie wacht «wie aus dem Wasser gezogen» auf. Außerdem sagte sie: «Ich träume anscheinend weniger als früher.» Das ist ein weiterer Hinweis auf einen sinkenden Östrogenspiegel. Im Unterschied zu Hilda hat Barbara ihr ganzes erwachsenes Leben hindurch in einer unglücklichen Ehe ausgehalten. Gemeinsam sind beiden Frauen allerdings Gefühle der Mutlosigkeit ihrer Zukunft gegenüber, wie sie sich in einem Traum aus jüngster Zeit widerspiegeln:

Mein Vater steht mit einem Stab über einem Eimer. In dem Eimer sind einige Mieder von mir mit Schulterpolstern – es sind die naturfarbenen (ich habe auch schwarze). Die Person ist abwechselnd mein Vater und mein Mann. Er steckt den Stab in den Eimer und spuckt dann hinein.

Auf einer Ebene ist Barbaras Traum sexuell. Behälter wie der Eimer in ihrem Traum repräsentieren oft die weiblichen Genitalien. Ein Stab, der «in einen Eimer gesteckt» wird, ist ein charakteristisches Traumsymbol für den Phallus. Spucken in Träumen wird als Äquivalent für den Samen betrachtet. Aus dieser Sicht beschreibt die Traumhandlung eine Vater-Ehemann-Figur, die auf mechanische Weise den Geschlechtsverkehr vollzieht.

Barbara war sich dieser möglichen Erklärung nicht bewußt. Ihre

Assoziationen zu den Bildern des Traums enthüllten eine andere Dimension. Als ich Barbara bat, mir den Eimer zu beschreiben, als sei ich ein Kind, das nicht wisse, was das ist, sagte sie: «Ein Eimer enthält etwas, was man nicht verlieren, verschütten oder zerstören möchte. Man kann darin Sachen von einem Ort zum anderen tragen.» Ein Stab, sagte sie, werde «für viele verschiedene Dinge benutzt. Man kann sich darauf stützen, wenn man geht, und auch etwas daranhängen.» Spucke ist aus ihrer Sicht «etwas, das der Körper nicht aufnimmt, das man nicht braucht, etwas, das man im Augenblick loswerden möchte. Spucken drückt auch Verachtung aus.» Ein Mieder mit Schulterpolstern, so erklärte die Träumerin, ist ein Kleidungsstück, «das zu tragen ich hasse. Trotzdem pflegte ich es zu tragen, wenn ich ‹Unterstützung› brauchte.» Ihr Vater, so sagte Barbara mir, habe ihre Mutter nie richtig behandelt; er sei immer eifersüchtig gewesen, wenn ihre Mutter Zeit damit zubrachte, ihre Kleider zu nähen. Sie sagt, in mancher Hinsicht sei ihr Mann ihrem Vater ähnlich.

Wenn wir Barbaras Assoziationen zu den Schlüsselbildern in ihrem Traum verstehen, wird die sexuelle Bedeutung umfassender. Ihre Wiederholung des Begriffs «Unterstützung» oder «Stütze» in bezug auf den Stab und die Schulterpolster war ein wichtiger Hinweis. Wann immer Assoziationen ein Thema wiederholen, ist es entscheidend für die Gesamtbedeutung des Traumes.

In ihrer Traumsprache sagt Barbara: «Meine Beziehung zu meinem Mann ähnelt der Beziehung meines Vaters zu meiner Mutter (die Figur, die abwechselnd Vater und Ehemann ist). Unsere sexuelle Interaktion ist mechanisch (wie ein Stab, der in einen Eimer gesteckt wird). Trotzdem bin ich von seiner Unterstützung abhängig (der Stab, der einem das Gehen erleichtert, und die Polster des Mieders). Ich habe das Gefühl, daß er mich mit Verachtung behandelt (das Spucken).» Als wir daran arbeiteten, den Sinn ihrer Traumbilder zu verstehen, fügte Barbara selbst hinzu: «Er machte etwas Kostbares schlecht, das mir gehört.»

Barbara fühlte sich in ihrer Ehe ausweglos gefangen. Wirtschaftlich konnte sie es sich nicht leisten, allein auskömmlich zu leben; es schien besser, zu bleiben, wo sie war, als sich dem Unbekannten zu stellen. Barbara bedauerte jetzt, die Weiterbildung nicht gemacht zu haben, die sie sich jetzt wünschte, und keine Karriere angestrebt zu haben. Sie war jedoch motiviert genug, um in den letzten paar Jahren einen Schulabschluß nachzuholen, und hat, da ihre erwachsenen Kinder das Haus verlassen haben, ernsthaft versucht, in einem Beruf Fuß zu fassen.

Die liebevolle Berührung: Träume von verstorbenen Eltern

Eltern können natürlich in jedem Alter sterben, aber bei Menschen in mittleren Jahren ist es am wahrscheinlichsten, daß sie mit dem Tod von Mutter oder Vater konfrontiert werden. Ungelöste Probleme mit den Eltern machen diesen Umstand extrem schwierig. Träume können manchmal die versäumte Chance bieten, zum ersten Mal auf sinnvolle Weise in Verbindung zu treten. Bei den Erwachsenen, deren Beziehung zu den Eltern gut war, kann eine Traumbegegnung die Wiederherstellung einer engen Bindung sein. Solche Träume von den Verstorbenen können tiefe Befriedigung geben.

Mutter mit langem Haar. Michi, die jetzt Mitte Vierzig ist, hatte es in den Wechseljahren ziemlich schwer. Sie ist eine schlanke, jugendlich aussehende Geschäftsfrau, die die Hälfte des Jahres im Orient verbringt. Sie war mit ihrem Beruf und ihrem Mann unzufrieden; ihre physiologischen Symptome, nächtliche Schlaflosigkeit und Nervosität, schienen ihre Unruhe zu steigern. Sie sehnte sich nach einer anregenderen Arbeit und einer leidenschaftlichen Romanze. Ihre Träume über ihre Mutter waren verstörend.

Als sie in den ersten Teenagerjahren war, hatte Michi einen Vorhersagetraum über den Tod ihrer Mutter:

> Mutter liegt im Bett. Sie hat in dem Traum sehr langes Haar. Sie kämmt dieses lange, lange Haar, während sie zu mir sagt: «Tochter, ich werde bald sterben.»

In Wirklichkeit, so erklärte Michi, hatte ihre Großmutter sehr langes Haar, der alten Tradition entsprechend, während ihre Mutter ihr Haar kurz und modern geschnitten trug. So wurde die Mutter im Traum mit einem alten Menschen verglichen, der bereit war zu sterben.

Mutter geht «heim». Viele Jahre später träumte Michi wieder von ihrer Mutter:

Ich sehe Mutter auf einer schönen chinesischen Rikscha. Sie ist hoch und groß auf zwei Rädern, und jemand zieht sie. Der Friedhof ist hinter mir und die Rikscha vor mir, und Mutter kommt auf mich zu.

Sie trägt schöne Seide in bunten Farben – viel Gelb und Rot und etwas Grün – und hat bunten Schmuck im Haar. Sie sieht strahlend glücklich aus. Sie sieht fast wie die Papierpuppen aus, die wir verbrennen, wenn Menschen sterben.

Ich bin mit einem Mann zusammen, der unser Nachbar war, jemand, den meine Mutter mochte und mit dem sie mich verheiraten wollte. Ich halte eine Kamera. Ich frage: «Mutter, wo gehst du hin?» Sie antwortet: «Heim.» Damit meint sie den Friedhof. «Bring bitte die Kamera heim und gib sie jemandem.» Sie fährt weiter.

Der Mann und ich gehen zusammen zurück zu Mutters Grab.

Michi war von diesem Traum so beeindruckt, daß sie, obwohl sie verheiratet war und Kinder hatte, den Mann aus ihrem Traum anrief, um ihm davon zu erzählen. Er schlug vor, sie sollten zusammen das Grab ihrer Mutter besuchen. Sie gingen hin und legten einige von den Lieblingsblumen ihrer Mutter auf das Grab.

Dieser Kontakt, angeregt durch Michis Traum, führte zu einer intensiven Gefühlsbeziehung zu dem Mann. Obwohl nie vollzogen, nahm ihre Intimität alle Emotionen einer Liebesaffäre an. «Ich erkannte, daß sogar verheiratete Frauen wirkliche Liebe haben können», sagte sie. Nachdem er sie mit Aufmerksamkeit überschüttet hatte, brach der Mann plötzlich jeden Kontakt ab. Michi fühlte sich verlassen und einsamer als je zuvor. Zu dieser Zeit hörte die Ärmste buchstäblich zu träumen auf.

Mehrere Jahre lang konnte Michi sich an keinen Traum erinnern bis auf drei kurze Fragmente, von denen zwei verbotene, aber lustvolle physische Kontakte mit dem Mann beinhalteten. Da diese

Träume nicht mehr in die Tat umgesetzt werden konnten, taten sie weh. «Wahrscheinlich beschloß ich, keine Träume mehr zu haben. Sie machten mein Leben so kompliziert», erklärte sie. Das Aufhören der Traumerinnerung ist eine Reaktion mancher Menschen auf einen Schock, körperlich oder emotional. Manchmal ist es Teil einer schweren Depression. Wenn mir jemand sagt, er habe früher viel geträumt, träume jetzt aber überhaupt nicht mehr, kann das Aufhören der Träume fast immer auf ein bestimmtes Ereignis im Wachzustand oder einen bestimmten Traum zurückgeführt werden.

Michi scheint sich im Traum vom Heimgang ihrer Mutter selbst die Erlaubnis zu geben, sich an einen romantischen Partner zu wenden, den ihre Mutter ihr bereits ans Herz gelegt hatte. Die Kamera gab der Träumenden vielleicht ein anderes «Bild» ihres Lebens; vielleicht war ihre schachtelähnliche Form auch ein Symbol für den Schoß. Es ist, als hätte ihre Mutter gesagt: «Wenn du auf mich gehört und diesen Mann geheiratet hättest, dann wärst du glücklich geworden.» Das ehrfurchtgebietende Bild ihrer Mutter in zeremoniellem Gewand sprach von Michis Respekt vor der Meinung der alten Frau. Im wachen Leben fand Michi es schwierig, die Möglichkeit aufzugeben, mit diesem Mann glücklich zu werden, sie zu begraben.

Michi war von dem Traum über ihre Mutter stark bewegt, doch in diesem Fall machte der Traum einen Vorschlag, der ihr Problem nicht löste. Schließlich unternahm Michi Anstrengungen, die zu einer befriedigenderen Antwort führten. Sie fand ein künstlerisches Ausbildungsprogramm, das sie mit ihren unregelmäßigen Arbeitszeiten verbinden konnte, und setzte viel Energie ein, um ihre Fähigkeiten zu entwickeln. Ihre Vitalität kehrte zurück. Sie fand neue Freunde und faszinierende Aktivitäten.

Vater ist warmherzig und liebevoll. Fiona, Mitte Vierzig und am Beginn der Wechseljahre, erfuhr vom Tod ihres Vaters, während sie und ihr Mann auf einer Urlaubsreise waren. Sie kehrte zur Beerdigung zurück und stellte fest, daß er schon eine Weile krank gewesen war, seiner Frau aber verboten hatte, ihrer Tochter davon zu berichten. Er hatte es ihr nach ihrer Rückkehr selbst sagen wollen. Fiona fühlte sich, wie es den meisten Menschen unter diesen Umständen ergeht, um die Chance gebracht, von ihm Abschied zu nehmen.

«Ich wünschte, ich hätte es gewußt. Sein Tod hinterließ ein schwarzes Loch in meinem Leben, das immer da sein wird.»

Fiona und ihr Vater hatten sich sehr geliebt, doch er hatte eine distanzierte und förmliche Art. Nachdem sie herangewachsen war, hatte er sie nur selten berührt oder umarmt. Sie, eine reizende, sanfte und mitfühlende Frau, war zu zurückhaltend und schüchtern, um einen Kontakt zu erzwingen. Nach seinem Tod hatte Fiona mehrere Träume von ihrem Vater:

> Er ist so wirklich – ich kann ihn sogar riechen. In einigen Träumen weiß ich, daß er tot ist, daß in unserer Beziehung etwas anders ist. Er lacht. Ich kann ihn berühren und in den Arm nehmen, etwas, was wir im wachen Leben nie konnten. Mit einem guten Gefühl wache ich auf.

So schmerzhaft diese Träume für Fiona auch sind, sie geben ihr, wie Louises Traum von ihrer Mutter, das Gefühl einer wertvollen Kommunikation. Sie erfüllen ein Bedürfnis.

Der Wert menopausaler Träume

Wir haben gesehen, daß die Träume der Wechseljahre häufig auf die physiologischen Veränderungen hinweisen, die im Körper der Träumenden vor sich gehen. Sie können auch ihr Gefühl der Unfruchtbarkeit und Leere dramatisieren, nicht so sehr wegen des Verlusts der Fortpflanzungsfähigkeit – die Frau hat vielleicht so viele Kinder, wie sie sich wünschte –, sondern eher wegen des Gefühls, im Leben nutzlos zu sein. Wenn die Frau, die so empfindet, aufrichtig danach sucht, mit oder ohne Hilfe eines Therapeuten, kann sie für die vor ihr liegenden Jahre neuen fruchtbaren Boden, ein Ziel, finden.

Negative Einstellungen gegenüber den Wechseljahren werden meistens von solchen Frauen vertreten, die sie nicht erlebt haben.

Die reife Frau hat vier grundlegende Aufgaben:

1. Sie muß ihre Weisheit – ihre Erfahrung, ihre Urteilskraft und ihr emotionales Verständnis – höher einschätzen als bloße körperliche Attraktivität.
2. Sie muß befriedigende menschliche Beziehungen aufbauen, statt

unrealistischer romantischer oder nur leidenschaftlicher Begegnungen.

3. Sie muß ihre Fähigkeit bewahren, andere zu lieben, wenn Eltern und Freunde zu sterben beginnen.

4. Sie muß geistig beweglich bleiben und darf nicht starrsinnig werden.

Mit diesen Fähigkeiten kann sie die vor ihr liegenden Jahre fruchtbar machen.

Manche Frauen können ihr verinnerlichtes Wechseljahresritual in einem Traum finden. Im Wachen suchen sie vielleicht eine unerforschte Richtung, einen Weg, ihre Energie zu reichem und üppigem neuem Wachstum zu bringen. Mit der Freiheit von Verhütungsmaßnahmen, von den lästigen Begleiterscheinungen der Periode, von den Stimmungsumschwüngen der fruchtbaren Jahre und von den drückenden Verpflichtungen für Heim und Kinder kann die menopausale Frau Interessen verfolgen, die ihr früher verschlossen waren.

Wir werden sehen, daß die Aufnahme neuer Aktivitäten uns nicht nur zeitweilig stimuliert, sondern buchstäblich unser Gehirn wachsen läßt. Was wir früher als Alter betrachtet haben, ist großenteils Krankheit oder Langeweile. Wie körperliche Aktivität und gute Ernährung den Körper stärken, so stärkt anregende geistige Aktivität die Psyche.

Außer Reisen, angenehmen Hobbies, Zeit mit lieben Menschen und kreativen Tätigkeiten wie Töpfern, Schmuckentwurf, Malen, Sprachstudien und wohltätigen oder anderen Projekten, die sie immer ausprobieren wollten, ohne früher je die Zeit dazu gehabt zu haben, finden Frauen in den menopausalen Jahren vielleicht eine neue Selbstentwicklung und spirituelle Richtung. Wer kann es wissen, vielleicht wird uns diese Vorbereitung im unbekannten Jenseits von gutem Nutzen sein.

11. Träume der Älteren

Meine Tochter legt mir zärtlich ihr erstgeborenes Baby, meinen neuen Enkel, in die Arme. Die seidige Haut, die winzigen, muschelähnlichen Ohren, die perfekte kleine Nase, der zarte Mund, die langen Finger und das weiche Haar erwecken Erinnerungen. Unter seinen geschlossenen Lidern bewegen sich seine Augäpfel. Sein suchender, saugender Mund löst eine Flut mütterlicher Gefühle aus. Ich spüre in meinen Brüsten das alte, vertraute Ziehen.

Was war es doch für eine körperliche Lust, einen hungrigen Säugling zu stillen, sein dringendes Bedürfnis aus dem eigenen Körper heraus zu erfüllen. Doch meine Rolle ist es nicht, dieses Kind zu stillen, zu tragen oder großzuziehen. Ich bin die Großmutter. Das Wort hat einen seltsamen Klang für mich, ich bin noch nicht daran gewöhnt. Eine neue Generation ist geboren, und ich gehöre zu den Alten.

Obwohl meine Mutter noch am Leben ist, ein fragiler Puffer zwischen mir und der Sterblichkeit, bringt das kleine, warme Wesen auf meinem Schoß das Bewußtsein eines neuen Maßstabs mit sich. Eine Spur im Leben zu hinterlassen bedeutet für einen großen Teil der Menschheit, daß ihre Saat in der Zukunft fortlebt. Diese Saat kann viele Formen annehmen, von Kindern und deren Abkömmlingen bis zu Handlungen, die tiefgreifende Auswirkungen auf das Leben anderer haben.

In der Nacht, in der ich zum ersten Mal meinen Enkel hielt, träumte ich von Kristallen und Weihnachtslichtern aus seltenem Material und von kraftvollen tänzerischen Bewegungen. Gegen Ende dieser Serie besonderer Träume vollführte ich ein komplexes Ritual voller Wiederholungen, zu dem gehörte, daß ich viele Vögel sammelte und sie zu einem Vogel formte, den ich in die Erde pflanzte.

Aus dieser Vogel-Pflanze wuchs ein besonderer neuer Vogel heran, der auf irgendeine Weise den Fortbestand einer Gruppe sicherte. Später im gleichen Traum:

Eine Frau weiht mich in wichtige Geheimnisse ein, während wir über das Dach eines Schlosses wandern. Ich sehe unten eine Gruppe von Menschen bei einem Ritual, das von einem männlichen Lehrer angeführt wird. Die Leute heben die Arme und rufen unisono: «Macht sei!» Der Führer sagt ihnen dann, das Symbol ihrer Gruppe solle sein «... ein Ei und ein Blatt!» Ich sehe, wie dieses Symbol vor sie hingestellt wird, ein Ei, das aufrecht auf einem grünen Blatt steht. Dann wache ich auf.

Unter meinen zahlreichen Assoziationen zu den Bildern in diesem Traum gehörten die von Geburt und Wachstum – das Ei und das Blatt. Die Kraft in den Tanzbewegungen war der Tanz des Lebens. Das «seltene Material», das zur Geburt des heiligen Kindes angezündet wurde – zu Weihnachten –, war mit dem Formen der Vögel verbunden. Die Lebenskraft, die zu einem Ganzen versammelt werden oder viele Einzelwesen bilden konnte, war in den geisterähnlichen Vögeln dargestellt, die man formen und wie Samen einpflanzen konnte, um neues Leben heranzuziehen. Das neugeborene Baby, das mein Enkel ist, ist teilweise eine Fortsetzung meines eigenen Lebens, aber mehr noch ein Beweis für die Lebenskraft selbst, die durch die ganze Menschheit strömt. Mehrere Bilder aus diesem bemerkenswerten Traum ähneln Bildern in den Träumen von Menschen, die den Tod akzeptieren.

Mit dreiundfünfzig Jahren hoffe ich, noch Jahre vor mir zu haben, Zeit, meinen Mann zu lieben, weitere Bücher zu schreiben, weitere Bilder zu malen, mit Freunden und Familie zu feiern und diesen Enkel vom kleinen Jungen zum Mann heranwachsen zu sehen. Doch das Rad des Lebens dreht sich.

Zahllose ältere Frauen nehmen vital am kreativen Leben teil, bis ihre Zeit abgelaufen ist. Agatha Christie schrieb ihre berühmten Kriminalromane bis in ihre frühen Achtziger. Grandma Moses begann mit ihrer naiven Malerei im Alter von achtundsiebzig Jahren. Die Erzieherin Maria Montessori reiste und arbeitete unermüdlich bis zu ihrem Tod mit einundachtzig.

Doch ganz gleich, wie produktiv wir weiterhin sein mögen, früher oder später muß sich jede von uns dem Ende des Lebens stellen. Was jenseits liegt, ist ein Teil des großen Abenteuers. Daher suchen die Gedanken der Älteren natürlich nach dem nächsten Schritt. Dasselbe tun auch ihre Träume. Ehe wir die Träume der älteren Menschen eingehend betrachten, wollen wir untersuchen, was in Schlaf und Traum im Körper der alternden Frau vor sich geht.

Schlaf und Traum in späteren Jahren

Weniger tiefer Schlaf bei beiden Geschlechtern

«Ich schlafe nicht mehr so gut wie früher», vertraute mir die siebzigjährige Jane an. Das Interview war typisch für die ältere Frau. Wenn wir alt werden, verschieben sich unsere Schlaf- und Traummuster. Zuerst wird, selbst wenn wir die gleiche Anzahl Stunden schlafen, weniger Zeit im Tiefschlaf verbracht.

«Früher habe ich viel geträumt», sagte Whitney, die hoch in den Achtzigern ist, «aber in letzter Zeit träume ich kaum noch.» Die durchschnittliche Achtzigjährige träumt etwas weniger, ungefähr eine Stunde Traumzeit bei acht Stunden Schlaf im Vergleich zu eineinhalb bis zwei Stunden Traumzeit bei gleicher Schlafdauer bei einer Zwanzigjährigen. Diejenigen alten Menschen, die weniger schlafen, träumen natürlich auch weniger. Unsere Traumzeit nimmt allmählich ab, wenn wir älter werden. Bei Säuglingen sind die REM-Phasen am häufigsten, dann bei Kindern, bei jungen Erwachsenen machen sie etwa 20 bis 25 Prozent der Schlafzeit aus. Dreißig- bis Fünfzigjährige träumen in 18 bis 25 Prozent ihrer Schlafzeit, Fünfzig- bis Siebzigjährige etwa in 13 bis 18 Prozent der Schlafzeit.[30]

Aufgrund der Resultate mehrerer Laboruntersuchungen über Träumen und psychisches Funktionieren der älteren Menschen wissen wir, daß diese Traumzeit für unsere Gesundheit von entscheidender Bedeutung ist. In einer Untersuchung von I. Feinberg und Kollegen waren die älteren Probanden, die mehr REM aufwiesen, auch wacher, was ihre höheren Gehirnfrequenzen bewiesen. Feinberg stellte fest, daß ein Zusammenhang besteht zwischen veränderten Schlafmustern und Beeinträchtigung des Gedächtnisses bei älteren

Menschen. Allgemein gilt, daß unser Gehirn Informationen desto besser verarbeiten kann, je besser wir schlafen und träumen.[31]

Den Stundenplan stabilisieren und das Gehirn stimulieren

Was kann der ältere Mensch tun, um sich bestmöglichen Schlaf und möglichst gutes Funktionieren im Wachzustand zu sichern?

Unser Gehirn und die Nervenzellen, aus denen es besteht, sind zur Aktivität geschaffen. Wenn diese «Maschinerie» untätig ist oder leerläuft, verliert sie die Fähigkeit zu effizientestem Funktionieren.

Ältere Menschen, die neue Interessen entwickeln und sich anregenden Aktivitäten und Menschen zuwenden, stimulieren damit eindeutig auch ihr Gehirn. Manche der Veränderungen, die mit dem Alter eintreten, sind auch bei jungen Menschen zu beobachten, wenn diese sensorischer Deprivation, also einem Mangel an Sinnesreizen, ausgesetzt sind. Es kann sein, daß das Altern die Menschen isoliert. Diejenigen von uns, die ältere Angehörige haben, die sich nicht selbst motivieren können, finden es vielleicht der Mühe wert, sie so viel wie möglich in stimulierende Aktivitäten einzubeziehen. Wenn wir selbst älter werden, müssen wir Geist und Körper aktiv halten.

Soweit die Gesundheit es zuläßt, ist körperliche wie geistige Anregung hilfreich zur Aktivierung des Gehirns. Rasches Gehen und sanfte Dehnübungen können die Durchblutung fördern und den alternden Menschen beleben. Er sollte ein regelmäßiges Bewegungsprogramm absolvieren.

Die meisten Experten meinen, der ältere Mensch schlafe besser, wenn er einen regelmäßigen Stundenplan für Mahlzeiten und Aktivitäten einhalte. Das läßt sich durchaus mit Anregungen vereinbaren. Interessante und neue Aktivitäten können um feste Essens- und Schlafenszeiten herum organisiert werden. Ältere Menschen brauchen andere Menschen, um ihre Neugier wach zu halten. Begegnungen mit Freunden oder das Kennenlernen neuer Menschen sind wichtig.

Ältere Frauen und Männer, die Körper und Geist aktiv halten, die liebevoll mit ihren Mitmenschen umgehen und die mit Achtung behandelt werden, können lebendige Tage und erfrischende Nächte erleben, gewiegt von Träumen, die ihnen den Weg weisen.

Die ältere Frau ist vielleicht mit mehr Veränderungen konfrontiert als zu jeder anderen Zeit ihres Lebens. Krise nach Krise stellt ihre Widerstandsfähigkeit auf die Probe: Eltern und ältere Angehörige sind bereits gestorben, Gleichaltrige werden bald krank oder sterben; wahrscheinlich stirbt ihr Partner vor ihr; der normale Alterungsprozeß macht ihren eigenen Körper anfälliger für Krankheit oder Behinderung; ihre Wohnumgebung und ihre Lebensumstände können sich verschlechtern; ihre erwachsenen Kinder haben mit ihren eigenen Eheproblemen oder sonstigen Schwierigkeiten zu tun. Es kann sein, daß die ältere Frau gleichzeitig mit Witwenschaft, Krankheit, Angstgefühlen und Depressionen fertig werden muß. Mehr denn je braucht sie jetzt die Weisheit ihrer Jahre.

Noch immer entfalten sich Träume in der älteren Frau. Ein reiches Innenleben kann der Träumenden in der letzten vitalen Phase ihrer Existenz Anleitung geben. Jeder Problembereich wird im Traum abgehandelt. Manchmal beschreiben die Träume Verlust oder Zerstörung, manchmal bieten die nächtlichen Abenteuer aber auch ein Fest für Sinne und Gefühle.

Hand in Hand in den Sonnenuntergang: Liebes- und Sexträume der Älteren

Romantische Gefühle gedeihen unter gesunden Senioren. Selbst bei Kranken ist das Bedürfnis nach Berührung und Zuneigung groß. Mein Schwiegervater, 103 Jahre alt, liebt es, meine Hand zu halten und von Zeit zu Zeit galant zu küssen. Sein Zimmergenosse, der 97 Jahre alt ist, durch einen Schlaganfall verkrüppelt und unter erheblichen Schmerzen leidend, freut sich, wenn er mich sieht, umarmt mich mit seinem gesunden Arm, küßt mich auf die Wange und nennt mich seine «Süße». In der Pensionärsgemeinschaft, in der meine fast 80jährige Mutter lebt, sind Heiraten zwischen Witwern und Witwen überraschend häufig.

Jüngere Menschen neigen dazu, romantisches Verhalten bei älteren Leuten als abstoßend – das Schmutziger-alter-Mann-Syndrom – oder einfach verrückt zu betrachten. Die Jungen finden die Alten oft sexuell unattraktiv. Die ältere Frau gilt als eine Art Neutrum. Junge Menschen bezweifeln die Fähigkeit der Älteren, Geschlechtsverkehr zu haben, oder fürchten, sie würden sich dadurch schaden. Für den älteren Menschen jedoch sind neue Liaisons durchaus sinnlich und ernst gemeint. Wie Studien aus jüngster Zeit belegen, kann sexuelle Aktivität sogar der Gesundheit förderlich sein. Auch im späteren Leben ist Sexualität noch wichtig. Sie ist weder beschämend noch pervers, sondern normal.

Veränderungen der sexuellen Fähigkeit bei älteren Frauen und Männern

Sexuelle Aktivität kann, wie wir sehen werden, für Menschen jedes Alters förderlich sein. Die ältere Frau hat weniger Probleme, daran teilzunehmen, als der ältere Mann. Ältere Männer brauchen vielleicht länger, um eine Erektion zu erreichen, und die Menge der Samenflüssigkeit verringert sich allmählich, obwohl sie ihre Ejakulation besser kontrollieren können als ein junger Mann. Die Fähigkeit des älteren Mannes, sexuell zu funktionieren, kann durch Langeweile, Ermüdung, übermäßiges Essen und Trinken, Versagensangst und medizinische oder psychische Störungen beeinträchtigt sein.

Die Fähigkeit der älteren Frau zum Geschlechtsverkehr bleibt bis ins höchste Alter erhalten. Nach der Menopause können sich bei der älteren Frau, deren Östrogenspiegel zu niedrig ist, die Vaginalwände verdünnen. Dadurch kommt es beim Geschlechtsverkehr manchmal zu Hautrissen, Blutungen oder Schmerzen. Östrogenmangel reduziert Länge und Durchmesser der Vagina und kann die äußeren Schamlippen schrumpfen lassen. Diese Zustände lassen sich durch Östrogengabe oder Vaginalcremes beheben. Frauen, die ein Problem vermuten, sollten also ihren Gynäkologen konsultieren.

Eine weitere häufige Veränderung in den sexuellen Funktionen der älteren Frau besteht darin, daß die Sekretionen, die die Vagina befeuchten, abnehmen können. Frauen jedoch, die regelmäßig sexuelle Stimulierung erfahren, vom jungen Erwachsenenalter an ein- bis zweimal in der Woche, haben dieses Problem selten. Frauen wie Männer, die sexuell aktiv bleiben, sind besser in der Lage, ihre Fähigkeiten zu bewahren.

Die Fähigkeit zu sexueller Funktion ist aus mehreren Gründen wichtig: es gibt einige Nachweise dafür, daß sexuelle Aktivität Arthritis lindert (vermutlich, weil die Kortisonproduktion der Nebennierendrüsen stimuliert wird); sexuelle Aktivität hilft, bei guter körperlicher Gesundheit zu bleiben; Sex trägt auch zur Lösung angesammelter Spannungen bei und fördert so tiefen, erholsamen Schlaf. Außerdem ist guter sexueller Kontakt eng mit Selbstwertgefühl und guter Selbstvorstellung verbunden.

Nachdem wir festgestellt haben, daß die gesunde ältere Frau im Wachzustand zu sexuellen Reaktionen fähig ist und daß Sex ihrer Gesundheit förderlich ist, wenden wir uns der sexuellen Symbolik in den Träumen älterer Menschen zu, einschließlich Liebes- und romantischen Träumen.

Träume von Romantik und Leidenschaft bei älteren Frauen

Die sich entfaltende Blüte. Olga, zweimal verwitwet, war Mitte Siebzig, als diese Studie begann. Sie trug viele Träume bei, die sie im Laufe der Jahre in ihrem Tagebuch festgehalten hatte. Dies war einer ihrer wiederkehrenden sexuellen Träume:

> Manchmal habe ich einen orgasmischen Traum von einer Blütenknospe – einem Lotus oder einer Wasserlilie. Während ich sie betrachte, entfaltet sie ein Blütenblatt nach dem anderen – wie in Zeitlupe –, bis die Blüte ganz geöffnet ist, und das ist der Orgasmus. Dieser Traum gefällt mir.

Wir haben gesehen, daß Frauen die weiblichen Sexualorgane in ihren Träumen oft als Blumen darstellen. Diese Symbolik ist auch in Männerträumen wie auch in der Kunst der meisten Kulturen häufig, von den alten chinesischen Gemälden der geöffneten Päonie, die die aufnahmebereiten Genitalien der Frau symbolisieren, bis zu Georgia O'Keeffes monumentalen Blüten. Etwas ungewöhnlich an diesem Traum ist, daß Olga das Bild der sich öffnenden Blüte mit der Erfahrung des Orgasmus zusammenbringt. Jüngere Frauen stellen diesen Zusammenhang wahrscheinlich nicht her.

Parfumwellen. Ein anderer sinnlicher Traum, den Olga mit dem nahen Orgasmus assoziierte, war dieser:

> Große Wellen von Parfum – ein leichter, lebhafter Duft. Ich strecke die Arme hoch über den Kopf und spüre ein angenehmes, prickelndes Gefühl, das durch meine Fingerspitzen und Arme strömt, aber nicht tiefer als bis zu den Schultern.
>
> Wenn das Gefühl weiter durch den Körper bis in meine Beine und Füße gegangen wäre, hätte es mich sicher davongetragen. Und das war mein Wunsch.

Nicht alle älteren Frauen besitzen das Verständnis für Sexualität und Traumsprache, das Olga hatte. Vielleicht sind es die Frauen, die in der Jugend und in den mittleren Jahren bezüglich ihrer Sexualität offener waren, die die Verbindung zwischen bestimmten Traumsymbolen und Sexualität spüren können.

Auf einer anderen Ebene gilt die mandalaförmige Blüte bei den Jungianern als Symbol des Selbst. Blumen werden manchmal als Symbol des spirituellen Leibes angesehen, der den physischen Tod überlebt. Vielleicht hat Olga in ihrem Traum von der sich öffnenden Blüte und dem Duft neben einer sinnlichen auch eine spirituelle Selbst-Entwicklung visualisiert. Ältere Frauen, die ihre Sexualität akzeptieren, können auch direkter von Sex träumen.

Leidenschaft mit einem Fremden. Sophia, in den Sechzigern, sagte:

> Wie die meisten Leute habe ich von Zeit zu Zeit erotische Träume. Gewöhnlich mit einem Unbekannten – kein Gesicht, kein Name. Bestimmt nicht mein Mann. Es ist aufregend, lustvoll. Das kam mein Leben lang immer wieder vor, vielleicht häufiger, nachdem ich vierzig oder fünfzig war.

Viele Träumerinnen wählen wie Sophia den geheimnisvollen Fremden als Traumliebhaber.

Romantische Träume: Der exotische Fremde. Als Olga etwa siebzig war, hatte sie einen sehr eindrucksvollen romantischen Traum:

Es gibt ein Abschiedsbankett zu meinen Ehren, da ich dahin abreise, wo ich zu Hause bin. Die Gäste und ich gehen hinaus auf die Straße, wo wir uns verabschieden, obwohl es kein Fahrzeug und keinen Zug gibt – ein paar Pferde stehen herum, aber sie sind nicht meine.

Die Stadt ist wie die Szenerie aus einem alten Film, aber nicht in Kalifornien – in irgendeinem fernen Staat. Die Damen tragen Hauben und lange Kleider mit weiten Röcken. Es sind auch Männer da, aber ich weiß nicht mehr, was sie anhatten, bis auf einen. Er heißt Herr Osh Kosh.

Er ist ein Indianer, aber er trägt nicht das traditionelle Indianerkostüm – keinen Kopfputz oder Federn oder Schmuck. Er trägt Wildledermokassins, Lederhosen und eine Lederjacke mit Fransen. Er ist der wichtigste Mann bei dem Bankett – groß, gebieterisch, aber freundlich. Wir waren gute Freunde.

Die Menge derer, die mir alles Gute wünschen, steht ringsum, als er mich in die Arme nimmt und küßt. Der Kuß ist nicht sexy, aber lang und wunderbar, als mischten sich unsere Seelen.
«Du mußt mir jeden Tag schreiben», sagt er.
«Ja, das werde ich», verspreche ich.
«Ich werde dich abholen», sagt er, während er sich unter die noch immer winkende Menge mischt.
Sein Winken ist ein Segen. Ich drehe mich um und mache mich auf den Weg, wohin immer ich gehen mag.

Olga war so beeindruckt von dieser Traumbegegnung, daß sie später in derselben Nacht in einem schläfrigen, halb traumartigen Zustand einen Liebesbrief an Herrn Osh Kosh schrieb, wie sie im Traum versprochen hatte, in dem sie beschrieb, welche Freude er ihr gemacht habe und wie begierig sie auf seine Ankunft warte. Wie die Jungsche Technik der aktiven Imagination kann diese Art von Phantasie wohltuend sein.

Olga sagte, etwa eine Woche später habe sie einen großen, schlanken Herrn kennengelernt, ein paar Jahre älter als sie selbst, der ihr besonderer Freund wurde. Als sie schließlich erfuhr, daß er etwas

Indianerblut in sich hatte, bekam ihr Traum eine zusätzliche Bedeutung. Ob Olgas Bekanntschaft von ihrem Traum vorhergesagt wurde oder schierer Zufall war – ihr romantischer Traum war jedenfalls tröstlich.

Was die Symbolik angeht, so beachten Sie die Pferde, die wartend herumstehen. Pferde repräsentieren häufig die Triebenergie des Träumenden. Sicher war Olga bereit, die ihr zur Verfügung stehende sexuelle Energie zu nutzen, als sich die Gelegenheit bot. Das Abschiedsbankett und die Abreise suggerieren, daß sie einen Aspekt ihrer selbst zurückläßt: der seelenverschmelzende Kuß und das erwartete Wiedererscheinen des Traumliebhabers nahmen neue Gefühle und Verhaltensweisen vorweg. Die Eigenschaften von Olgas Traumhelden waren die, die sie im wachen Leben anziehend fand. Dieser romantische Traum einer älteren Frau machte sie wahrscheinlich empfänglicher für einen neuen Mann in ihrem Leben, als sie es sonst gewesen wäre. Die Schweizer Therapeutin und Autorin M.L. von Franz, die selbst von Jung analysiert wurde, spricht vom «Animus» der Frau, dem inneren Mann, der in Träumen erscheint, und sagt, er habe vier Formen:

1. Der physische Mann. Bei seinem frühesten Auftreten ist die positive Männergestalt im Traum einer Frau der gutaussehende, virile, athletische Typ.

2. Der romantische Mann. Später in der Entwicklung der Frau, so sagt von Franz, wird der Mann in ihren Träumen romantisch oder heroisch.

3. Der Mann des Wortes. Noch später träumt die Frau vielleicht von Männern, die machtvolle Führergestalten und verbal gewandt sind.

4. Der Mann des Geistes. Schließlich, so nimmt von Franz an, träumt die Frau von spirituellen Männern, die die Träumende unterweisen und inspirieren.

Der Mann in Olgas Traum gehörte zu dem überaus romantischen Typ. Ich stelle fest, daß die ersten drei Arten von Männergestalten, von denen von Franz spricht, in Frauenträumen weiterhin erscheinen, wenn die Frauen älter werden. Die vierte Art ist in jedem Alter selten.

Wir sollten auch erwähnen, daß manche Träumende den Tod als eine Reise, ein Abschiednehmen darstellen – vor allem in Richtung

254

Westen. Olgas Gestalten in diesem Traum tragen Westernkleidung. Ein Träumer, der vor dem Tod steht, wird manchmal von einem anziehenden Menschen in die jenseitige Welt geleitet. Der Tod kann sogar als Hochzeit geschildert werden. Da Olga springlebendig war, war ihre Vision teilweise ein Symbol für ihre Sehnsucht nach einer Beziehung zu einem liebenden Partner, doch dieser Traum kann auch dazu beigetragen haben, sie auf ihre letzte Reise vorzubereiten. Sie verstarb während der Niederschrift dieses Buches.

Verlorene Taschen und Taschentücher: Träume älterer Frauen von persönlichem Verlust und Wandel

Verirrt im Krankenhaus. Das Gefühl, an Kraft zu verlieren, zeitweilig oder auf Dauer, ist als solches manchmal Traumthema des älteren Menschen. Olga beispielsweise, die Ende Siebzig war, träumte, sie verirre sich in einem Krankenhaus. Nach Anfangsszenen in diesem Krankenhaus, in denen sie von geschäftigen Menschen umgeben war und den Mangel an Privatsphäre empfand, träumte sie:

Ich stehe auf und beschließe, das Krankenhaus zu verlassen, verirre mich aber. Ein Mann und eine Frau begleiten mich, und wir suchen nach einem sicheren Aufzug, da viele unsicher sind... Als der Aufzug, den wir wählen, sich nach unten in Bewegung setzt, bricht ein Dach auf uns herunter... Später, im Erdgeschoß, verirren wir uns wieder und laufen verwirrt umher. Dann nehmen wir einen anderen Aufzug. Er ist sehr groß und mit Teppichen ausgelegt. Die Frau rollt zwei Teppiche zusammen, die sie stehlen will. Auf dem Boden steht eine sargähnliche Kiste mit allem möglichen Tand. Ich denke: «Wenn sie Teppiche stiehlt, werde ich mir ein paar von diesen Schätzen nehmen.» Aber eine dünne, ärmlich gekleidete Frau kommt vorbei und wühlt in der Kiste, weil der Inhalt ihr und ihren Kindern gehört. Sie zeigt mir ein kleines, offenes Buch mit einer Reihe von Rechenaufgaben. «Das beweist, daß mein Hund zu fett wird», sagt sie.

Wieder machen wir uns alle auf, um einen Ausweg aus dem Gebäude zu finden. Wir kommen an vielen Studenten vorbei. «Die müssen doch irgendwo herkommen», sage ich. «Gehen wir doch in die entgegengesetzte Richtung, dann finden wir den Ausgang.»

Olga erzählte mir, gewöhnlich habe sie sich in Krankenhäusern sehr wohl gefühlt und die Aufmerksamkeit und Fürsorge, die ihr zuteil wurden, genossen. Im Traum jedoch wird sie von Leuten gestört, die in ihre Privatsphäre eindringen und sich über sie lustig machen. Ohne detailliert auf die Symbolik dieses komplizierten Traumes einzugehen, möchte ich auf das Gefühl hinweisen, beschädigt, verirrt und verwirrt zu sein. Beachten Sie auch die sargähnliche Kiste voller Schätze, die sie sich nicht nehmen kann. Olga besitzt mehrere Hunde; der Traumhinweis auf den «zu fetten» Hund bezieht sich vielleicht darauf, daß sie selbst in letzter Zeit an Gewicht zugenommen hat.

Tatsächlich erholte sich Olga zur Zeit dieses Traumes von einer Hüftoperation und konnte nur unter Schwierigkeiten gehen. Das Gefühl der verletzten Privatsphäre, der Wunsch auszubrechen, das zusammenbrechende Dach, die Verirrung und Verwirrung deuten wahrscheinlich auf ihren Wunsch hin, die Einschränkung ihrer Bewegungsfreiheit möge endlich vorüber sein. Die sargähnliche Kiste war bedeutungsvoller; vielleicht erinnerte sie die Träumende an die Unvermeidbarkeit des Todes. Doch sie sah die Möglichkeit, daß ein Schatz darin enthalten sein könnte, der vielleicht die Seele symbolisierte. Man sprach über ein Gewichtsproblem zu ihr, eine an sie selbst gerichtete Traumwarnung.

Zum Glück beinhaltete Olgas Traum auch das Bewußtsein, daß es einen «Ausgang» gab. Etwas, das mit Lernen und Studieren zu tun hatte (die Studenten), würde ihr den Weg dorthin zeigen. Olga hatte breitgefächerte Interessen, schrieb, las und malte. Ihr Traum drängte sie vielleicht, diesen Aktivitäten mehr Aufmerksamkeit zu schenken.

Die verfaulenden Dielenbretter. In Elizabeths zahlreichen, aufschlußreichen Träumen kommen Hinweise auf ein Gefühl der «Gebrechlichkeit» vor. So träumte sie etwa:

Ein Mann namens Frank lebt mit seinen drei Kindern in einer Art Hinterwäldlerhaus. Er sitzt den ganzen Tag in seinem Schaukelstuhl auf der Veranda, gekleidet in einen schäbigen alten Tweedanzug mit Lederflicken auf den Ellbogen, raucht seine Pfeife und liest, während die Bodendielen der Veranda verfaulen.

Jemand versucht sie zu reparieren, aber er liest einfach weiter, während das alte Haus auseinanderfällt. Zwei der Kinder gehen, um einen Mittagsschlaf zu machen. Ich bemerke, daß mein roter Kochtopf auf dem Regal steht.

Schäbige Kleidung, verfaulende Dielenbretter, ein altes Haus, das auseinanderfällt: solche Bilder deuten auf ein Gefühl des Niedergangs hin. Die Tatsache, daß die Traumgestalt den Verfall ringsum ignoriert und daß die Kinder – impulsive, junge Energie – sich schlafen legen, läßt darauf schließen, daß es im Leben der Träumenden etwas gibt, dem sie nicht genügend Beachtung schenkt. Da der Körper der Frau im Traum oft als Haus dargestellt wird, hat ein verfallendes Gebäude die Nebenbedeutung körperlicher Gebrechlichkeit.

Der Traum war eine freimütige Aussage über Elizabeths Zustand. Der rote Kochtopf, in dem nährende Dinge bereitet werden, war auf dem Regal ebenso müßig wie der Mann im Schaukelstuhl. Ein solcher Traum könnte eine so erfahrene Träumerin wie Elizabeth dazu aufrufen, sich mehr um ihre körperlichen Bedürfnisse zu kümmern.

Das verwüstete Haus. Tony, siebenundneunzig Jahre alt, erzählte mir, er habe in der vergangenen Nacht geträumt, wieder in seinem Haus in Europa zu sein:

Drei Landstreicher brechen in mein Haus ein. Sie gehen in den Keller und machen alles kaputt. Dann gehen sie in die Küche und machen dort alles kaputt. Ich rufe die Polizei an, aber sie kommt nicht.

Tony hatte eine schlechte Nacht gehabt. Er hatte ziemliche Schmerzen, als wir uns unterhielten. Sein Kinn war fast unbeweglich seit einem Schlaganfall vor einigen Jahren, er war auf einer Seite verkrüppelt und fast gelähmt. An manchen Tagen geht es ihm besser, doch dieser war schlimmer als gewöhnlich. Seine Augen waren so schwach, daß er kaum sehen konnte. «Das ist kein Leben», sagte er verzweifelt zu mir, «ich hoffe, daß ich bald sterbe... aber mein Herz ist zu stark.»

Tony ist für mich ein Beispiel für die Tragödie des alten Menschen, dessen Körper zusammenbricht, während sein Geist klar bleibt. Wenn diejenigen, denen es gut geht, sich die Zeit nehmen, eine Hand zu halten und einen Traum anzuhören, flammt die alte Vitalität kurz wieder auf.

Symbolisch gesehen schilderte Tonys Traum sein Gefühl, sein Körper sei zerstört. Er war an den Rollstuhl gefesselt, und sein Tragwerk, der Keller, funktionierte nicht mehr. Auch seine Verdauung funktionierte nicht mehr, die Quelle physischer wie emotionaler Nahrung, seine Küche, war zerstört. Er wollte Hilfe (die Polizei), aber sie kam nicht. Häuser stehen, wie wir schon wiederholt sagten, häufig für den Körper des Träumenden.

Natürlich war Tonys Körper (sein Haus) heimgesucht worden. Vielleicht wünschte er sich nicht nur Erlösung, sondern bereitete sich auch auf den Tod vor. Die jungsche Analytikerin von Franz sagt, der Tod werde manchmal symbolisch durch einen Eindringling dargestellt. Im Hinblick auf Bildvorstellungen, die Verfall und Vorbereitung auf den Tod widerspiegeln, sind sich die Träume alter Männer und alter Frauen sehr ähnlich.

Oft gehen Traumbilder von beschädigten Häusern oder Besitztümern auch mehr auf das zeitweilige Gefühl des Träumers zurück, physisch oder emotional beeinträchtigt zu sein, als auf einen dauerhaften Zustand. Solche Bilder müssen auch beim älteren Träumer nicht mit einer unveränderlichen Situation verbunden sein. Fachleute und Laien müssen sich klarmachen, daß alte Menschen und ihre Träume sich ebenso verändern wie ihre Gefühle und Erfahrungen.

Träume, in denen man sich verirrt oder verloren ist, kommen bei gesunden Mädchen von fünf bis zwölf Jahren ebenso vor wie bei jungen Frauen. Frauen jeden Alters träumen gelegentlich, sie hätten sich verirrt oder man habe ihnen die Handtasche, den Ausweis oder andere wertvolle Dinge gestohlen. Wir können nicht annehmen, daß solche Traumthemen bei älteren Menschen mehr bedeuten als bei jungen, nämlich: «In diesem Augenblick fühle ich mich, als hätte ich etwas Wertvolles verloren.»

Das wiedergefundene Portemonnaie. Vor allem müssen wir im Sinn behalten, daß sich Träume auch im Alter noch verändern können. Ich war entzückt über die Traumerfahrungen, die meine überaus aktive Patentante Kathryn Lee beschrieb. Mit zweiundachtzig Jahren erklärte sie: «Ich habe mich nie um Träume gekümmert, bis ich mit dir gesprochen hatte. Jetzt erinnere ich mich dauernd daran. Die meisten sind angenehm. Wenn sie unglücklich sind, weiß ich, daß ich träume, und fange an, die Dinge in Ordnung zu bringen.» Ein wiederkehrender Traum von ihr:

Ich bin in einer fremden Stadt – irgendwo, wo ich noch nie gewesen bin – und verliere dann mein Portemonnaie (ich reise viel). Zuerst weiß ich nicht, daß es ein Traum ist, aber dann sage ich mir: «Moment mal. Ich verliere mein Portemonnaie niemals, das muß ein Traum sein.»

Ich setze dann einen Ort fest, wo ich es finden werde. Ich sage mir: «Mein Portemonnaie wird hinter diesem Busch liegen», oder: «Wenn ich um die nächste Ecke biege, werde ich es finden», oder: «Jemand wird mir mein Portemonnaie bringen.» Und so geschieht es dann auch.

Dieses Traumszenario paßt genau zu Tante Kathryns praktischer Vernunft. Wenn etwas nicht stimmt, bringt man es einfach in Ordnung, ob wachend oder schlafend. Als pensionierte Schulberaterin arbeitet sie jetzt ehrenamtlich in einem Heim für mißhandelte Kinder, sucht Kindergärten in der ganzen Stadt auf, um sie zu inspizieren, unterrichtet außerdem und schafft es, mit zahllosen Enkeln und Patenkindern in Kontakt zu bleiben – ein beträchtlicher Stundenplan für eine Dame über achtzig. Sie sagte mir: «Ich träume nur von verlorenen Portemonnaies, wenn ich wegen irgend etwas unsicher bin.» Kathryns Traum ist tatsächlich ein «bewußter» Traum, das heißt, sie weiß im Traum, daß sie träumt. Träumer jeden Alters könnten von ihren erst spät erworbenen Traumfertigkeiten profitieren.

Sich trennende Wege: Der Lebensrückblick in Träumen

«Heute muß Sonntag sein», berichtete die vierundachtzigjährige Fanny, als sie eines Morgens herunterkam. «Ich hörte die Kirchenglocken bis in meine Träume.» Auf Befragen stellte sich heraus, daß Fanny von ihrer alten Heimatstadt geträumt haben mußte, die dreitausend Meilen entfernt ist – komplett mit Kirchenglocken am Sonntagmorgen –, denn sie meinte, sie sei dort, und brauchte eine Weile, um sich wieder zu orientieren.

Der Lebensrückblick. Jeder, der manchmal mit älteren Menschen zusammen ist, weiß, wie gern diese sich an die alten Zeiten erinnern. Viele jüngere Menschen macht diese Neigung ungeduldig. Sie betrachten sie als langweilig, sinnlose Zeitverschwendung oder übermäßige Beschäftigung mit der eigenen Person. Selbst manche Fachleute etikettieren die Reminiszenzen des älteren Menschen als Symptom von Senilität. Der Gerontologe R. Butler jedoch versichert, die natürliche Neigung, einen Rückblick auf das eigene Leben zu halten, könne ein Versuch sein, Sinn in der eigenen Existenz zu suchen und sich auf das Annehmen des Todes vorzubereiten.[32]

Butler weist darauf hin, daß Menschen jeden Alters, wenn sie mit dem Tod konfrontiert sind – im Krieg, bei Krankheit, in der «Todeszelle» eines Gefängnisses oder in anderen Situationen unmittelbarer Gefahr –, dazu neigen, den Wert ihrer Existenz zu überprüfen. Tatsächlich sagen Entwicklungspsychologen, daß eine der Hauptaufgaben des späteren Lebens darin besteht, sich der Gewißheit des persönlichen Todes zu stellen und in der noch verbleibenden Zeit so zu handeln, daß Konflikte gelöst, Versöhnungen und Wiedergutmachungen bewerkstelligt und Beiträge zum Wohl derer geleistet werden, die zurückbleiben – bis sie im Rad des Lebens an der Reihe sind. Wenn man sein Leben auf geordnete und sinnvolle Weise zusammenfaßt, sagt Butler, kann der natürliche Prozeß des Lebensrückblicks im Alter überaus wohltuend sein.

Der Rückblick auf das eigene Leben kann aber auch zu tragischen Ergebnissen führen, wenn der Mensch zu dem Schluß kommt, daß sein Leben total verschwendet war. Da diese Rückschau in den letzten Lebensjahren universal zu sein scheint, ist es wichtig, daß Leute, die einem alten Menschen nahestehen, ihren potentiellen

Nutzen und Schaden kennen. Familienmitglieder und Pflegepersonal müssen dem alten Menschen zu erkennen helfen, was noch getan werden kann, um Probleme zu lösen, die ihm Unbehagen verursachen.

Wenn der Lebensrückblick erfolgreich ist, kann das Leben neuen Sinn und neue Bedeutung bekommen: eine Fähigkeit, die Gegenwart wirklich zu genießen und sich täglich an Enkelkindern, Natur, Farben, Wärme, Schönheit, Humor und Liebe zu erfreuen. Butler sieht den Lebensrückblick als natürlichen Heilungsvorgang.

Der Traumrückblick. Mehrere der älteren Frauen, mit denen ich arbeitete, brachten Träume, die nostalgische Erinnerungen an ihre Vergangenheit zu sein schienen.

In einer Art Rückblickstraum von Elizabeth gab es einige spektakuläre Bilder:

Ich rufe aus: «Da ist ein Adler!» Wir können das Glitzern seiner Augen sehen; vielleicht ist es auch die Brillantkette um seinen Hals; er ist in seinem Horst. Ein Ibis oder Silberreiher scheint auch am Himmel zu sein – vielleicht sind es auch drei. Eine Frau steht auf ihren Rücken wie bei einer Zirkusnummer oder wie jemand, der den Sonnenwagen fährt. Alle sind funkelnd weiß.

Ich bin erstaunt und ein bißchen ärgerlich. «Sicher ein Werbegag», sage ich. «Ich wünschte, wir wären wieder in der alten Zeit, als man noch glauben konnte, was man sah. Vielleicht ist es eine Projektion am Himmel.»

Dann gehe ich mit meiner Tochter durch ein leeres Feld eine einsame Straße entlang, die als Sackgasse endet. Dort gibt es nichts als ein leeres Kino. Ich eile auf der Straße zurück zu einem Ort, wo ich mit wirklichen Menschen im wirklichen Leben sein werde.

Elizabeth scheint verwirrt über eine wunderschöne Vision, die sie als unwirklich verwirft. Vielleicht hatte diese Träumerin eine Illusion – das Mädchen, das auf den Rücken der Vögel durch den Himmel reitet –, von der sie nun zu lassen bereit ist. Sie sagt sich, es sei eine «Projektion». In der zweiten Szene schildert sie eine Verbindung mit ihrem jüngeren Selbst – ihrer Tochter im Traum – auf einer Straße, die nirgends hinführt (symbolisiert durch die «Sackgasse» und das leere Kino).

Bei der Beschreibung dieses Traums sagte Elizabeth, er erkläre, warum «man sich um mich keine Sorgen mehr zu machen braucht». Sie betrachtete ihre Erkenntnis, daß das Kino nichts als leere Bilder enthielt, weitere «Projektionen», als wichtige Entdeckung. Sie wollte nicht in der «Sackgasse» bleiben und machte rasch kehrt, um wieder aktiv am Leben in der Gegenwart, wirklichem Leben mit wirklichen Menschen, teilzunehmen. Daß Elizabeth ihre Traumbilder so versteht, spricht dafür, daß sie von der ihr verbleibenden Zeit guten Gebrauch machen wird.

Wege, denen man folgt – oder die man verläßt –, sind oft Hinweise auf wichtige Lebensentscheidungen. Die Träumerin sollte besonders auf Träume achten, in denen Straßen und Nebenwege vorkommen. Sie sind Hinweise darauf, wohin sie geht.

Träume über verstorbene Ehepartner

Witwen träumen fast immer von ihrem verstorbenen Gatten oder Partner. Je nach der Qualität der Beziehung kann der Partner im Traum nur ganz beiläufig und auf indifferente Weise vorkommen, oder das Paar erlebt eine erschütternde Begegnung. Manchmal ist die Erinnerung noch zu frisch und schmerzhaft, um sie zu ertragen, sogar in einem Traum.

Einige ältere Frauen in meiner Studie erwähnten ihren verstorbenen Mann in ihren Träumen kaum. Er spielte mit einem Freund aus der Junggesellenzeit Tennis oder saß am Küchentisch – das heißt, spielte in der ablaufenden Handlung nur eine geringfügige Rolle. Das Verhalten dieser Männer war für ihre Frauen nicht hilfreich. Einige der Frauen hatten zu Lebzeiten schlechte Beziehungen zu ihren Männern.

Hand in Hand in der Dunkelheit. Mit vierundsiebzig hielt die Bildhauerin Käthe Kollwitz in ihrem Tagebuch eine bewegende Begegnung mit ihrem Mann fest, etwa neun Monate nach seinem Tod:

Vor kurzem träumte ich, daß ich mit anderen zusammen in einer Stube war. In der Nebenstube, wußte ich, lag Karl. Beide Stuben öffneten sich nach einem unbeleuchteten Hausflur. Ich ging aus meiner Stube hinaus auf den Flur, da sah ich, wie die Tür nach Karls Stube aufgemacht wurde, und hörte ihn sagen mit seiner freundlichen, liebevollen Stimme: «Kommst du mir nicht noch gute Nacht sagen?» Dann war er herausgekommen und lehnte an der Wand und ich stand vor ihm und legte meinen Körper an seinen und wir hielten unsere Hände und fragten uns immer wieder: «Wie geht es dir? Geht es dir auch wirklich gut?» Und waren so glücklich, uns fühlen zu können.[33]

Die Möglichkeit, einen verstorbenen Partner liebend berühren zu können, und sei es im Traum, kann dem älteren Träumer ein tiefer Trost sein.

Jungs Traum von seiner Frau. Nach dem Tod seiner Frau Emma hatte Jung einen Traum, der eine Art Zusammenfassung ihrer Beziehung war:

Da sah ich sie in einem Traum, der wie eine Vision war. Sie stand in einiger Entfernung und sah mich voll an. Sie befand sich in der Blüte ihrer Jahre, war etwa dreißig Jahre alt und trug das Kleid, welches ihr vor vielen Jahren meine Cousine, das Medium, angefertigt hatte. Es war vielleicht das schönste Kleid, das sie jemals getragen hatte. Der Ausdruck ihres Gesichtes war nicht freudig und nicht traurig, sondern objektiv wissend und erkennend, ohne die geringste Gefühlsreaktion, wie jenseits des Nebels der Affekte. Ich wußte, es war nicht sie, sondern ein von ihr für mich gestelltes oder veranlaßtes Bild. Es enthielt den Beginn unserer Beziehung, das Geschehen während der dreiundfünfzig Jahre unserer Ehe und auch das Ende ihres Lebens. Angesichts einer solchen Ganzheit bleibt man sprachlos, denn man kann sie kaum fassen.[34]

Traumrückblicke, die so vollständig sind wie dieser, sind selten, aber sehr befriedigend für den Träumer.

Durch den Raum wirbelnd. Genau drei Wochen vor seiner unerwarteten Herzattacke erzählte mir Irving, der Anfang Achtzig war, einen Traum, den ich erschreckend fand:

> Ich war im Raum verloren, wirbelte einfach durch dunklen, leeren Raum. Es war schrecklich.

Drei Wochen nach diesem Traum war Irving tot. Es gab keinen Grund zu der Annahme, er werde bald sterben, doch dieser Traum, in dem er im Weltraum verloren war, läutete eine Alarmglocke in meinem Kopf. Drückte Irving die Angst aus, seine Gesundheit verschlechtere sich? Oder hatte seine träumende Psyche die drohende Gefahr wahrgenommen? Das ist nicht festzustellen.

Mehr als ein Jahr später fand ich zufällig die Beschreibung eines Erlebnisses, das Jung 1944 hatte, als er nach einem Herzinfarkt mit Komplikationen schwer krank war:

> In jenen Wochen lebte ich in einem seltsamen Rhythmus. Am Tage war ich meist deprimiert. Ich fühlte mich elend und schwach... Gegen Abend schlief ich ein, und mein Schlaf dauerte bis etwa gegen Mitternacht. Dann kam ich zu mir und war vielleicht eine Stunde lang wach, aber in einem ganz veränderten Zustand. Ich befand mich wie in einer Ekstase oder in einem Zustand größter Seligkeit. Ich fühlte mich, als ob ich im Raum schwebte, als ob ich im Schoße des Weltalls geborgen wäre in einer ungeheuren Leere, aber erfüllt von höchstmöglichem Glücksgefühl. «Das ist die ewige Seligkeit, das kann man gar nicht beschreiben, es ist viel zu wunderbar», dachte ich.[35]

Bei Jung folgten noch viele andere Visionen. Beide Männer beschreiben, wie sie im Raum schwebten, aber Irving, der kurz darauf starb, wirbelte umher und fühlte sich in seinem Traum verängstigt und verloren, wogegen Jung, der sich von seinem lebensgefährlichen Zustand erholte, schwebte und in seiner Vision ein ekstatisches Gefühl hatte. War es der bevorstehende Tod bzw. die bevorstehende Genesung, die diesen Unterschied in den Gefühlen bewirkte?

Vorschau auf die Zukunft in den Träumen älterer Menschen

Himmlische Visionen

Feiern. «Meine Träume sind immer glücklich», sagte Marianna, Anfang Achtzig, und erklärte dann:

> Ich träume immer davon, nach Paris zu fahren (wo sie viele Jahre lebte). Eine Feier ist im Gange, irgendeine Art von Zeremonie. Die Leute tragen Kostüme mit Bändern, wunderbare Farben. Musik spielt. Das Seltsame ist, daß ich nie eine derartige farbige Festlichkeit gesehen habe, obwohl ich die Schauplätze – die Museen, Paläste, Innenhöfe (des Louvre zum Beispiel) – sehr gut kenne.

> Manchmal träume ich, nach London zu reisen, historische Häuser im Süden zu besichtigen, oder von Straßen, die ich gut kenne, die aber im Traum keine interessanten Merkmale haben.

Marianna erinnert sich gern an Paris, wo sie verheiratet und glücklich war. Doch ich vermute, daß diese Träume mehr sind als die Erinnerung einer Witwe an vergangenes Glück. Teilweise enthüllen ihre Träume ihre positive Einstellung, weiterhin neue «Merkmale» des Lebens zu entdecken. Darüber hinaus legen das Motiv der Reise an einen fernen Ort, die köstliche Atmosphäre, die Schönheit, Farbigkeit und Heiterkeit der nie gesehenen Zeremonien nahe, daß Marianna, die sehr religiös ist, symbolisch das Paradies vorwegnimmt.

Reisen an ferne Orte

Die Heimat. Der Vorgang des Sterbens wird manchmal als lange Reise beschrieben. Wir sahen schon das Abschiednehmen in den Träumen von Olga und Elizabeth. In diesem Stadium des Lebens sind Frauenträume Männerträumen vielleicht ähnlicher als zu jeder anderen Zeit. Mein alter Schwiegervater Pop erklärte, als er siebenundneunzig war, eines Tages:

Letzte Nacht ging ich auf eine lange Reise. Ich bin zu Hause in der Ukraine. Ich bin fünf oder sechs Jahre alt und grabe im Boden – die Ukraine hat die reichste Erde der Welt. Ich grabe nach rotem Sand, um ihn auf den Fußboden des Hauses zu streuen. Drei oder vier Frauen arbeiten dort. Ich warte auf meine Mutter. Es ist schön. Ich fühle mich wohl.

Pop erklärte, in der Ukraine sei es Brauch, den reichen, rosafarbenen Sand zu sammeln, um ihn bei einem Ritual des Frühlingsfestes zu verwenden. Der Sand wurde zu einer Flüssigkeit verrührt, mit der dann der Lehmboden bedeckt wurde. In seinem Traum war die Farbe ungewöhnlich. «So eine Farbe habe ich noch nie gesehen. Es war zu schade, damit den Boden zu bedecken.» In einem Sinne «grub» Pop in diesem Traum in seiner Vergangenheit. Obwohl die Bilderwelt einige Elemente einer Traumrückschau hat, ist gefühlsmäßig «etwas mehr» daran.

Pop erklärte weiter, er sei traurig gewesen, als er aufwachte, «weil ich das Gefühl hatte, etwas Schönes werde sich entwickeln. Ich wollte nicht wach werden. In meinem Traum war ich aktiv, ich war gesund, ich war stark – und als ich aufwachte, war ich nichts als ein Schatten!»

Das schöne Geschehen, das bevorstand, war das Erscheinen seiner geliebten Mutter. Wir wissen, daß diejenigen, die eine Todesnähe überlebt haben, und manchmal auch diejenigen, die im Begriff sind zu sterben, davon träumen, geliebten Angehörigen oder Freunden zu begegnen, die verstorben sind. Weitere Elemente, die nach Vorbereitung auf den Tod klingen, sind die Reinigung des Fundaments seines Körpers – der Boden des Hauses – und die seltene Erde, die unglaubliche Farbe, die Erwartung von etwas Wunderbarem, die Feier des Festtages der Wiedergeburt und auch eine Assoziation zu seinem Vater, den er während dieses Festes wie einen König empfand. Man könnte vermuten, daß dieser Traum mit dem nahen Ende verbunden war, aber Pop ist inzwischen 103 Jahre alt und in guter Verfassung – und wartet noch immer auf seine Mutter.

Das Tor. Ein anderer alter Mann berichtete einen ergreifenden Traum über eine Reise. Nachdem seine Frau Flo, die in den Siebzigern stand, gestorben war, fühlte sich Ben verloren. Obwohl sie ungefähr gleichaltrig gewesen waren, war seine Frau der dominierende Partner gewesen; jetzt wußte er nicht mehr weiter. Zwei Monate später träumte er:

> Meine Frau und ich gehen zum Flughafen. Wir erreichen ein Tor, durch das man sie einläßt, mich dagegen nicht. Als sie das Flugzeug beinahe erreicht hat, dreht sie sich um und winkt mir zum Abschied.

Ben war sehr erleichtert, als er erwachte. Er spürte, daß seine Frau nur «vorangegangen» war und er sie später treffen würde. Er fühlte sich nicht mehr verloren und nahm wieder aktiv am Leben teil. Er heiratete sogar wieder. Das Motiv des Tores, das den Träumenden vom verstorbenen Partner trennt, kommt in Träumen häufiger vor.

Träume der Vorbereitung auf den eigenen Tod

Ältere Menschen sind gezwungen, ihr unvermeidliches Ableben zu betrachten: ringsum werden Angehörige und Freunde krank. Menschen, die sehr alt werden, müssen Zeuge des langsamen oder plötzlichen Sterbens vieler der Leute werden, die sie kennen. Das und das zunehmende Alter regt zum Nachdenken über den eigenen zukünftigen Tod an.

Ihre eigene Beerdigung. Kora beispielsweise, fünfundsiebzig Jahre alt, sagte, sie träume manchmal von ihrer eigenen Beerdigung:

> Ich liege in einem Sarg und sehe zu, wie die Leute um mich trauern. Ich höre, wie sie sagen: «Sie war ein guter Mensch», und dergleichen. Ich entscheide, ob sie aufrichtig sind oder nicht.

Kora hat diesen Traum häufiger, obwohl sie noch bei guter Gesundheit ist und täglich arbeitet. In gewisser Weise hilft ihr Traum ihr, den Tod zu akzeptieren, wann immer er kommen mag.

Das Kind wird gefunden. Meine Mutter, die jahrzehntelang ihre Träume aufgezeichnet hat, sagt, sie träume oft von mir als Stellvertreterin ihrer selbst als junges Mädchen. Ältere Frauen, die Töchter haben, sollten sich der Möglichkeit bewußt sein, daß Träume von ihren Töchtern Dinge symbolisieren können, die ihrem jüngeren oder verletzlicheren Selbst geschehen. Ein Mädchen kann im Traum einer älteren Frau eine ähnliche Rolle spielen. Einer der Lieblingsträume meiner Mutter ist folgender:

Es ist Nacht, und ich führe ein kleines Mädchen an der Hand. Wir suchen ihren Vater. Sie ist gut gekleidet, trägt einen hellblauen Mantel und eine passende Mütze und ist etwa vier Jahre alt. Sie weint: «Ich will meinen Daddy.»

In der Ferne höre ich einen Schuß und hoffe, daß das nicht bedeutet, daß ihr Vater hingerichtet wurde. Wir sind in der Innenstadt in einer Art düsterem persischem Bazar. Ich öffne eine Tür zu einem Schulzimmer, finde darin aber nur einen Lehrer und seine Klasse.

Wir suchen weiter und treffen eine alte Dame, die aufgeregt ruft: «Was ist das für ein Kind?» Die alte Dame nennt sie Maharani, fügt aber hinzu, ihr Name laute Pneuma oder Modell oder noch anders, was ich vergaß. Ich halte das Mädchen fest an der Rückseite des Mantelkragens, damit ich es nicht verliere.

Die alte Dame zeigt mir ein Dokument, das die Identität des Kindes beweist. Es ist eine schöne Schrift, in cremefarbenes Leinen eingestickt. Ich erinnere mich, den großen Buchstaben O gesehen zu haben. Es ist ein langes Dokument, das in einem Konvent gestickt wurde. Die alte Dame sagt zu mir: «Ich weiß noch, wie ihre Mutter das machte.»

Ich frage: «Dann ist Pneuma also reich?» Sie antwortet: «Ja, sehr reich.» Hastig überfliege ich das Dokument und erfahre, daß ihre Mutter Französisch sprach.

Obwohl Mutter diesen faszinierenden Traum als eine Art Erinnerung an ihr früheres Leben betrachtet, frage ich mich, ob er nicht auch nach vorne blickt. Es gibt mehrere fesselnde Symbole und archetypische Elemente in diesem Traum; ich werde nur einige erwähnen. Meine Mutter betitelte diesen Traum «Ein Kind wird gefunden». Sie schildert ein «verlorenes Kind», vermutlich einen Teil ihrer selbst, der sich verloren fühlt. Der reifere Teil ihrer selbst (die Erwachsene im Traum) sucht die Identität dieses Teils, hält ihn gut fest (wie sie den Kragen des Mantels). Sie sieht sich durch eine dunkle, düstere, gefährliche Umgebung eilen (die Stadt mit dem persischen Bazar – bizarr? – und der Schuß). Sie beginnt zu lernen (Betreten des Schulzimmers) und entdeckt schließlich die wahre Identität (das Dokument) dieses Aspekts ihrer selbst durch eine «weise alte Frau»; er ist königlich (eine Maharani), wertvoll (reich) und hat einen Namen (Pneuma oder Modell).

Mutter weiß, daß das Wort *pneuma* aus dem Griechischen kommt und «Geist» oder «Seele» bedeutet (auch «Luft, Wind» und «Atem»). Inmitten der düsteren, gefährlichen Umgebung hat die Träumende einen Teil ihrer selbst gefunden und identifiziert, der sehr reich ist. Sein Name lautet Seele. Das Kind in ihrem Traum kann ihr wahres Selbst sein, die Ganzheit, die sie finden möchte. In der Tat lohnt es die Mühe, mit diesem Teil des eigenen Selbst Kontakt aufzunehmen, vor allem, wenn der Träumende älter wird.

Definitive Traumbilder vom Tod? In ihrem jüngst erschienenen Buch *Traum und Tod* beschreibt die jungsche Analytikerin M.L. von Franz eine Sammlung von Träumen, die kurz vor dem Tode aufgezeichnet wurden.[36] Sie meint, die Bilderwelt sei ein Anzeichen für den bevorstehenden Tod des Körpers. Ich finde, daß diese Beurteilung gründliche Informationen über den Zustand des Träumenden erfordert. Hier sind einige der Traumbilder vom Tod, die sie erwähnt:
- Tod von Pflanzen – vor allem Bäume, Weizen, Mais;
- Tod von Tieren (z.B. Pferde oder Vögel);
- Kampf oder Streit zwischen Gegnern;
- Reise durch einen engen, dunklen, geburtsähnlichen Gang oder Tunnel;
- schwere, dunkle Flecken, Wolken, Dunst, ein dunkles Loch oder ein Graben, ein dunkler See;
- eine Brücke, die zu überqueren ist;
- eine Drehtür;
- eine Kerze, die erlischt;
- eine Uhr, die stehenbleibt;
- eine Reise nach Westen;

- ein Dieb oder Einbrecher im Haus des Träumenden;
- Verfolgung durch einen Wolf oder Hund, besonders, wenn er schwarz ist;
- Begegnung mit einem gutaussehenden jungen Mann oder einer schönen Frau;
- eine Hochzeit;
- Verbrennen im Feuer oder Untergehen im Wasser;
- Schauen Christi, seiner Engel oder eines Lichtballs;
- Treffen mit einem toten Angehörigen, oft der Mutter oder dem Ehepartner oder einem kürzlich verstorbenen Freund;
- von toten Angehörigen oder Freunden abgeholt, geleitet oder willkommen geheißen werden;
- Bilder von der Seele, einschließlich Schmetterlingen, Vögeln, Blumen, Steinen.

Von Franz sagt, alle Menschen vom Alter von fünfzig Jahren an hätten gelegentlich Todesträume. Solche Träume sollen gewöhnlich den Tod des physischen Leibes und das Überleben eines spirituellen Leibes schildern.

Das Problem ist jedoch, daß jedes dieser Bilder nicht nur vor dem Sterben auftreten kann, sondern auch, wenn der Träumende jung und bei bester Gesundheit ist. Wir haben gesehen, daß Träume, in denen man verfolgt oder angegriffen wird, während des ganzen Lebens überaus häufig vorkommen. Bei meiner Untersuchung von Kinderträumen stellte ich fest, daß solche Träume, auch von Verfolgungen durch Wölfe und Hunde, Einbrechern oder Eindringlingen, die häufigsten Kindheitsträume sind. In ihren glücklichen Träumen sehen Kinder häufig Schmetterlinge, Vögel und Blumen.

Junge Frauen, die verliebt sind und sexuelle Begegnungen haben, träumen oft von Blumen. Ähnlich können sie im Traum auch mit fremden, attraktiven Männern oder bekannten Liebhabern schlafen. Sie erleben Traumhochzeiten, vor allem, wenn sie verliebt sind, und haben seit der Kindheit gelegentlich von Hochzeiten geträumt. In vielen Volkstraditionen wird der Traum, eine Braut in Weiß schreite durch das Kirchenschiff, als sicheres Vorzeichen des Todes gedeutet, und doch habe ich mit mehreren glücklichen Bräuten gesprochen, die von Hochzeiten träumten und so lange lebten, daß sie noch die Heirat ihrer Enkel sahen.

Für schwangere Frauen ist es typisch, daß sie während der letzten paar Monate vor der Entbindung träumen, sie träten eine Reise an. Ihre Reise nach Westen oder an irgendeinen exotischen Ort ist eine Begegnung mit dem Unbekannten, das vor ihnen liegt – sie ist heutzutage ein Zusammentreffen mit der Geburt und nur selten eines mit dem Tode.

Frauen, die eine Scheidung und andere Probleme durchmachen, sehen in ihren Träumen Gräben, schwarze Löcher, Brücken und Bilder von kämpfenden Gegnern.

Wenn Frauen die Menopause erleben, haben sie häufig Träume von sterbenden oder zerstörten Pflanzen. Sie träumen auch von Feuer und Wasser, eine Reaktion auf körperliche Symptome wie Hitzewallungen und Ödeme. Üppiges neues Wachstum kehrt in ihre Träume zurück, wenn sie ein körperliches Gleichgewicht und neue Vitalität im Leben finden.

Frauen jeden Alters, die innere Werte entwickelt haben, können von kostbaren Steinen, Wesen oder Bällen schimmernden Lichts träumen, von Göttern und Engeln, ohne daß dies im geringsten mit Krankheit und bevorstehendem Tod zu tun hat.

Wenn alle Symbole, die für den Tod stehen, also auch Symbole sind, die während des ganzen Lebens erscheinen, wie können wir dann sagen, ein bestimmter Traum sei ein Todestraum? Wir können es nicht. Wir müssen sorgfältig die Lebenssituation der Träumenden zur Zeit des Traumes untersuchen. Wir müssen ihnen die Möglichkeit eröffnen, daß die negativen Bilder in ihren Träumen umgewandelt werden können, indem wir etwa erklären, wie auf Traumbilder von toten Pflanzen Träume von üppigem neuem Wachstum folgen können.

Aber wir müssen auch die Möglichkeit im Sinn behalten, daß diese Bilder das Herannahen des physischen Todes beinhalten können.

Voranschreiten. Im allgemeinen sind die Träume älterer Menschen ein Rückblick auf die Vergangenheit, drücken ihre gegenwärtigen Gefühle aus und schauen vorwärts in die Zukunft. Wie können wir uns bereit machen, dem Tod entgegenzutreten, der mit Sicherheit kommen wird? Entwicklungspsychologen sagen uns, daß der ältere Mensch drei wichtige Aufgaben zu erfüllen hat[37]:

1. Sich selbst als Person schätzen, nicht als Rolle.

Die ältere Frau, die sich selbst als wertvolles menschliches Wesen betrachten kann und aus einem breiten Spektrum von Aktivitäten Befriedigung zieht (statt nur «Ehefrau», «Mutter», «Rechtsanwältin», «Sekretärin» und dergleichen zu sein), kann als wertvolle Person weiterhin vital und interessiert am Leben teilhaben.

2. Geist und Emotionen höher schätzen als den Körper.

Jeder Mensch erlebt den physischen Niedergang. Die ältere Frau, die sich an sozialer und geistiger Anregung freuen kann, statt sich auf Beschwerden und Schmerzen zu konzentrieren, kann ihre späteren Jahre mehr genießen. Wir müssen wachsen und lernen und uns entwickeln, solange wir dazu in der Lage sind.

3. Die Menschen, die zurückbleiben, und die Zukunft der Menschheit höher schätzen als das eigene Selbst.

Wenn sie die Aussicht auf den eigenen Tod akzeptiert, kann die ältere Frau das Leben für diejenigen, die sie überleben werden, glücklicher und besser machen – durch die Reife und den inneren Reichtum ihrer Persönlichkeit in den Familienbeziehungen und in Freundschaften.

Bei jeder Begegnung mit anderen müssen wir mitfühlend und echt sein. Wir sind mehr als nur wir selbst. Wir sind Teil der Vergangenheit und Teil der Zukunft der Menschheit.

Wenn wir in der Lage sind, uns selbst höher zu schätzen als unsere Rollen, unseren Geist höher als unseren Körper, die Überlebenden höher als uns selbst, dann können wir unsere letzten Jahre vital und engagiert leben. Vielleicht wurde dieser Gedanke am besten zusammengefaßt von einer Frau in den Neunzigern, die zu mir sagte: «Leben Sie einfach – leben Sie jeden Tag voll und ganz, bis Sie sterben.» Sie arbeitete und reiste noch und leistete geschäftig ihren Beitrag. Wenn wir Glück haben, werden unsere Aktivitäten und Freundschaften viele Saatkörner hinterlassen, die davon Zeugnis geben, daß wir unseren Weg gegangen sind.

Was das betrifft, was jenseits des Todes liegt – im Westen, auf der anderen Seite der Brücke oder des Flusses –, so werden wir es schließlich erfahren. Wir leben in der Hoffnung, daß der Tod wirklich ein anderes Stadium von Wachstum ist, eine Wiedergeburt. Wenn die

Frucht, der Schmetterling, der Vogel, der kostbare Edelstein des Selbst, das Samenkorn der Seele neuen Boden findet, dann wird es im schimmernden Licht des Jenseits blühen und gedeihen. Vielleicht – nur vielleicht – waren wir in unseren Träumen schon da.

12. Ein Lebenszyklus von Frauenträumen

Ein mächtiger Puls schlägt durch das Leben der Frauen. Jedes Leben ist eine endlose Spirale von Begegnungen und Abschieden.

Ei und Sperma, aus denen wir hervorgehen, beginnen als getrennte Zellen; dann vereinigen sie sich. In den ersten neun Monaten unserer Existenz sind wir buchstäblich an den Schoß unserer Mutter gebunden. Wenn wir geboren werden, trennen wir uns von ihr. Als Säuglinge treten wir, falls wir gestillt werden, periodisch wieder in Verbindung mit unserer Mutter, indem wir unsere Nahrung aus ihrem Körper beziehen. Als Kleinkinder machen wir uns allein auf den Weg. Ein Teil unserer ersten psychologischen Aufgabe als Kind ist es, zu verstehen, daß wir ein körperlich von unserer Mutter getrenntes Wesen sind.

Wenn wir einmal festgestellt haben, daß wir Individuen sind, unabhängig in Fortbewegung und Wünschen, beginnen wir, uns an andere zu wenden, um Fertigkeiten zu erwerben und zu lernen. Unsere Altersgenossen und unsere Lehrer werden ebenso Vorbilder wie unsere Eltern. Wir kehren in unsere Familie zurück, um Unterstützung zu finden.

Als Teenager kämpfen wir darum, uns von den Fesseln unserer Familie zu lösen, wir selbst zu werden, unsere eigenen Meinungen zu bilden, unsere eigenen Freunde zu haben, unser eigenes Leben zu leben. Wir entziehen uns dem direkten Einfluß unserer Eltern. Wenn aus den Mädchen Frauen werden, füllt sich unser Schoß periodisch mit Menstrualblut; dann scheidet er es aus. Der Uterus selbst pulsiert in einem stetigen Rhythmus stiller Kontraktionen und Entspannungen und stärkt sich für seine zukünftige Aufgabe.

Als junge Frauen suchen wir einen Partner. Wenn ein befriedigender Gatte gefunden ist, vereinigen wir uns wieder. Wir verschmelzen unsere physischen Körper und unsere Emotionen miteinander. Ob innerhalb oder außerhalb einer Ehe, wir treten mit einem anderen Menschen in Verbindung.

Wir können lebenslänglich die erste Bindung weiterentwickeln, wir können aber auch einem Menschen nach dem anderen begegnen und uns wieder von ihm trennen. Viele von uns werden eine Einheit, die einen Embryo in ihrem Schoß trägt. Wir sammeln uns nach innen, sind eins und voll. Wir öffnen uns, um das Kind zu gebären, leeren uns aus und sind nun zwei. Unsere Brüste füllen sich mit Milch; sie werden von unserem Baby geleert. Bei einigen Frauen ist die Bindung weniger physisch und mehr emotional, an die Arbeit oder Karriere. Wir können unseren Liebsten oder unserer Lebensarbeit anhängen oder beiden.

Dann müssen wir wieder loslassen. Unsere Kinder wachsen heran, um eigene Partner zu finden. Sie mögen wieder Kinder gebären und neue Bindungen in unser Leben bringen. Manchmal müssen wir unsere Partner loslassen, um andere zu finden. Unsere Fähigkeit, mehr Kinder zu gebären, unsere Fortpflanzungsfähigkeit, geht zu Ende. Unsere Arbeit mag aufhören oder sich verändern; wir mögen neue Interessen finden. Wenn wir sie überleben, werden unsere Partner erkranken und schließlich sterben.

Als ältere Frauen müssen wir uns nochmals von dem lösen, was wir gekannt haben. Entweder verändert sich die Welt um uns herum, oder wir verändern uns. Wir gehen in Pension; vielleicht ziehen wir uns auch aufgrund von Krankheit zurück. Da unser Leben enger wird, werden wir uns auch von der Existenz trennen, wie wir sie kannten. Vielleicht bedeutet das Vereinigung mit etwas anderem, das wir nicht kennen, eine neue Verschmelzung. Unser Leben hat sich während all unserer Tage und Nächte geweitet und zusammengezogen wie unser Ein- und Ausatmen. Wer weiß, vielleicht brechen wir von hier aus zu einer größeren Zusammenkunft auf, um wieder für eine neue Ewigkeit zu verweilen, zu leben, zu träumen?

Der Puls des Lebens. Wissenschaftler, die die Lebensspanne erforschen, beobachten gewisse Phasen, die durch biologische und psychologische Wendepunkte gekennzeichnet sind. Jeder Theoretiker hat sein bevorzugtes System zur Eingrenzung dieser Perioden. Ich beziehe mich hier insbesondere auf die Arbeiten von Ch. Bühler,

E. Erikson, B. Neugarten und D. Levinson.[38] Zu jedem Schritt im Rhythmus unseres wachen Lebens gibt es parallele Bilder in unseren Nächten.

Ich werde den Lebenszyklus der Träume in sieben Stadien unterteilen. Weil die Fähigkeit, ein Kind zu gebären, eine so große Rolle im Leben der Frau spielt, scheint es mir wesentlich, die Phasen des Fortpflanzungszyklus der Frau als separate Stadien zu betrachten. Das Gesamtmuster aus sieben Stadien, das ich vorschlage, ist bei jedem Individuum ein wenig anders.

Es gibt kein festgesetztes Alter, in dem ein bestimmtes Stadium beginnt, doch es gibt, wie Levinson gezeigt hat, einen Bereich, innerhalb dessen der Beginn der Phase am wahrscheinlichsten ist. Stadium 2 beispielsweise, gekennzeichnet durch das Einsetzen der Pubertät, beginnt in den Vereinigten Staaten gegenwärtig im Durchschnitt mit 12,9 Jahren. Eine junge Frau kann aber ihre erste Menstruation (Menarche) auch schon mit zehn Jahren oder in seltenen Fällen noch früher haben, oder, das andere Extrem, erst mit sechzehn Jahren oder noch etwas später. Ähnlich kann eine Frau schon in den Teenagerjahren schwanger werden und gebären, wie es viele tun, oder sie trägt vielleicht erst mit Ende Dreißig oder Anfang Vierzig ihr erstes Kind aus. Vielleicht bekommt sie auch überhaupt kein Kind.

Jede Phase in dieser Version des Lebenszyklus ist an ihrem Beginn durch biologische oder psychologische Veränderungen gekennzeichnet. Den Jahren unmittelbar vor diesen Veränderungen, die Levinson als Übergangsperioden bezeichnet, folgen Jahre der Entwicklung der Veränderungen, die die Phase einleiten. So wechseln Perioden des Wandels mit Perioden relativer Stabilität ab.

Träume der Mädchenzeit: Von der Geburt bis zum dreizehnten Lebensjahr

In der frühen Phase des Lebens kämpft das junge Mädchen darum, seine eigene Identität als unabhängiges Wesen herzustellen, abgetrennt von der Mutter, die es geboren hat. Das Baby, das «Kuckuck» spielt, das Kleinkind, das seinen Willen mit einem lauten «Nein!» behauptet, das Kind, das eigene Geheimnisse und Bereiche hat – alle befinden sich im Prozeß der Selbstdefinition.

Ch. Bühler von der Universität Wien, die einen großen Teil ihres Lebens der Untersuchung der Lebensspanne gewidmet hat, charakterisierte diese Periode als eine, in der das Kind zu Hause lebt und ein enges Interessenspektrum hat, im wesentlichen um Heim und Familie herum zentriert.

E.H. Erikson, Psychoanalytiker und Entwicklungstheoretiker, der jetzt in den Neunzigern ist, sagt, in diesen frühen Stadien müsse das gesunde Kind einige primäre Konflikte lösen, um zum nächsten Stadium voranzuschreiten. Durch die Bewältigung von Vertrauens- versus Mißtrauensgefühlen beispielsweise, so sagt er, entwickelt das Kind eine grundlegend hoffnungsvolle Einstellung. Das Kind muß Willen, Zielstrebigkeit und Kompetenz entwickeln. Damit ist es auch in seinen Träumen beschäftigt.

Traumthemen der Kindheit: Erschreckendes und Fröhliches

In der Kindheit spiegeln sich die Anstrengungen des Mädchens, eine eigene Person zu werden, sich eine von der Mutter deutlich unterschiedene Identität zu schaffen, in der Bilderwelt seiner Träume wider. In dieser Zeit träumt das Mädchen meist von seiner eigenen Familie sowie von Tieren und Phantasiegestalten. Mutter, Vater, Schwestern und Brüder sind wichtige Personen; das bleiben sie das ganze Leben lang. Töchter berufstätiger Mütter träumen wahrscheinlich auch von Verwandten oder anderen Pflegepersonen. Oft kommen die Haustiere der Familie vor.

Wenn das Mädchen zur Schule geht oder anderen Situationen ausgesetzt ist, die seine Emotionen aufwühlen, träumt es wahrscheinlich davon, verfolgt und angegriffen oder verletzt oder getötet zu werden. Den meisten Fachleuten zufolge treten Alpträume zwischen dem Alter von etwa fünf bis sieben Jahren am häufigsten auf, wenn das Kind in der Schule eine neue und mehr Streß erzeugende Umgebung erlebt. Es bemüht sich darum, reibungslos zu Schulkameraden und Lehrern in Beziehung zu treten und Kompetenz zu entwickeln. Bewunderte oder gefürchtete Lehrer und Klassenkameraden kommen zu seiner Traumfamilie hinzu.

In glücklicheren Träumen der Kindheit tanzt das Mädchen, besucht Parks und Spielplätze, macht Ferienreisen, hält Geburtstagsparties und fliegt. Es trägt hübsche Kleider, gewinnt Gesangswettbewerbe, Sportwettbewerbe oder eine Rolle in einem Film. Es befreundet sich mit einem sprechenden Tier, ißt gute Speisen, wird eine Prinzessin oder heiratet sogar. Solche Traumthemen spiegeln die Aktivitäten, Wünsche und den wachsenden Ehrgeiz des Mädchens wider.

Träume Heranwachsender: Vierzehn bis neunzehn Jahre

Bis zum Erreichen der Menarche weiten sich die Aktivitäten des Mädchens rasch aus. Die Gesellschaft und die Meinung Gleichaltriger werden ebenso wichtig wie die seiner Eltern. Bei den meisten gilt das Hauptinteresse nicht mehr Freundinnen und Schulbüchern, sondern Jungen.

Traumthemen der Adoleszenz: Wandel und Wachstum

Zu den Traumthemen, die während der Teenagerjahre häufig vorkommen, gehören Konflikte mit den Eltern, emotionale Reaktionen auf Freundinnen, Hingezogensein zu männlichen Freunden und Rendezvous. Träume vom Heiraten werden intensiver.

Der hormonelle Aufruhr im Körper der jungen Frau, wenn sie die Menarche erreicht, spiegelt sich in ihren Träumen wider. Wenn sie an PMS leidet, können Bilder von Wasser oder schwellenden Früchten auftauchen; hat sie Krämpfe, so träumt sie vielleicht, sie werde gebissen. Häufig gesellen sich auch Blutungen und Verwundungen zum Repertoire ihrer Träume.

Mögliche sexuelle Erfahrungen werden rasch in ihrer Traumsprache geschildert. Die Bilder sind unterschiedlich je nach der Natur dieser Begegnungen. Frühe sexuelle Episoden rufen oft Schmerz und Schuldgefühle hervor, was zu Träumen von Häusern führt, in die eingebrochen wird, beschädigten Dingen oder besudelten Brautkleidern. Wenn die junge Frau mißbraucht oder mißhandelt wurde, sind Alpträume, in denen der Übeltäter vorkommt, unvermeidlich; sie träumt vielleicht, sie werde verstümmelt, erstickt, gelähmt oder überfahren. Wenn ihre ersten Begegnungen mit der Sexualität dagegen liebevoll und zärtlich sind, träumt die Jugendliche eher von heroischen Männergestalten, Romantik, Blumen und köstlichen Speisen.

Traumforscher stellen fest, daß einige der Hauptunterschiede zwischen den Träumen des kleinen Mädchens und denen der Heranwachsenden darin bestehen, daß in den Träumen der Heranwachsenden mehr Geselligkeit und auch mehr Feindseligkeit vorkommen. Es gibt weniger süße und mehr bittere Träume, wenn der Teenager zur jungen Frau wird.

Die Träume der jungen Frau: Zwanzig bis neunundzwanzig Jahre

Die Periode des frühen Erwachsenenalters ist durch ausgedehnteres Experimentieren gekennzeichnet. Die junge Erwachsene probiert verschiedene Jobs aus, geht ausgewählte sexuelle und soziale Verbindungen ein und beginnt vielleicht zu studieren.

Als junge Erwachsene ist die Frau noch immer das, was D.J. Levinson eine «Novizin» im Leben nennt; er bezeichnet diese Phase als «Eintritt in die Erwachsenenwelt». E.H. Erikson weist darauf hin, daß die junge Erwachsene, die den Konflikt zwischen Intimität und Isolation löst, eine Fähigkeit zu lieben entwickelt. In diesem Stadium erprobt die junge Frau, was in einer Beziehung und in einem Beruf zum Erfolg führt. Sie trifft Entscheidungen über ihr Leben in dem Bewußtsein, daß sie, falls diese sich als falsch erweisen, noch Zeit für Veränderungen hat.

Traumthemen des frühen Erwachsenenalters: Experimentieren mit dem Leben

In diesem Stadium träumt die junge Frau von ihren romantischen Beziehungen sowie von ihrer Ursprungsfamilie. Arbeitskollegen, Kommilitonen, Freundinnen und Freunde gehören ebenfalls zu ihrem Traumpersonal. Wenn sie sich verlobt, werden die Träume der jungen Frau ihre persönlichen Unsicherheiten und Angst vor Intimität oder dauerhafter Bindung, aber auch ihre Hoffnungen auf ein zukünftiges gemeinsames Leben zum Ausdruck bringen. Wenn sie ihre Freunde häufig wechselt, wechseln auch die Traumgestalten, die diese repräsentieren. Je nach der Natur der augenblicklichen Beziehung verschieben sich die Bildvorstellungen. Ihre glücklichen Träume beinhalten oft Hoffnungen für die Beziehung und die freudigen Gefühle, die diese hervorrufen. Ähnlich können Alpträume oft auf Streß mit dem Freund oder Ehemann zurückgehen.

Träume vom Verlieben sind in diesen frühen Erwachsenenjahren ebenso typisch wie Träume von Konflikten. Romantische Episoden mit gutaussehenden Fremden; Tanzen; Blumen; köstliche Speisen und Getränke; schöne, warme Farben – solche Bilder füllen die Träume der jungen Frau, die verliebt ist.

Träume über Sex sind mehr oder weniger deutlich, je nach dem, welche Erfahrungen die junge Frau hat. Sie kann in klassischen sexuellen Symbolen träumen – Schlüssel und Schlösser, Schwerter und Scheiden, Stäbe und Löcher –, sie kann aber auch Küsse und Zärtlichkeiten träumen und bis zum Orgasmus gelangen. Die Wahrscheinlichkeit, ausgeprägte Sexualträume zu haben und dabei zum Orgasmus zu kommen, ist allerdings geringer als beim jungen Mann. Die junge Frau träumt eher, sie sei in der Öffentlichkeit nackt, ein Thema, das gewöhnlich darauf hinweist, daß die Träumerin sich zeitweilig übermäßig «bloßgestellt» fühlt.

Die junge Frau träumt von ihrer Arbeit oder Ausbildung, wenn diese eine emotionale Bedeutung für sie haben. Konkurrenzgefühle gegenüber Kollegen und sexuelles Hingezogensein zu Mitarbeitern sind häufig. Wenn sie im Büro oder bei Prüfungen unter Leistungsdruck steht, kommt diese Spannung in Träumen zum Ausdruck, in denen sie Tests bestehen muß, auf der Suche nach dem richtigen Klassenzimmer ist oder jemand sich überarbeitet. Wenn ihre Arbeit zu viel Streß verursacht, träumt sie vielleicht, wie wir es bei einer Frau sahen, auf einer fliegenden Matratze zu entkommen, während ihre Kollegen in einem Chaos auf der Erde zurückbleiben. Sie kann auch von einer anderen Art von Ausweg träumen, nämlich davon, schwanger zu werden. Wenn sie ihre Aufgaben vernachlässigt hat, werden ihre Träume sie daran erinnern, manchmal in Bildern von vernachlässigten Gärten oder vergessenen Babies.

Wenn Arbeit oder Studium die Emotionen der jungen Frau nicht erregen, werden ihre Träume von ihren persönlichen Beziehungen dominiert. Im Unterschied zu jungen Männern, deren Identität stärker an Erfolg in einer Karriere gebunden ist und die mehr von Erfolg und Mißerfolg träumen, ist die junge Frau oft am stärksten mit ihren persönlichen Beziehungen beschäftigt.

Die unbekannten Männer in ihren Träumen gehören meistens noch immer zu einer von zwei Kategorien: dem bedrohlichen Fremden oder dem gutaussehenden, starken, romantischen, abenteuerlichen Typus. Die unbekannten Frauen sind häufig arme, zum Opfer gemachte Geschöpfe oder böse, gefährliche Gestalten.

Träume, die mit dem Körper der jungen Frau zu tun haben, setzen sich fort. Ihre Menstrualträume enthalten oft die Farbe Rot, schmutziges Wasser oder auseinanderfallende Gebäude, die die menstruellen Ausscheidungen symbolisieren. Wenn sie unter prämenstrueller Spannung leidet, kann das Anschwellen ihrer Brüste Träume von reifen Früchten stimulieren, wie es bei der jungen Frau der Fall war, die unmittelbar vor ihrer Periode im Traum Bäume mit zum Platzen saftigen Limonen sah. Die Ovulation kann durch Träume von Juwelen oder Eiern oder Babies gekennzeichnet sein.

Die junge Frau, die schwanger wird, durchläuft eine ganze Serie von Träumen, die die Entwicklung des Fötus in ihrem Schoß nachzeichnen. Häufig nehmen ihre Träume von Tieren zu. Zuerst träumt sie vielleicht von Amphibien; dann von niedlichen, kuscheligen jungen Hunden oder Katzen; dann von größeren, affenähnlichen Tieren. Sie wird anfangen, direkt von dem Baby zu träumen, seinem Aussehen, seinem Verhalten, sogar seinem Namen. Im Traum mag sie ihre Wehen proben und ihre Ängste zum Ausdruck bringen, vor allem, wenn gegen Ende der Schwangerschaft starke Kontraktionen des Uterus auftreten. Träume von Wasser und von Baustellen sind charakteristisch für die Schwangerschaft. Sie repräsentieren die sich ansammelnden Flüssigkeiten im Uterus und das «Erbauen» des Babies, das in ihrem Körper stattfindet. Wenn der Tag der Entbindung näher rückt, träumt sie wahrscheinlich davon, eine Reise zu unternehmen.

Wenn sie berufstätig ist, werden ihre Träume alle Konflikte widerspiegeln, die sie zwischen ihrem Beruf und dem erwarteten Kind empfindet. Die schwangere junge Frau träumt mit ziemlicher Sicherheit wieder häufiger von ihrer Mutter, da sie sich darüber klar zu werden versucht, welche Art von Mutter sie selbst werden wird.

Die Träume von Frauen mittleren Alters:
Dreißig bis vierundvierzig Jahre

Das mittlere Erwachsenenalter ist erfüllt. Die Expansionsjahre der Frau erreichen einen Höhepunkt. Frühere Entscheidungen werden überprüft, wodurch es zu einer Zeit des Übergangs kommt. Ehen, die im jungen Erwachsenenalter geschlossen wurden, können zerrüttet werden und zerbrechen. Diese Periode beginnt oft mit der Herstellung einer neuen persönlichen Bindung – einer Ehe, einer Wiederverheiratung oder einer langfristigen Verpflichtung.

Erfahrungen im Beruf oder im Studium haben die Frau erkennen lassen, was ihr zusagt, zumindest aber, was ihr nicht zusagt. Eindeutig auf eine Berufung zurückgehende Entscheidungen können getroffen werden (die vielleicht in späteren Jahren revidiert werden). Fruchtbare kreative Arbeit – Gebären und Großziehen von Kindern und/oder Berufskarriere – ist in diesem Stadium am wahrscheinlichsten. Levinson bezeichnet den Beginn dieser Lebensphase als «Niederlassen». Für viele Frauen ist sie die Zeit, in der sie sich ernsthaft auf einen Beruf, eine Beziehung und eine Familie einlassen. Gegen Ende dieser Phase tritt die Frau in die prämenopausalen Jahre ein, die einen neuen Übergang ankündigen.

Traumthemen der mittleren Jahre: Produzieren und Revidieren

Die Träume der erwachsenen Frau ziehen eine Parallele zu ihren Aktivitäten und Beziehungen. Ihr Sexualtrieb erreicht seinen Höhepunkt und äußert sich in glücklichen Träumen von Leidenschaft wie auch von Romantik. Orgasmus im Traum ist in diesem Alter am häufigsten.

Wenn die Frau sich in diesem Stadium verlobt, heiratet und/oder ein Kind bekommt – was bei der heutigen Generation häufiger ist als bei früheren –, beschäftigen sich ihre Träume mit Vorbereitungen für die Zeremonie oder der Entwicklung ihres Babies. Ihre Ängste nehmen Gestalt an, ihre Hoffnungen werden dramatisiert.

Veränderungen in ihrem körperlichen Zustand werden weiterhin in ihren Träumen abgebildet, ob es sich um den Menstruationszyklus, eine Schwangerschaft oder deren Ausbleiben handelt.

Frauen, die eine Fehlgeburt oder Abtreibung haben, zeichnen mit ziemlicher Sicherheit in ihrem Träumen lebhafte Bilder von diesem Ereignis. Tonia beispielsweise, die Ende Dreißig ist, erinnert sich an einen entsetzlichen Alptraum, der, wie sie meint, von einer Abtreibung herrührt, die sie mit Mitte Zwanzig hatte. In ihrem Traum, einige Jahre nach dem Eingriff, sah sie ein Baby, über dem ein Messer schwebte; das Baby schrie ihr zu: «Nein, tu's nicht!» Obwohl dieser Trauminhalt sich auf ein etwa zehn Jahre zurückliegendes Ereignis bezog, erlebte Tonia zweifellos gegenwärtig eine Situation, die in ihr dieselben Gefühle weckte, die sie sich bei ihrem verlorenen Baby vorstellte. Sie fühlte sich so, als sei sie selbst ein gefährdetes Baby. Tonia ringt noch immer mit diesem vergangenen Geschehnis: «Mir war nie wohl bei der Entscheidung, eine Abtreibung vorzunehmen... Ich hatte das Gefühl, gegen meinen Weg zu verstoßen... Ich bin noch immer nicht damit fertig.» Nicht für alle Frauen sind derartige Erfahrungen so traumatisch. Im mittleren Alter jedoch sammeln sich Reuegefühle in vielen Bereichen an.

Die Hausfrau stellt häufig fest, daß sie sich nach einer Karriere, irgendeiner Erfüllung außerhalb ihres Heims sehnt. Die Karrierefrau hat vielleicht das Empfinden, daß ihr Körper stärker auf der Ausschöpfung seines biologischen Potentials beharrt. Berufstätige Mütter fragen sich vielleicht, ob sie ohne die Verantwortungen der Kindererziehung schneller und weiter vorangekommen wären.

Kinder, die die Frau geboren hat, werden zu zentralen Gestalten in ihren Träumen (ebenso wie die Mutter es in den Träumen der Kinder ist). Ihr Leben lang visualisiert die Mutter, daß ihr Kind in Gefahr ist und sie braucht, oder sie äußert im Traum ihren Ärger oder ihre Enttäuschung über das Kind. Die Alpträume der Mutter im mittleren Alter drehen sich oft um Gefahren für ihr Kind.

Insbesondere Töchter symbolisieren für die Mutter einen jüngeren, verletzlicheren Teil ihrer selbst, manchmal ihre eigene Vergangenheit. Je nach der Natur der Beziehung, die gegenwärtig zwischen den beiden besteht, ist das Erscheinen der Tochter im Traum der Mutter entweder erfreulich oder konflikthaft.

Wenn die Frau in den mittleren Jahren eine Scheidung durchlebt, spiegeln ihre Träume mit Sicherheit den inneren Aufruhr wider. Wir sahen, daß Träume von zusammenbrechenden Gebäuden, verrottenden Brücken oder Verlorenheit auf See typisch sind.

Welche kreative Arbeit wir auch immer leisten, sie erreicht wahrscheinlich in den mittleren Jahren ihren Höhepunkt; in unseren Träumen wird sie zu einem wesentlichen Thema. Die Frau kann nachts von ihrem Beruf träumen und dabei gute Ideen entwickeln und Probleme lösen, wie wir es bei Berta sahen, die eine neue Laufbahn als Schmuckdesignerin einschlug, nachdem sie geträumt hatte, ihr spiritueller Lehrer heirate ihre Designlehrerin. Mögliche Konflikte im Beruf, Ehrgeiz und Versagensängste werden bestimmt im Traum der Frau nachgebildet. Anne-Marie beispielsweise träumte zu Beginn ihrer Berufslaufbahn, sie unterrichte in Workshops und die Leute hörten ihr nicht zu oder gingen hinaus; als sie mehr Selbstvertrauen und Erfahrung gewann, wurden auch ihre Leistungen im Traum besser. In dieser Phase können Träume vom Gebären ebenso neue Hoffnungen oder neue Projekte symbolisieren wie den Wunsch nach einem Kind.

Die Frau in mittleren Jahren entwickelt mit größerer Wahrscheinlichkeit als früher ein solides Selbstgefühl. Oft hat sie weniger Angst vor dem Leben, kann sich besser behaupten und ist sich sicherer, wer sie ist und was sie will. Wir haben Jungs Aussage erwähnt, daß sich in der Lebensmitte die Träume eines Menschen zu verändern beginnen. Vor dem Alter von fünfunddreißig, so vermutet er, helfen die Träume dem Träumenden vor allem, sich an das Leben anzupassen und sich nach außen zu wenden, um Liebesbeziehungen und eine Berufskarriere aufzunehmen. Nach dem Alter von fünfunddreißig Jahren haben Träume eher die Funktion, dem Träumenden bei seinem inneren Leben und seiner eigenen Sinnfindung zu helfen. Träume können es uns erleichtern, unser eigenes, einzigartiges Muster und Ziel zu entwickeln.

So kommt es, daß die Träume der reifen Frau vielleicht anfangen, neue Arten von Gestalten und Handlungen abzubilden. Die unbekannten Männer in ihren Träumen können große Führer, Geistliche oder Redner sein, die andere inspirieren. Sie mag von spirituellen Lehrern träumen, die zu inneren Führern werden. Archetypische Figuren wie ein wundertätiges Kind oder ein weiser alter Mann können auftreten. Vor allem kann die reife Frau, wenn ihr innerster Kern stärker wird, von mächtigen Frauen träumen – Göttinnen, Priesterinnen, weisen Frauen.

Während die Frau in jüngeren Jahren ihre Träume mit Frauen

bevölkerte, die Opfer waren, stellt sie jetzt vielleicht fest, daß sie in ihren Träumen die Rolle der Retterin spielt. Da ihr Selbstvertrauen wächst und sie aufhört, im Traum vor Dingen davonzulaufen, weil sie sich wehren und den Dämonen entgegentreten oder die Übeltäter entwaffnen und von ihren Absichten abbringen kann, wird ihre Energie für kreativeres Träumen freigesetzt. Sie ist dabei, ihr eigenes, einzigartiges Selbst zu werden, ihrem eigenen Stern zu folgen, was Jung als Individuation bezeichnet.

Frauenträume in der Menopause: Fünfundvierzig bis vierundfünfzig Jahre

Als ich Bali bereiste, wies ein schlanker eingeborener Fremdenführer auf die sich wiegenden Palmen, die in großer Fülle auf dieser zauberhaften Insel wachsen. «Wir sagen, daß die Kokospalme eine Frau ist», erklärte er mir. «Sie wächst etwa zwölf Jahre, ehe sie produziert. Dann bringt sie jeden Monat eine neue Kokosnuß hervor. Das macht sie ungefähr dreißig Jahre lang, und dann hört sie auf. Sie lebt noch einige weitere Jahre, und dann stirbt sie. Sie ist wie eine Frau.»

Auch wir bringen während unserer fruchtbaren Jahre monatlich Eier hervor, ruhen eine Weile und gehen dann unseres Weges. Unser Leben hat einen eleganten Rhythmus. Das Aufhören unserer Perioden ist nicht weniger wunderbar als ihr Beginn. Wir vervollständigen ein Muster – ausweiten, zusammenziehen, ungebrochen.

Die Jahre der Menopause sind nicht nur durch das Ende unserer Menstruationszyklen und dessen physiologische Auswirkungen gekennzeichnet, sondern oft auch durch Krankheit oder Tod von Angehörigen und Freunden. Oft werden in dieser Zeit die Eltern krank oder sterben. Diese Verluste lassen sich nicht mehr so leicht durch neue Bekanntschaften kompensieren wie in früheren Jahren; einige Menschen sind unersetzlich. Erwachsene Kinder, wenn sie es nicht schon früher getan haben, verlassen in diesem Stadium fast immer das Haus. Je nachdem, wie sie sich darauf vorbereitet hat, empfindet die Frau den Fortgang der Kinder entweder als bedrückend oder als befreiend.

Während wir unsere früheren Jahre damit zugebracht haben, uns zu erweitern, auszugreifen, Kräfte zu gewinnen, beginnen jetzt Reduktionserscheinungen aufzutreten, manchmal wirtschaftliche Verluste, manchmal körperliche Schäden. Vielleicht kommt es zu Gefühlen von Unrast und Unzufriedenheit, Rückschau und Tagträumen. Möglicherweise werden Entscheidungen darüber getroffen, was man mit dem Rest seines Lebens anfangen will. Diese sind besonders bedeutsam, weil es jetzt nicht mehr viele «zweite Chancen» gibt.

Aktivitäten können abnehmen. Oft erfolgt ein Richtungswechsel im Beruf. Ch. Bühler bemerkt, daß dies die Periode ist, in der der Schauspieler zum Regisseur wird. Schauspielerinnen beginnen, selbst Filme zu drehen; Opernsängerinnen legen das Hauptgewicht nicht mehr auf ihre eignen Auftritte, sondern auf Unterrichten und Anleiten. Unabhängige kreative Arbeit kann in dieser Zeit tatsächlich einen Höhepunkt erreichen.

In der zweiten Lebenshälfte beginnt die Frau, Aufgaben, die sie sich selbst gestellt hat, wichtiger zu finden als die, die ihr auferlegt wurden. Vielleicht übernimmt sie eine ehrenamtliche Tätigkeit oder beschließt, ein Studium aufzunehmen oder malen zu lernen.

Während Männer im gleichen Alter weicher, sanfter und nachdenklicher werden, fühlen Frauen sich besser zur Selbstbehauptung und zum Eintreten für ihre Rechte fähig. Die Frau ist nicht mehr bereit, Unsinn zu ertragen. «Ich sage heute eher, was ich wirklich denke», erklärte eine der Teilnehmerinnen der Studie, die in der Menopause war. Sie spricht für viele Frauen ihres Alters.

Bei Frauen, deren Identität durch Schönheit oder Sexualität oder Kindergebären definiert war, kann es zu einer Krise kommen. Mehr denn je brauchen sie jetzt Interessen und Fähigkeiten, um sich für ein sinnvolles Ziel einzusetzen.

Traumthemen der Menopause: Verluste und neue Richtungen

Alle diese Probleme finden ihren Weg in die Träume der Frau in der Menopause. Je nach ihrem physiologischen und psychologischen Erleben der Menopause stellen die Träume der Frau ihre Veränderungen auf verschiedene Weise dar. Nachdem meine Periode ein paar Monate lang ausgesetzt hatte, saß ich beispielsweise im Verlauf eines komplizierten Traumes unter einem starken Heizstrahler im Vorraum eines Kinos und bemerkte einen Korb voll verschimmelter gelber Pflaumen und einiger Orangen, der im Begriff war, in Flammen aufzugehen. In der Nähe sah ich einen Busch schöner Fuchsien. Meine träumende Psyche nahm die Empfindungen der Hitzewallungen auf, die ich bekommen hatte. Die Früchte in meinem Traum könnten, wie bei vielen Frauen, für die Fruchtbarkeit des Schoßes gestanden haben. Sie waren alt, und im Traum hatte ich über den langsamen «Umschlag» in diesem Kino nachgedacht, zweifellos ein Hinweis auf den langsamen Rhythmus meiner nachlassenden Perioden. Die gesunden Fuchsien bezogen sich wahrscheinlich auf mein im Grunde positives und glückliches Leben – voll und blühend.

Zur gleichen Zeit, zu der Träume von Feuer auftreten, kann die Frau in der Menopause auch häufiger von Wasser träumen, was auf die Ödeme oder Schwellungen zurückgeht, die oft die Menopause begleiten. Je nach ihren Symptomen sind die Träume der menopausalen Frau über das Funktionieren ihres Schoßes unterschiedlich. Frauen, die vor dem Aufhören der Perioden heftige Blutungen haben, träumen vielleicht von Wasser oder anderen Flüssigkeiten in überfließenden Behältern. Frauen, bei denen Perioden ausbleiben, träumen möglicherweise von schmutzigem Wasser, das abfließen muß.

Träume von persönlicher Krankheit treten auf, ob es sich nun um eine ernste Erkrankung oder eine vorübergehende Beschwerde handelt. Eine Frau in der Menopause etwa, die sich den Rücken verrenkt hatte, träumte, sie säße in einem Rollstuhl und könne sich nur schwer bewegen.

Obwohl Frauen jederzeit in ihren erwachsenen Jahren eine Scheidung durchleben können, müssen einige besonders um diese Zeit traumatische Veränderungen in bezug auf ihr Heim, ihren Mann und ihre Familie bewältigen, gleichzeitig mit den Veränderungen, die sich in ihrem Körper abspielen. Träumerinnen, die sich von dieser Situation überwältigt fühlen, träumen sich vielleicht von Wellen überspült oder im Meer verloren. Wie bei Scheidungen in jedem Alter träumten viele Frauen auch in der Menopause von zusammenbrechenden Strukturen, zerstörten Gebäuden oder einstürzenden Wänden und brachten damit zum Ausdruck, wie ihnen bei der Zerstörung ihrer Ehe zumute war.

Frauen, die in unglücklichen Ehen ausharrten, hatten noch immer

Alpträume, in denen sie gefangen waren, verfolgt wurden oder hilflos fielen. Schmerzliche Träume drehen sich noch immer um die Probleme, Kinder großzuziehen, Enttäuschungen und Frustrationen durch den Partner und Arbeitskollegen oder Vorgesetzte. Einige Frauen in frustrierenden Beziehungen träumten, sie würden vergewaltigt.

Erotische Träume treten weiterhin auf und können das bis ins Alter tun. Jetzt enthalten die leidenschaftlichen Träume der Frau wahrscheinlich direkte Darstellungen der körperlichen Liebe, wie es Millies Lieblingsträume über romantische sexuelle Phantasien taten. Die Frau in der Menopause ist weniger scheu, sinnliche Begegnungen in ihrer Traumwelt abzubilden, und hat oft weiterhin im Traum Orgasmen.

Mehrere Frauen im menopausalen Alter in meiner Studie hatten neue Jobs oder intensive Interessen gefunden, die ein neues Sinngefühl und Selbstwertgefühl anregten. Andere nahmen ein Studium oder einen vollkommen neuen Beruf auf. Die hoffnungsvollen Gefühle, die durch diese Aktivitäten ausgelöst wurden, brachten Träume von neuem, frischem Wachstum, grünen Feldern, blühenden Blumen oder dem Überfliegen schöner Landschaften mit sich.

Einige dieser Frauen hatten in ihren Träumen beeindruckende spirituelle Erfahrungen. Es waren dieselben, die auch von archetypischen Gestalten träumten, großen, starken Frauen, Priesterinnen, Göttinnen oder weisen spirituellen Führern.

Die Träume der Frau in den Wechseljahren schildern also neben ihrem körperlichen Zustand weiterhin die Frustrationen und Freuden in ihren Liebesbeziehungen, zu ihrem Partner, ihren erwachsenen Kindern, ihren Eltern oder ihrer Arbeit. Wenn die Dinge in diesen Bereichen schlecht laufen, fühlt sie sich oft weniger hoffnungsvoll als in jüngeren Jahren. Die Möglichkeit, Ersatz für einen verlorenen Ehemann oder Freund oder erfüllende Strebungen zu finden, kann gering erscheinen. Träume, die den in diesen Jahren vielleicht eintretenden Tod der Eltern zu bewältigen versuchen, sind besonders schmerzlich.

Frauenträume im späten Erwachsenenalter: Fünfundfünfzig bis vierundsechzig Jahre

In diesem Stadium tendieren die Aktivitäten der Frau zur Abnahme. Vielleicht ist sie nicht nur mit dem Tod ihrer Eltern konfrontiert, falls diese nicht schon früher gestorben sind, sondern auch mit Krankheit und vielleicht Tod ihres Gatten. Früher im Leben wurden Freunde, die verzogen oder starben, durch andere ersetzt. Jetzt sind die Verluste schwerer zu ertragen oder auszugleichen.

Diese Zeitspanne kann mit physischer Krankheit der eigenen Person oder des Partners und/oder dem Rückzug von der Arbeit beginnen. Soziale Aktivitäten nehmen vielleicht ab, doch bei denjenigen, die die physischen und finanziellen Möglichkeiten dazu haben, können Hobbies und ruhige Beschäftigungen wie Gärtnern, Pflanzen- und Haustierpflege zunehmen.

Erinnerung und Rückschau kommen häufiger vor. Vielleicht beschließt die Frau, den Wurzeln ihrer Familie nachzuspüren oder sich mit Genealogie zu beschäftigen. Philanthropische und religiöse Interessen verstärken sich. Eine introspektive Haltung ist in diesem Stadium wichtig, weil sie dazu beiträgt, der Frau die Integration ihrer Lebenserfahrung zu ermöglichen.

Ein paar von den Frauen dieses Alters in meiner Studie genossen diese Jahre sehr. Einige hatten ein Studium begonnen oder wieder aufgenommen und ganz neue Karrieren eingeschlagen. Die Forschung sagt uns, daß manche kreativen Menschen, vor allem Gelehrte, die im Laufe ihres Lebens viele Daten gesammelt haben, in diesen Jahren ihre wichtigsten Beiträge leisten können.

Traumthemen in den späten Erwachsenenjahren: Todesfälle und Geburten

Frauen träumen im späten Erwachsenenalter seltener von ihrem Schoß und ihren sexuellen Funktionen als in den mittleren Jahren. Noch immer wird in den Träumen von Frauen dieses Alters der Körper dargestellt, vor allem, wenn er in irgendeiner Weise bedroht ist, wie bei einer Frau, die, während sie noch im Krankenhaus lag und sich von einer Hysterektomie erholte, träumte, sie würde vergewaltigt. Träume können sich in den Heilungsprozeß integrieren, wie es bei Mimi der Fall war, deren Operationsnarben im Traum Teile des Musters auf einem bildschönen Kleid wurden. Die Gesundheit der Frau in den späten Erwachsenenjahren oder auch der Verlust der Gesundheit tauchen mit Sicherheit in ihren Träumen auf.

Viele Frauen haben mir Träume beschrieben, die einer physischen Krankheit voranzugehen oder Aspekte von ihr zu beschreiben schienen. Laura träumte beispielsweise, als sie mit Krebs im Krankenhaus lag und unter extremer Wasserretention litt, sie ertrinke in einem See, dessen Name ihr Nachname war. Bei einer Frau, die träumte, sie sitze in einem Flugzeug, dessen linke Tragfläche zerbrach und einen Absturz verursachte, wurde kurz danach eine Krebsgeschwulst in der linken Brust diagnostiziert. Jede Frau hat andere Traumsymbole für Gesundheit oder Krankheit, doch im allgemeinen sind blühende Pflanzen, freundliche Tiere und klare Gewässer Anzeichen für eine gute Gesundheit.

Die Frau im späten Erwachsenenalter träumt weiterhin von ihren Beziehungen zu Männern und anderen Frauen. Wenn ihre sexuellen Reaktionen gut entwickelt sind, hat sie noch immer erotische Träume. Zu den üblichen Traumgestalten kommen nun noch einige hinzu: die Partner der Kinder und Enkelkinder.

Obwohl Ruth sich selten an Träume erinnern kann, hatte sie in der Nacht vor unserem Interview einen Traum. Sie war Mitte Sechzig und träumte, eine gute Freundin, ebenso alt wie sie, sei schwanger. Im Wachzustand lachte sie, als sich herausstellte, daß ihre Freundin rothaarig war, ebenso wie ihre Schwiegertochter, die zu diesem Zeitpunkt tatsächlich schwanger war. Ruth drückte in diesem Traum mehr aus als die Schwangerschaft der Frau ihres Sohnes, um die sie sehr wohl wußte; in ihren Traumsymbolen sprach sie auch von der warmherzigen Beziehung, die sich zu ihrer neuen Schwiegertochter entwickelte. Daß sie sie im Traum mit ihrer vertrauten Freundin gleichsetzte, verhieß Gutes für die zukünftigen Beziehungen im wachen Leben.

Schwangerschaftsträume, wenn die Träumerin nicht schwanger ist, deuten gewöhnlich auf die Entwicklung eines neuen Aspekts ihrer selbst hin. Ruth ist in ihrem Alter noch immer voller Vitalität. «Ich nahm zur gleichen Zeit wie mein Sohn ein Studium auf. Es war so aufregend zu sehen, daß das Gehirn noch immer funktionieren kann.

Ich könnte mein Leben lang diese Art Studien betreiben!» Vielleicht war diese Entdeckung ein Teil dessen, was Ruth in ihrem Traum zur Welt brachte.

Enkelkinder, Schwiegertöchter, Schwiegersöhne und andere angeheiratete Verwandte werden zu wichtigen Personen in den Träumen der Frau im späten Erwachsenenalter, je nach ihrer emotionalen Reaktion auf die betreffenden Menschen. Starke Gefühle von Zuneigung, Wut oder Haß regen mit Sicherheit zu Träumen an, Gleichgültigkeit tut dies selten. Erikson glaubt, daß die Fürsorge für die zukünftige Generation in diesem Alter ein wichtiges Ziel ist. Möglich sind auch Träume vom verstorbenen Vater, der verstorbenen Mutter oder dem verstorbenen Gatten.

Die Träume der älteren Frau: Fünfundsechzig bis achtzig und mehr Jahre

Dieses Lebensstadium beginnt häufig mit der Pensionierung, der Frau selbst oder ihres Mannes. Ein angegriffener Gesundheitszustand kann diesen Wendepunkt kennzeichnen. Obwohl die sozialen Dimensionen sich stark verengen können, oft aufgrund von Krankheit oder mangelnder Beweglichkeit, nehmen die Hobbies der Frau möglicherweise zu. Der Wunsch, anderen zu helfen, kann zu ehrenamtlichen Tätigkeiten führen. Frauen in den späteren Jahren haben mehr Interesse am Zurückschauen; vielleicht wählen sie diese Zeit, um ihre Autobiographie oder ihre Erinnerungen niederzuschreiben. Freunde, die in diesem Stadium sterben, werden nur selten ersetzt. Religiöse oder spirituelle Gefühle werden häufig stärker, wenn die Frau mit der Unvermeidlichkeit des eigenen Todes konfrontiert ist.

Traumthemen im Alter: Rückschau und Vorausschau

Im Alter träumen Frauen weniger als zu jeder anderen Zeit ihres Lebens. Trotzdem erwiesen sich die Traumbilder, vor allem bei den Frauen, die sich für ihre Träume interessierten, als aufschlußreich und manchmal als Quelle großen Vergnügens.

Natürlich drehten sich einige der Träume der älteren Frauen um geliebte Menschen, die verstorben waren. Im allgemeinen waren dies tröstliche Träume. Manchmal träumten sie von ihrem eigenen Tod, wie es bei der Frau in den Siebzigern der Fall war, die im Traum an ihrer eigenen Beerdigung teilnahm, sich selbst im Sarg liegen sah, beobachtete, wie die Leute um sie trauerten, und zuhörte, was sie sagten, um festzustellen, wie aufrichtig sie waren.

Träume über zunehmende körperliche Gebrechlichkeit oder bestimmte Leiden treten in den späten Erwachsenenjahren auf. Manchmal äußern sich solche Gefühle in Träumen von verlorenen Geldbörsen oder anderen Wertgegenständen, die beschädigt oder gestohlen werden, in zerfallenden Häusern oder darin, daß die Träumende sich verirrt. Wir sahen, daß eine ältere Frau hatte lernen können, solche Träume zu verändern, während sie sich abspielten; sie machte sich klar, daß sie träumte, und nahm sich vor, ihr Portemonnaie hinter der nächsten Ecke wiederzufinden, ihre verlorenen Wertstücke also zurückzugewinnen. Eine der aktivsten älteren Frauen sah in ihren Träumen kein zerfallendes Gebäude, sondern eine Scheune, die wieder aufgebaut wurde. Diese Bilder spiegelten innere Energie und Stärke wider.

Erinnerungen an jüngere Jahre, an Wege, die man eingeschlagen hat oder nicht, werden zu Traumthemen. Je nach dem, wie sie ihre Vergangenheit empfanden, waren die Träume der Frauen entweder verstörend oder erfreulich. Nanettes schlimmster Alptraum drehte sich um den Betrug eines Verwandten; Fannys glücklichster Traum war ein Sonntagvormittag in ihrer alten Heimatstadt. Manchmal findet in den Träumen der älteren Frau ein Lebensrückblick statt.

Sie schaut aber nicht nur zurück, sondern gleichzeitig auch nach vorn. Häufig nehmen ihre Träume einen spirituellen oder religiösen Charakter an. Archetypische Gestalten wie Priester, eine weise alte Frau oder ein weiser alter Mann, treten in diesem Stadium auf, wenn sie nicht schon früher erschienen sind. Das psychologische Wachstum, das die Frau in früheren Entwicklungsstadien erreicht hat, kann sich weiter fortsetzen. Schimmernde Lichter, goldene Tore und weiße Vögel traten in den Träumen einiger älterer Probandinnen auf. Ich beobachtete auch Träume mit einem Beigeschmack von «Paradies» bei einigen der älteren Frauen, etwa Elizabeths Traum von der Reise nach Joyville, wo die Straßen von blühenden Bäumen gesäumt waren, und Mariannas Träume von bunten Festen in Paris.

Ältere Frauen haben noch immer gelegentlich erotische und romantische Träume. Natürlich träumen sie weiterhin von Kindern und Enkeln und anderen Angehörigen und Freunden, an denen sie emotional hängen. Die ältere Frau träumt auch weiterhin von ihrer eigenen Mutter, oft auf sehr positive Weise, und auch von anderen verstorbenen Verwandten oder Partnern.

Sind Sie gerne eine Frau?

Diese Frage stellte ich allen Teilnehmerinnen meiner Studie. Die überwältigende Mehrheit antwortete mit einem herzhaften Ja. Weniger als 10 Prozent sagten, das Frausein gefalle ihnen nur zum Teil. Obwohl ein paar Frauen sich als Kinder gewünscht hatten, ein Junge zu sein, wünschte sich keine von ihnen auch später noch, keine Frau zu sein. Alle erkannten, daß es Vor- und Nachteile hat, als Mädchen geboren zu sein. Insgesamt jedoch waren die meisten Frauen dahin gelangt, die Qualitäten zu schätzen, die sie mit Weiblichkeit assoziierten.

Die Probandinnen sagten vor allem, ihnen gefielen die Empfindsamkeit, die Intuition und die Sanftheit von Frauen. Sie bewunderten weibliche Energie und emotionale Ausdrucksfähigkeit. Sie hatten das Gefühl, Frauen hätten mehr Freiheit als Männer. Sie könnten intellektuelle Fähigkeiten entwickeln und sich trotzdem daran erfreuen, sich schön anzuziehen, farbige Kleider zu tragen und hübsch auszusehen. Die meisten der Frauen, die Kinder hatten, werteten die Fähigkeit zu gebären höher als alle anderen Fähigkeiten. Sie schätzten die nährenden Eigenschaften der Frau. Sie fanden, Frauen hätten mehr Spaß im Leben.

Frausein ist in hohem Maße das, was wir daraus machen. Diejenigen Frauen, die als Individuen am höchsten entwickelt waren, waren auch die mit dem größten weltlichen Erfolg und den meisten liebevollen Beziehungen. Sie hatten Fertigkeiten entwickelt und Beiträge für die Gesellschaft geleistet. Diese Frauen waren liebenswert, weil sie vor allem interessante menschliche Wesen waren. Daß sie Persönlichkeiten waren, verringerte ihre weiblichen Qualitäten in keiner Weise, sondern verstärkte sie eher noch.

Als Frauen gehen wir einen anderen Weg durchs Leben, nahe

genug, um einander die Hände zu reichen, Seite an Seite, aber ohne hinter unseren Männern zurückzubleiben – oder ihnen voranzuschreiten. Unsere Körper verhalten sich anders und werden anders wahrgenommen. Unsere Träume geleiten uns in reicherer Weise durch jede Rundung der Lebensspirale.

Wiedergeboren werden

Als ich einmal anläßlich eines wissenschaftlichen Kongresses in San Diego war, hatte ich ein paar freie Stunden und gönnte mir einen Besuch im berühmten Zoo der Stadt. Inmitten der vielen exotischen Kreaturen war ich besonders beeindruckt, als ich in einem Inkubationskäfig ein winziges Küken seine Schale durchbrechen sah. Da ich in einer Vorstadtgegend aufgewachsen bin, war der Anblick eines schlüpfenden Kükens mir ebenso fremd wie ein Bambus kauender Pandabär.

Zuerst zeigten sich feine Risse in der oberen Seite der Eischale. Dann schob sich der Schnabel des winzigen Geschöpfs durch ein Loch, das durch Picken allmählich erweitert wurde. Was für harte Arbeit war doch der Prozeß, sich zu befreien! Welcher Kampf, den Übergang vom Ei zum Vogel zu schaffen! Das Küken, halb innen, halb außen, mühte sich mit enormer Anstrengung. Das Merkwürdige war nur, daß es dies schubweise tat.

Ein paar Sekunden lang drückte und schob es heftig, dann fiel es für die gleiche Zeitspanne in erschöpfte Untätigkeit. Danach begann es mit einem kräftigen Ruck erneut, aufgeregt um seine Freiheit zu kämpfen. Stop. Neubeginn. Hektische Anstrengung, totaler Zusammenbruch. Abwechselndes Ausdehnen und Ausgreifen, dann Ruhe, dann wieder Ausdehnung. So ging es vielleicht eine halbe Stunde lang, und endlich tauchte das feuchte, zerzauste Wesen aus der ihm anhaftenden Schale heraus und taumelte davon.

Irgendwie gab mir dieses winzige Küken, das aus seiner Schale schlüpfte, Hoffnung in bezug auf den Vorgang des Todes. In einem Traum aus meinen mittleren Jahren sah ich einen kleinen alten Chinesen, der an einen Stuhl gefesselt war und in tiefes Wasser getaucht wurde, das ihn, wie ich glaubte, sicher töten würde. Ich selbst stand in einer unterirdischen Sektion, die auf einen lichten Bereich hinausging. Inmitten dieses Raumes stand ein großer Taufbrunnen, umgeben von spiralförmigen Stufen, die nach oben führten. Im Wasser des Brunnens befanden sich viele Frauen.

Jede Frau war in einem anderen Lebensstadium. Einige waren ganz jung. Eine war ein Mädchen im Kommunionskleid, eine andere eine Braut im Hochzeitskleid, wieder eine andere nackt und schön. Ich wußte, daß die Frauen bei jedem wichtigen Geschehnis in ihrem Leben zu diesem Brunnen kommen und in sein Wasser eintauchen mußten. Fasziniert sah ich zu.

Plötzlich hörte ich die Männer, die den alten Chinesen unter Wasser beobachteten, ausrufen: «Mein Gott, er ist völlig verwandelt!» Dann konnte auch ich ihn sehen, in einer Art Rohr unter Wasser. Sein Gesicht und sein Körper hatten sich vollkommen verändert. Er war nicht gestorben, wie alle erwartet hatten, sondern hatte sich verwandelt. Er sah kraftvoll und strahlend lebendig aus. Wie an Seilen wurde er aus dem Wasser gezogen und tauchte stark und lebendig daraus hervor.

Wie bei dem Küken, das aus seiner Schale schlüpfte, wie bei dem alten Mann, der nicht starb, sondern verwandelt war, ist vielleicht auch bei uns der physische Tod der Tod einer früheren Existenz und die Geburt in eine neue. Wie die Frauen in allen Lebensstadien in meinem Traum die spiralförmige Treppe erstiegen, um in das Wasser des runden Brunnens zu steigen, so werden vielleicht auch wir von neuem getauft, wenn wir die letzte Rundung erreichen. Wenn unser eigenes Leben den vollen Zyklus durchlaufen hat, werden wir es erfahren.

Schon Jahre vor unserem Tod haben wir uns im Traum vorbereitet. Wir wissen nicht, was jenseits des Endes liegt. Ein neuer Anfang? Eine Wiedergeburt? Sicher wird der Funken, den wir in uns trugen, wenn er auch für den Augenblick erlischt, in irgendeiner Form und auf irgendeinem Weg anderswo wieder zur Flamme aufflackern. Wir sind vollständig. Sich ausdehnend und zusammenziehend, ungebrochen, ist der Kreis geschlossen.

Anmerkungen

Die vorliegende deutsche Ausgabe verzichtet auf die extensive Zitierung der Sekundärliteratur in Anmerkungen. Die Hinweise wurden auf das Wesentlichste beschränkt. Interessierte Leserinnen und Leser finden allerdings in der Bibliographie sämtliche verarbeitete Literatur der Originalausgabe verzeichnet, ergänzt durch ausgewählte deutschsprachige Titel zum Themenkreis des Buches. Für die detaillierte Zitierung der Sekundärliteratur sei auf die Originalausgabe verwiesen: Patricia Garfield: *Women's Bodies, Women's Dreams*, New York 1988.

1 P.L. Garfield: *Creative Dreaming*. New York 1974; deutsche Ausgabe: *Kreativ träumen*, Interlaken 1980.
2 P.L. Garfield: *Pathway to Ecstasy: The Way of the Dream Mandala*. New York 1979; deutsche Ausgabe: *Der Weg des Traum-Mandala*. Interlaken 1981.
3 P.L. Garfield: *Your Child's Dreams*. New York 1984.
4 Das Folgende ist eine kurze Schilderung der von der Autorin dieses Buches durchgeführten Studie. Sie diente als Basis für die Schlußfolgerungen und als Quelle vieler der angeführten Träume. Fünfzig Frauen, die beim ersten Interview zwischen zwanzig und einundneunzig Jahre alt waren, trugen mehr als 500 Träume zu dieser Studie bei. Die Anzahl der Probandinnen zwischen dreißig und fünfzig Jahren war größer, die der jüngeren und älteren Probandinnen kleiner. Die meisten der Frauen waren in Amerika geboren (80%, n = 40). Ein Fünftel der Stichprobe (n = 10) waren außerhalb der Vereinigten Staaten geboren. Die Teilnehmerinnen dieser Minderheitengruppe waren in Kanada, China, Rumänien, Deutschland, im Nahen Osten und in Irland geboren.

Die Teilnehmerinnen gingen einer Vielzahl von Beschäftigungen nach. Keine der Frauen in der Studie konnte zutreffend als Arbeiterin bezeichnet werden. Facharbeiterinnen (wie Körpertherapeutin, Kosmetikerin, Photographin) machten etwa 10 % (n = 6) der Stichprobe aus. Weitere etwa 10 % (n = 7) waren Büroangestellte, Verkäuferinnen, Journalistinnen und Sekretärinnen. Mehr als die Hälfte der Stichprobe (54 %, n = 27) gehörten gehobenen Berufsschichten an (Verwalterin, Direktorin, Rechtsanwältin, Lehrerin, Apothekerin, Therapeutin, Sozialarbeiterin). Der große Anteil gehobener Berufe ist auf den allgemein hohen Ausbildungsstand der Frauen in dieser Studie zurückzuführen. Jede Frau wurde von der Autorin persönlich mindestens eine Stunde und höchstens fünf Stunden in Folge interviewt. Die Länge des Interviews hing teilweise von dem Alter der Frau und der Lebhaftigkeit ihrer Traumerinnerung ab. Gewöhnlich war eine Sitzung ausreichend. In einigen Fällen wurde nochmals Kontakt aufgenommen, um bestimmte Traumpassagen abzuklären oder neues Material aufzunehmen. Einzig benutztes Material waren das Standard-Interview-Formular, das die Autorin entwickelt hat und das während des Interviews handschriftlich ausgefüllt wurde, sowie Notizblätter zur Aufzeichnung zusätzlichen Trauminhalts, der über die Grenzen des siebenseitigen Formulars hinausging. Die Fragen umfaßten neben den Fragen über Träume demographische Daten und Informationen über das Leben der jeweiligen Probandin.

5 P.L. Garfield: Einleitung zu *Dream Notebook*. San Francisco 1976, S. 7–16.

6 Alfred C. Kinsey, Wardell B. Pomeroy und Clyde E. Martin: *Sexual Behavior in the Human Male*. Philadelphia 1948, S. 186–87; deutsche Ausgabe: *Das sexuelle Verhalten des Mannes*. Frankfurt 1966.

7 Jean Piaget: *Nachahmung, Spiel und Traum*. Stuttgart 1974. Der Traum des Jungen war folgender:
Man hat uns den Fall des kleinen U. berichtet, der seit seinem 6. Lebensjahr einige Monate lang folgenden Traum hatte: In seinem Zimmer befindet sich eine Waschschüssel auf einem Gestell. «In dieser Schüssel hab ich eine grüne Bohne gesehen, die war so groß, daß sie die ganze Schüssel ausfüllte. Sie wurde immer dicker

und dicker. Ich stand an der Tür. Ich hatte Angst. Ich wollte schreien und fortlaufen, aber ich konnte nicht. Ich bekam immer mehr Angst, und das dauerte so lange, bis ich wach wurde.» (S. 230)

8 Robert L. Williams, Ismet Karacan und Carolyn J. Hursch: *Electroencephalography (EEG) of Human Sleep: Clinical Applications*. New York 1974.

9 Calvin S. Hall und Robert L. Van de Castle: *The Content Analysis of Dreams*. New York 1966, S. 158–60.

10 John Nicholson: *Men and Women: How Different Are They?* Oxford 1984, S. 75–84.

11 Betty Edwards: *Drawing on the Artist Within: A Guide to Innovation, Invention, Imagination and Creativity*. New York 1966, S. 66–95; deutsche Ausgabe: *Der Künstler in dir. Intuition und Phantasie methodisch entwickeln – ein Intensivkurs in kreativem Sehen, Denken und Gestalten*. Reinbek 1987.

12 Monique Lortie-Lussier, Christine Schwab und Joseph De Koninck: «Working Mothers Versus Homemakers: Do Dreams Reflect the Changing Roles of Women?», *Sex Roles*, 12 (1985), 1009–21.

13 P.L. Garfield: *Your Child's Dreams*, S. 392–93.

14 Für eine Diskussion über die Traumveränderungen bei seinen dreizehn- bis fünfzehnjährigen Versuchspersonen siehe David Foukes: *Children's Dreams: Longitudinal Studies*. New York 1982, S. 229–31.

15 E. Hartmann: *The Biology of Dreaming*. Springfield 1967, S. 111–13. Frauen mit den stärksten prämenstruellen Spannungen hatten in der Phase ihrer Symptome die längste Traumzeit.

16 Zitiert in Dean Edell: «Dr. Dean Edell's Medical Journal», San Francisco Chronicle, 4. März 1987.

17 E. Gutheil: *The Handbook of Dream Analysis*. New York 1951.

18 Emily Martin: *The Woman in the Body: A Cultural Analysis of Reproduction*. Boston 1987, S. 128–30.

19 B. Bettelheim, *The Uses of Enchantment: The Meaning an Importance of Fairy Tales*. New York 1976, S. 225–36; deutsche Ausgabe: *Kinder brauchen Märchen*. Stuttgart 1977. Bettelheim vergleicht die Wendeltreppe, die Dornröschen ersteigt, mit sexueller Erfahrung, das Drehen des Schlüssels im Schloß mit sexuellem

Verkehr, den kleinen, verschlossenen Raum mit den weiblichen Sexualorganen und die Spindel, die sie sticht, mit dem Phallus.

20 *Inkubus* ist ein Wort, das aus dem Lateinischen kommt und sich auf einen Dämon bezieht, der Alpträume verursachen soll. Man glaubte, dieser böse Geist oder Dämon lege sich auf schlafende Personen, vor allem Frauen, und suche geschlechtlichen Verkehr mit ihnen. Die entsprechende Figur für Männer wurde Sukkubus genannt; es handelte sich um einen weiblichen Dämon, von dem man annahm, er habe Verkehr mit schlafenden Männern.

21 Für eine klare Beschreibung sexueller Traumsymbole siehe Gutheil, *The Handbook of Dream Analysis*, S. 136–56.

22 In der griechischen Kultur bedeutet «ein Traum von einem Hund einen Traum von einem Freund», wie mir eine Griechin sagte, die die Auffassungen ihrer Kultur von Traumsymbolen schilderte. Im alten Griechenland glaubte man, Hunde trügen zur Heilung einer verletzten Person bei; ihr Erscheinen im Traum wurde daher als überaus günstig angesehen. Jung übernahm diese Auffassung.

23 Etwa 9 % von Kinseys Stichprobe hatten die späten Vierzigerjahre erreicht, ohne zu einem Orgasmus zu kommen. A. Kinsey et al.: *Sexual Behavior in the Human Female*. Philadelphia 1953, S. 542; deutsche Ausgabe: *Das sexuelle Verhalten der Frau*. Frankfurt 1966.

24 Patricia Maybruck: *«An Exploratory Study of the Dreams of Pregnant Women»*, Ph.D. Diss., Saybrook University. San Francisco, 1986. Für architektonische Symbole siehe S. 68–72.

25 Käthe Kollwitz: *Ich will wirken in dieser Zeit*. Berlin 1952.

26 Beschrieben in Mary Jane Moffat und Charlotte Painter (Hrsg.): *Revelations: Diaries of Women*. New York 1974, S. 83. G. Sands Eintrag stammt von November 1834.

27 Auch in der Märchentradition über Hexen heißt es von Frauen nach der Menopause, sie hätten eine besondere Stellung und Funktion. Sie werden mit der Großen Göttin in ihrem Aspekt als abnehmender Mond identifiziert. Unter der Bezeichnung Altes Weib (im Unterschied zu Mädchen und Mutter) gilt eine solche Frau als Repräsentantin der Macht, Anfänge zu erfüllen, zu enden, zu verlieren, ein Projekt zu vollenden, loszulassen, das zu zerstören, was stagniert, zu sterben. Sie verkörpert Weisheit und die Fähigkeit, in die Zukunft zu sehen. Sie ist ein wesentlicher Teil

des Kreislaufs. Ohne sie ist Leben – und alles Tun – unvollständig. Aufgrund dieser Überzeugungen wird die ältere Frau geschätzt und respektiert. Siehe Starhawk (Miriam Simos): *The Spiral Dance: A Rebirth of the Ancient Religion of the Great Goddess*. San Francisco 1979, S. 78–80.

28 W.B. Cutler, C.-R. Garcia und D.A. Edwards: *Menopause: A Guide for Women and the Men Who Love Them*. New York 1983, S. 51–52.

29 Außer Hitzewallungen, Nachtschweiß und Vaginaltrockenheit sind unter anderem folgende menopausalen Symptome berichtet worden: Müdigkeit, Nervosität, exzessives Schwitzen, Kopfschmerzen, Schlaflosigkeit, Depression, Reizbarkeit, Gelenkschmerzen, Benommenheit, Herzflattern, Mattigkeit, Hautprikkeln, Muskelschmerzen, Kurzatmigkeit, Ungeduld. Siehe Louisa Rose: «What is Menopause?»; in Louisa Rose (Hrsg.): *The Menopause Book*. New York 1977, S. 13.

30 E. Hartmann: *The Biology of Dreaming*, S. 19.

31 Irwin Feinbergs Buch ist beschrieben in D.H. Hales: *The Complete Book of Sleep: How Your Nights Affect Your Days*. Menlo Park (Ca.), S. 277.

32 R.N. Butler: «The Life Review: An Interpretation of Reminiscence in the Aged»; in: Bernice L. Neugarten (Hrsg.): *Middle Age and Aging*. Chicago 1968, S. 486–96.

33 Käthe Kollwitz: *Ich will wirken in dieser Zeit*. Berlin 1952.

34 C.G. Jung: *Erinnerungen, Träume, Gedanken*. Zürich, Stuttgart 1962, S. 300.

35 Ibid., S. 297.

36 Marie-Louise von Franz: *Traum und Tod*. München 1984.

37 Siehe R. Peck: «Psychological Developments in the Second Half of Life», in: Bernice L. Neugarten (Hrsg.): *Middle Age and Aging*.

38 Die Arbeit von Charlotte Bühler wird beschrieben von Else Frenkel-Brunswick: «Adjustment and Reorientation in the Course of the Life Span», in: Bernice L. Neugarten (Hrsg.): *Middle Age and Aging,* S. 77–84.

E.H. Erikson, Joan M. Erikson und Helen Q. Kivnick: *Vital Involvement in Old Age*. New York 1986.

Bernice L. Neugarten: «Adult Personality: Toward a Psychology of the Life Cycle», in: Bernice L. Neugarten (Hrsg.): *Middle Age and Aging.* S. 137–47.

D.J. Levinson et al.: *The Seasons of a Man's Life.* New York 1978.

Bibliographie

Adelson, J.: «Creativity and the Dream.» *Merril Palmer Quarterly,* 6 (1960), S. 92–97.

Altshuler, K. et al.: «A Survey of Dreams in the Aged.» *Archives of General Psychiatry,* 8 (1963), S. 33–77.

Baker, M.A. (Hrsg.): *Sex Differences in Human Performance.* New York 1987.

Barad, M. et al.: «A Survey of Dreams in Aged Persons.» *Archives of General Psychiatry,* 4 (1961), S. 419–423.

Baron, J.E.: «Effects of the Menstrual Cycle on Manifest Content and Affect in Dream Reports.» *Dissertation Abstracts International,* 36, 10 (1974), S. 5223–B.

Beck, R., Klingenberger, H., Schlederer, F.: *Frauen, Männer und das Träumen.* München 1987.

Benedek, T., Rubenstein, B.B.: «The Correlations Between Ovarian Activity and Psychodynamic Processes I. The Ovulative Phase.» *Psychosomatic Medicine,* 1, 2 (April 1939), S. 245–270.

Benedek, T., Rubenstein, B.B.: «II. The Menstrual Phase.» *Psychosomatic Medicine,* 1, 4 (October 1939), S. 461–485.

Benedek, T., Rubenstein, B.B.: «The Sexual Cycle in Women.» *Psychosomatic Medical Monographs,* 3, 1 and 2 (1942).

Benedek, T.: «An Investigation of the Sexual Cycle in Women: Methodologic Considerations.» *Archives of General Psychiatry,* 8 (1963), S. 311–322.

Bettelheim, B.: *Kinder brauchen Märchen.* Stuttgart 1977.

Boston Women's Health Book Collective: *Our Bodies, Ourselves: A Book by and for Women.* New York 1976.

Brenneis, C.B.: «Differences in Male and Female Ego Styles in

Manifest Dream Content.» *Dissertation Abstracts International*, 28 (1968) (7-B), S. 3056.

Brenneis, C.B.: «Male and Female Ego Modalities in Manifest Dream Content.» *Journal of Abnormal Psychology*, 76 (1970), S. 434–442.

Briggs, D.C.: *Your Child's Self-Esteem.* Garden City 1975.

Buckley, J.J.: «The Dreams of Young Adults.» *Dissertation Abstracts International*, 31 (1970) (7-A), S. 3635. (Eine soziologische Analyse von 1133 Träumen schwarzer und weißer Studenten.)

Burns, R.: «A Red, Red Rose.» In: Fuller, E. (Hrsg.): *Thesaurus of Quotations.* New York 1941, S. 560.

Butler, R.N.: «The Life Review: An Interpretation of Reminiscence in the Aged.» In: Neugarten, B. (Hrsg.): *Middle Age and Aging: A Reader in Social Psychology.* Chicago 1968, S. 486–496.

Butler, R.N., Lewis, M.I.: *Aging and Mental Health.* New York 1983.

Carotenuto, A.: *The Spiral Way: A Woman's Healing Journey.* Toronto 1986.

Cartwright, R.D.: *Night Life Explorations in Dreaming.* Englewood Cliffs 1977.

Cartwright, R.D.: *A Primer on Sleep and Dreaming.* Menlo Park 1978.

Cartwright, R.D.: *Schlafen und Träumen. Eine Einführung in die experimentelle Schlafforschung.* Frankfurt/M. 1982.

Cartwright, R.D.: «Affect and Dream Work from an Information Processing Point of View.» *The Journal of Mind and Behavior,* 7, 2 and 3 (1986), S. 411–427.

Cash, T.F., Winstead, B.A., Janda, L.H.: «The Great American Shape-Up.» *Psychology Today,* 20, 4 (April 1986), S. 30–37.

Cherry, K.: *Womansword: What Japanese Words Say About Women.* New York 1987.

Cohen, D.B.: «Failure to Recall Dream Content: Contentless vs. Dreamless Reports.» *Perceptual Motor Skills,* 34 (1972), S. 1000–1002.

Colby, K.M.: *A Sceptical Psychoanalyst.* New York 1958.

Coleman, R.M.: *Wide Awake at 3:00 A. M.: By Choice or by Chance?* New York 1986.

Colman, A., Colman, L.: *Earth Father/Sky Father: The Changing Concept of Fathering.* Englewood Cliffs 1981.

Conn, J.H.: «Children's awareness of sex difference, II: Play attitudes and game preferences.» *Journal of Child Psychiatry,* 2 (1951), S. 82–99.

Coxhead, D., Hiller, S.: *Dreams: Visions of the Night.* New York 1975.

Cutler, W.B., Garcia, C.-R., Edwards, D.A.: *Menopause: A Guide for Women and the Men Who Love Them.* New York 1983.

Dalton, K.: *Once a Month.* Ponoma 1979.

De Koninck, J., Christ, G., Rinfret, N., Proulx, G.: «Dreams During Language Learning: When is the New Language Integrated?» *Association for the Study of Dreams Newsletter,* 4, 3 (Juni 1987), S. 3.

Diamond, E.: *The Science of Dreams.* New York 1963.

Doress, P.B., Siegal, D.L.: *Midlife and Older Women Book Project. Ourselves, Growing Older.* New York 1987.

Downing, Ch.: *Journey Through Menopause. A Personal Rite of Passage.* New York 1989.

Edel, L.: *Bloomsbury: A House of Lions.* Philadelphia 1979.

Edwards, B.: *Der Künstler in dir. Intuition und Phantasie methodisch entwickeln – ein Intensivkurs in kreativem Sehen, Denken und Gestalten.* Reinbek 1987.

Eichenbaum, L., Orbach, S.: *Feministische Psychotherapie. Auf der Suche nach einem neuen Selbstverständnis der Frau.* München 1985.

Ephron, D.: *Funny Sauce Us, the Ex, the Ex's New Mate, the New Mate's Ex and the Kids.* New York 1986.

Erlik, Y. et al.: «Association of Waking Episodes with Menopausal Hot Flashes.» *Journal of the American Medical Association,* 245, 17 (1981), S. 1741–1744.

Erikson, E.: «Sex Differences in the Play Configuration of Preadolescents.» *American Journal of Orthopsychiatry,* 21 (1951), S. 667–692.

Erikson, E.H., Erikson, J.M., Kivnick, H.Q.: *Vital Involvement in Old Age.* New York 1986.

Fekete-Mackintosh, A.: «Dream Content and the Menstrual Cycle in Ovulatory and Anovulatory Cycles.» *Dissertation Abstracts International,* 40, 7 (1979), S. 3465–B.

Feldman, M.J., Hyman, E.: «Content Analysis of Nightmare Reports». *Vortrag vor der Association for the Psychophysiological Study of Sleep*, Denver 1968.

Feinberg, I., Koresko, R., Heller, N.: «EEG Sleep Patterns as a Function of Normal and Pathological Aging in Man.» *Journal of Psychiatric Research*, 5 (1967), S. 107–144.

Fisher, C., Cohen, H.D., Schiavi, R.C., Davis, D., Furman, B., Ward, K., Edwards, A., Cunningham, J.: «Patterns of Female Sexual Arousal During Sleep and Waking: Vaginal Thermo-Conductance Studies.» *Archives of Sexual Behavior*, 12, 2 (1983), S. 97–122.

Fisher, C., Gross, J., Zuch, J.: «Cycle of Penile Erection Synchronous with Dreaming (REM Sleep).» *Archives of General Psychiatry*, 12 (1965), S. 29–45.

Foulkes, D.: *Psychologie des Schlafs*. Frankfurt/M. 1969.

Foulkes, D.: *Children's Dreams: Longitudinal Studies*. New York 1982.

Franck, K., Rosen, E.: «A Projective Test of Masculinity-Femininity.» *Journal of Consulting Psychology*, 13 (1949), S. 247-257.

Frenkel-Brunswik, E.: «Adjustments and Reorientation in the Course of the Life Span.» In: Neugarten, B.L. (Hrsg.): *Middle Age and Aging*. Chicago 1968.

Freud, S.: *Die Traumdeutung*. Frankfurt/M. 1987.

Furman, B., Cunningham, J., Fisher, C.: «REM and NREM Mental Content in Relation to VBF (vaginal blood flow) Fluctuations.» *Sleep Research*, 10 (1981), S. 54.

Gahagan, L.: «Sex Differences in Recall of Stereotyped Dreams, Sleep-Talking, and Sleep-Walking.» *Journal of General Psychology*, 48 (1936), S. 227–236.

Garfield, P.L.: «Keeping a Longitudinal Dream Record.» *Psychotherapy: Theory, Research and Practice*, 10, 3 (1973), S. 223–228.

Garfield, P.L.: «Using the Dream State as a Clinical Tool for Assertion Training.» *Sleep Research*, 4 (1975), S. 184.

Garfield, P.L.: *Dream Notebook*. San Francisco 1976.

Garfield, P.L.: *Der Weg des Traum-Mandala*. Interlaken 1981.

Garfield, P.L.: «Dreamstones.» *Dreamworks*, 3, 2 (1983), S. 120–126.

Garfield, P.L.: *Your Child's Dreams*. New York 1984.

Garfield, P.: *Kreativ träumen*. München 1986.

Garfield, P.L.: «Nightmares in the Sexually Abused Female Teenager.» *Psychiatric Journal of the University of Ottawa*, 12, 2 (1987), S. 93–97.

Geer, J.H., Morokoff, P., Greenwood, P.: «Sexual Arousal in Women: The Development of a Measurement Device for Vaginal Blood Volume.» *Archives of Sexual Behavior*, 3, 6 (1974), S. 559–64.

Gendlin, E.: *Dein Körper – Dein Traumdeuter*. Salzburg 1987.

Gilbert, A.N., Wysocki, C.J.: «The Smell Survey Results.» *National Geographic*, 172, 4 (1987), S. 514–525.

Gillman, R.D.: «The Dreams of Pregnant Women and Maternal Adaptation.» *American Journal of Orthopsychiatry*, 36 (1968), S. 688–692.

Gutheil, E.: *The Handbook of Dream Analysis*. New York 1951.

Hales, D.: *The Complete Book of Sleep: How Your Nights Affect Your Days*. Menlo Park 1981.

Hall, C.S.: *The Meaning of Dreams*. New York 1953.

Hall, C.S., Domhoff, B.: «Aggression in Dreams.» *International Journal of Social Psychiatry*, 9 (1963), S. 259–267.

Hall, C.S., Domhoff, B.: «The Difference Between Men and Women Dreamers.» In: Woods, R.L., Greenhouse, H.B. (Hrsg.): *The New World of Dreams*. New York 1974, S. 13–16.

Hall, C.S., Nordby, V.J.: *The Individual and His Dreams*. New York 1972.

Hall, C.S., Van de Castle, R.L.: *The Content Analysis of Dreams*. New York 1966.

Hall, C.S., Domhoff, G.W., Blick, K.A., Weesner, K.E.: «The Dreams of College Men and Women in 1950 and 1980: A Comparison of Dream Contents and Sex Differences.» *Sleep*, 5, 2 (1982), S. 188–194.

Harding, M.E.: *The Way of All Women*. London 1933.

Hartmann, E.: *The Biology of Dreaming*. Springfield 1967.

Hartmann, E.: *The Functions of Sleep*. New Haven 1973.

Hartmann, E.: *The Nightmare: The Psychology and Biology of Terrifying Dreams*. New York 1984.

Ho, M.A.: «Sex Hormones and the Sleep of Women.» *Dissertation Abstracts International*, 33 (1972), S. 1305–B.

Hobson, J.A.: *The Dreaming Brain*. New York 1989.

Hopson, J.L., Rosenfeld, A.: «PMS Puzzling Monthly Symptoms.» *Psychology Today,* 18, 8 (1984), S. 30–35.

Horney, K.: *Die Psychologie der Frau.* Frankfurt/M. 1985.

Jaff, A. (Hrsg.): *C.G. Jung – Bild und Wort.* Freiburg 1983.

Jovanovic, U.: «Sexuelle Reaktionen und Schlafperiodik bei Menschen.» In Bürger-Prinz, G., Schmidt, G., Schorsch, E. und Sigusch V. (Hrsg.): *Beiträge zur Sexualforschung,* 51 (1972).

Jung, C.G.: Das Seelenproblem des modernen Menschen. *Europäische Revue IV/9,* Berlin 1928.

Jung. C.G.: *Psychologie und Alchemie.* Freiburg i.Br. 1984.

Jung, C.G.: *Symbole der Wandlung.* Freiburg i.Br. 1985.

Jung. C.G.: *Erinnerungen, Träume, Gedanken.* Freiburg i.Br. 1986.

Karacan, I., Heine, W., Agnew, H.W., Williams, R.L., Webb, W.B., Ross, J.J.: «Characteristics of Sleep Patterns During Late Pregnancy and the Postpartum Periods.» *American Journal of Obstetrics and Gynecology,* 101, 5, S. 579–586.

Karacan, I., Moore, C.A., Hirshkowitz, M., Sahmay, S., Narter, E.N., Tokat, Y., Tuncel, L.: «Uterine Activity During Sleep.» *Sleep,* 9, 3 (1986), S. 393–397.

Karacan, I., Rosenbloom, A., Williams, R.: «The Clitoral Erection Cycle During Sleep (Abstract).» *Vortrag beim Treffen der Association for the Psychophysiological Study of Sleep,* Santa Fe, New Mexico, 1970.

Karacan, I., Williams, R., Hursch, C., McCaulley, M., Heine, W.: «Some Implications of the Sleep Patterns of Pregnancy for Postpartum Emotional Disturbances.» *British Journal of Psychiatry,* 115 (1969), S. 929–935.

Kilner, L.A.: «Cross-Cultural Comparison of Manifest Dream-Content: United States and Gusil Females.» *Association for the Study of Dreams Newsletter,* 4, 3 (1987).

Kimura, D.: «Male Brain, Female Brain. The Hidden Difference.» *Psychology Today,* 19, 11 (1985), S. 50–58.

Kinsey, A.C., Pomeroy, W.B., Martin, C.E.: *Das sexuelle Verhalten des Mannes.* Frankfurt/M. 1966.

Kinsey, A.C., Pomeroy, W.B., Martin, C.E.: *Das sexuelle Verhalten der Frau,* Frankfurt/M. 1966.

Kollwitz, K.: *Ich will wirken in dieser Zeit.* Berlin 1952.

Krantzler, M.: *Kreative Scheidung. Wege aus dem Scheidungsschock.* Reinbek 1977.

Krantzler, M.: *Learning to Love Again.* New York 1979.

Kübler-Ross, E. (Hrsg.): *Reif werden zum Tode.* Stuttgart 1976.

LaBerge, St., Greenleaf, W., Kedzierski, B.: «Physiological Responses to Dreamed Sexual Activity During Lucid REM Sleep.» *Psychophysiology,* 20 (1983), S. 454–455.

LaBerge, St.: *Hellwach im Traum. Höchste Bewußtheit in tiefem Schlaf.* Paderborn 1987.

Lamberg, L.: *The American Medical Association Guide to Better Sleep.* New York 1984.

Lein, A.: *The Cycling Female: Her Menstrual Rhythm.* San Francisco 1979.

Levinson, D.J.: *Das Leben eines Mannes. Werdenskrisen, Wendepunkte, Entwicklungschancen.* Köln 1979.

Lewis, S.A., Burns, M.: «Manifest Dream Content: Changes with the Menstrual Cycle.» *British Journal of Medical Psychology,* 48, 1975, S. 375–377.

Long, M.E.: «What Is This Thing Called Sleep?» *National Geographic,* 172, 6 (1987).

Lortie-Lussier, M., Rinfret, N., Schwab, C., De Koninck, J.: «Social Role Impact on the Dreams of Working Mothers and Female Students.» *Association for the Study of Dreams Newsletter,* 3, 2 (1986), S. 7.

Lortie-Lussier, M., Schwab, C., De Koninck, J.: «Working Mothers Versus Homemakers: Do Dreams Reflect the Changing Roles of Women?» *Sex Roles, 12* (1985), S. 1009–1021.

MacKenzie, N.: *Träume.* Genf 1970.

Madaras, L., Madaras, A.: *What's Happening to My Body: A Growing Up Guide for Mothers and Daughters.* New York 1983.

Maddux, H.C.: *Menstruation.* New Canaan 1975.

Maguire, J.: *Night and Day. Use the Power of Your Dreams to Transform Your Life.* New York 1989.

Mankowitz, A.: *Auf neue Weise fruchtbar. Der seelische Prozeß der Wechseljahre.* Zürich 1987.

Martin, E.: *The Woman in the Body: A Cultural Analysis of Reproduction.* Boston 1987.

Maslow, A.: «Self-Esteem (Dominance-Feeling and Sexuality in

Women.» In: Demartino, M.F. (Hrsg.): *Sexual Behavior and Personality Characteristics*. New York 1963.

Maybruck, P.: *Pregnancy and Dreams: Understanding Your Fantasies, Daydreams and Nightmares*. New York 1989.

McClintock, M.K.: «Menstrual Synchrony and Suppression.» *Nature*, 229 (Januar 1971), S. 244–245.

Miller, J.B.: *Die Stärke weiblicher Schwäche. Zu einem neuen Verständnis der Frau*. Frankfurt/M. 1985.

Moffat, M.J., Painter, C. (Hrsg.): *Revelations: Diaries of Women*. New York 1974.

Molnar, G.W.: «Body Temperatures During Menopausal Hot Flashes.» *Journal of Applied Physiology*, 38 (1975), S. 499–503.

Monaghan, P.: *The Book of Goddesses and Heroines*. New York 1981.

Montagu, A.: *The Natural Superiority of Women*. London 1970.

Moon, S.: *Dreams of a Woman: An Analyst's Inner Journey*. Boston 1983.

Neugarten, B.L.: «Adult Personality Toward a Psychology of the Life Cycle. In: Neugarten, B.L. (Hrsg.): *Middle Age and Aging. A Reader in Social Psychology*. Chicago 1968, S. 137–147.

Neugarten, B.L., Wood, V., Kraines, R.J., Loomis, B.: «Women's Attitude Toward the Menopause.» In: Neugarten, B.L. (Hrsg.): *Middle Age and Aging*. S. 195–200.

Nicholson, J.: *Men and Women: How Different Are They?* Oxford 1984.

Nilsson, L.: *Behold Man*. Boston 1973.

Padgham, C.A.: «Colours Experienced in Dreams.» *British Journal of Psychology*, 66, 1 (1975), S. 25–28.

Paolino, A.F.: «Dreams: Sex Differences in Aggressive Content.» *Journal of Projective Techniques*, 28 (1964), S. 219–226.

Peck, R.: «Psychological Developments in the Second Half of Life.» In: Neugarten, B.L. (Hrsg.): *Middle Age and Aging*. S. 88–90.

Piaget, J.: *Nachahmung, Spiel und Traum. Die Entwicklung der Symbolfunktion beim Kinde*. Stuttgart 1975.

Prinz, P.N.: «Sleep Patterns in the Healthy Aged: Relationship with Intellectual Function.» *Journal of Gerontology*, 32 (1977), S. 179–186.

Reese, L., Wilkinson, J., Koppelman, P.S. (Hrsg.): *I'm on My Way: Zwischen «Mädchen» und «Frau»*. Frankfurt/M. 1986.

Reynolds, C.F., Kupfer, D.J., Taska, L.S., Hoch, C.C., Sewitch, D.E., Grochocinski, V.J.: «Slow Wave Sleep in Elderly Depressed, Demented, and Healthy Subjects.» *Sleep Research*, 14 (1985), S. 277.

Rogers, G.S., Van de Castle, R., Evans, W.S.: «Assessment of Vaginal Responses During Waking and Sleeping Conditions.» *Sleep Research*, 11 (1982), S. 38.

Rose, L.: «What is menopause?» In Rose, L. (Hrsg.): *The Menopause Book*. New York 1977.

Rupprecht, C.S.: «The Common Language of Women's Dreams: Colloquy of Mind and Body.» In: Lauter, E., Rupprecht, C.S. (Hrsg.): *Archetypal Theory Interdisciplinary Re-Visions of Jungian Thought*. Knoxville 1985, S. 187–219.

Rychlak, J.F.: «Recalled Dream Themes and Personality.» *Journal of Abnormal Social Psychology*, 60 (1960), S. 140–143.

Saint-Denys, H. de: *Dreams and How to Guide Them*. London 1982.

Savitz, H.A.: «Dreams in the Talmud: The Prophets of Yore Had the Noblest Dream.» *Rhode Island Medical Journal*, 64, 9 (1981), S. 427–430.

Schechter, N., Schmeidler, G., Staal, M.: «Dream Reports and Creative Tendencies in Students of the Arts, Sciences, and Engineering.» *Journal of Consulting Psychology*, 29 (1965), S. 415–421.

Schultz, K., Koulack, D.: «Dream Affect and the Menstrual Cycle.» *The Journal of Nervous and Mental Disease*, 168, 7 (1980), S. 436–438.

Segal, J., Luce, G.G.: *Sleep*. New York 1972.

Sheehy, G.: *In der Mitte des Lebens. Die Bewältigung vorhersehbarer Krisen*. Frankfurt/M. 1986.

Shohet, R.: *Erzählt euch eure Träume*. München 1989.

Shuttle, P., Redgrove, P.: *Die weise Wunde Menstruation*. Frankfurt/M. 1980.

Signell, K.A.: *Women's Dreams: Wisdom of the Heart*. New York 1988.

Singer, J.L.: *Phantasie und Tagtraum. Imaginative Methoden in der Psychotherapie*. München 1978.

Smith, R.C.: «Do Dreams Reflect a Biological State?» *Journal of Nervous and Mental Disease*, 175, 4 (1987), S. 201–207.

Smith-Marder, P.J.: «A Study of Selected Dream Contents in the Dreams of Adolescent and Mature Women.» *Dissertation Abstracts International*, 40, 10, S. 5023–B.

Spiegel, R.: *Sleep and Sleeplessness in Advanced Age*. Jamaica, New York 1981.

Starhawk (Miriam Simos): *Der Hexenkult als Ur-Religion der Großen Göttin. Magische Übungen, Rituale und Anrufungen*. Freiburg 1987.

Stevenson, R.L.: «A Chapter on Dreams.» *Memories and Portraits, Random Memories, Memories of Himself*. New York 1925.

Stukane, E.: *The Dream Worlds of Pregnancy*. New York 1985.

Swanson, E.M., Foulkes, D.: «Dream Content and the Menstrual Cycle.» *Journal of Nervous and Mental Disease*, 145 (1968), S. 358–363.

Tener, L., Smith, C.: «Vaginal Blood Volume Changes During Sleep.» *Sleep Research*, 6 (1977), S. 57.

Thomson, J., Maddock, J., Aylward, M., Oswald, I.: «Relationships between Nocturnal Plasma Oestrogen Concentration and Free Plasma Tryptophan in Post-Menopausal Women.» *Journal of Endocrinology*, 72 (1977), S. 395-396.

Thomson, J., Oswald, I.: «Effect of Oestrogen on the Sleep, Mood and Anxiety of Menopausal Women.» *British Medical Journal*, 2 (1977), S. 317–319.

Van de Castle, R.L.: *The Psychology of Dreaming*. New York 1971.

Van de Castle, R.L.: «Dreams and the Aging Process.» *Dream Network Bulletin*, 4, 4 (1985), S. 1–4.

Van de Castle, R.L.: «Phases of Women's Dreams.» *Vortrag vor der Association for the Study of Dreams*, Ottawa, Juni 1986.

Verny, T., Kelly, J.: *Das Seelenleben des Ungeborenen*. Berlin 1983.

von Franz, M.L.: *Traum und Tod. Was uns die Träume Sterbender sagen*. München 1984.

von Franz, M.L., Jung, C.G. (Hrsg.): *Der Mensch und seine Symbole. Mit Beiträgen von C.G. Jung, M.L. von Franz u.a.* Olten 1986.

von Franz, M.L.: *Das Weibliche im Märchen*. Fellbach 1987.

von Franz, M.L.: *Wissen aus der Tiefe. Über Orakel und Synchronizität*. München 1987.

Weideger, P.: *Menstruation and Menopause*. New York 1975.

Wiedemann, C.F.: «REM and Non-REM Sleep and Its Relation to Nightmares and Night Terrors.» In: Kellermann, H. (Hrsg.): *The Nightmare*. New York 1987.

Williams, R.L., Karacan, I., Hursch, C.J.: *Electroencephalography (EEG) of Human Sleep Clinical Applications*. New York 1974.

Williams, S.: *Durch Traumarbeit zum eigenen Selbst*. Interlaken 1989.

Winget, C., Kramer, M.: *Dimensions of Dreams*. Gainesville 1979.

Winget, C., Kramer, M., Whitman, R.: «Dreams and Demography.» *Canadian Psychiatric Association Journal,* 17 (1972), S. 203–208.

Wolkstein, C., Kramer, S. N.: *Inanna, Queen of Heaven and Earth: Her Stories and Hymns from Sumer*. New York 1983.

Index